教育研究のメソ

学校参加型マインドへのいざない

秋田喜代美／恒吉僚子／佐藤 学

東京大学出版会

はじめに

　「学校に関わる研究がしたい，実際に学校に入れてもらって，そこで観察させてもらって研究したい，調査研究がしたい」と教育学部に入学・進学する人たちや，教育に関わる卒業論文を執筆したり，教育系の大学院に進学しようとしたりする人たちに，私たちは数多く出会ってきました．また「学校で自分たちが行っていることを，改めて研究として考えてみたい，実践に実際に寄与する研究がしたい」という学校の先生がたにも出会ってきました．研究の方法論を学ぶ人のために，心理学や社会学など各学問分野で，質的研究，量的研究のためのテキストが数多く出版されています．しかし，学校という場での教育研究に焦点を絞った教育研究方法論のテキストが出版されていないことに，私たちは気がついていました．海外では教育研究のための方法論の本も出版されていますが，幅広く教育研究のアプローチをとりあげたテキストは日本語では出版されていません．また海外の教育研究の本においても，学校というフィールドの固有性，そのむずかしさと魅力がどこまで意識され書きこまれているのかという点では，私たちの目からみて必ずしも十分な本はありませんでした．そこで，教育学，教育社会学，教育心理学という学問分野の境界を超え，教育の場に関わりながら実際に研究している研究者が協力しあって，教育の場に関わる学生・大学院生，研究をしようとされる学校の先生方に向けた教育研究の入門テキスト，「教育研究のメソドロジー」のテキストを作ろうということが，本書作成の出発点となりました．

　おのおのの研究方法が成立してきた背景には，その研究法を支える思想やその思想を生みだした時代背景があり，研究者のライフヒストリーがあります．研究においては，まずリサーチ・クエスチョンがあり，その問いにふさわしい研究方法が研究者のエートスに基づいて選びとられ，関わる場や対象にあわせて各研究者がさらに工夫して研究がなされていくことが必要であると考えられます．そこで，いわゆる研究技法のマニュアル，方法のノウハウだけを描くのではなく，教育の場に参加し関わる教育研究がどのような問いや思想により成立し，どのようなことに心を砕いて実際に研究という営みがなされるかを伝え

るテキストを作ることが試みられました．また，学校に関わって研究すること
に伴う困難と面白さ，葛藤と魅力の両面を経験してきている者が，体験に裏打
ちされた生の言葉で語ることを含んだ本をという意図が「学校参加型マイン
ド」という副題に託された思いです．

　この思いを具体化するために，本書は，「教育の“場（フィールド）”へのいざない」と題
した第I部と，「教育の場（フィールド）研究の系譜と技法」と題した第II部のふたつの
部から構成されています．まず第I部では，各執筆者が，なぜどのようなかた
ちで学校に関わる研究をするようになったか，どのようなアプローチで研究を
してきているのかを，自らの研究のヒストリーを語ることをとおして，教育研
究のさまざまなアプローチを紹介する構成になっています．そして第II部で
は，各研究方法について，できるだけその研究法を支える思想，基本となる点
をていねいに記すことを試みました．また，研究のエートスと倫理は表裏一体
の問題です．そこで巻末には，教育研究の倫理を考えていただくために，アメ
リカ教育学会の倫理基準の翻訳が掲載されています．

　「学校」と冠していますが，いわゆる小・中・高等学校だけに限るのではな
く，広く教育の場に関わるかたのための研究方法テキストとして読んでいただ
けたらと考えています．またこの本は，教育研究の入門書として位置づけてい
ますので，ある章のアプローチに関心をもち，より深く学びたいと考えられた
かたは，そのアプローチに関する専門書をさらに読みすすむことをお勧めした
いと思います．また研究の内容に関心をもたれたかたはその分野の本をさらに
読み解いていかれるとよいと思います．

　教育に関しては，誰もが自ら受けてきた教育経験や一般的な“あるべき論”，
マスコミの論調にあわせたかたちで何かしらのことを語ることはできます．し
かし，本当に教育の内実を知り教育の未来を考究するためには，先達が歩んで
きた学問を背景にしつつさまざまなリサーチ・クエスチョンをもつ研究者が，
身をもって教育の場に生きている教師や子どもたちの多様な声を聴き，その姿
を捉え，的確な研究技法によって表現する営みとその交流が不可欠です．その
「マインド」を書く私たちの試みが成功したかどうかは，読者の判断に委ねた
いと思いますが，このマインドに触れ，教育のフィールドでの研究を志す仲間
が増えることを期待しています．

　本書を制作するにあたっては，テキストという本書の性質から大学院生の方

がたにも草稿の段階で目をとおしていただき，多くの貴重なコメントを頂戴しました．ていねいなコメントをしてくださった小山義徳さん．藤田慶子さん，大滝世津子さんには御礼申し上げます．またいつもながら，きめこまやかな編集で本書を完成まで支えてくださった東京大学出版会の後藤健介さんに心より感謝します．

2005 年 2 月

秋田喜代美
恒 吉 僚 子
佐 藤 　 学

第II部　教育の場<ruby>場<rt>フィールド</rt></ruby>研究の系譜と技法

教育の"<ruby>場<rt>フィールド</rt></ruby>"へのいざない

1章 • 教室のフィールドワークと 学校のアクション・リサーチのすすめ

佐藤 学

1 なぜ学校を訪れるのか

　学校を訪問し教師たちと協同で改革を模索するアクション・リサーチを始めて25年になる．これまで訪問した学校は1500校（海外の学校200校を含む），参観した教室の授業は1万に達した．これほどの数を経験しても，いまでも学校は魅惑と謎に満ちた場所であり，教室はいくら探究しても尽きることのないワンダーランドである．学校を訪問するたびに，教室で授業を参観するたびに，ありあまる事柄を教えられ，受けとめきれないたくさんの問いを投げかけられてきた．

　しかし，なぜ学校を訪問し教室を参観しつづけるのか．この問いに答えるのは実は容易ではない．公務の合間を縫って全国各地の学校を訪問している私を「お遍路さんの巡礼」にたとえる人もいるが，そんな辛気臭い感情も崇高な心も私はもちあわせていない．「何もそこまで自分を酷使しなくても」と助言してくれる人もいる．しかし，子どものため，教師のために学校を訪問しているわけではないし，私の訪問によって子どもや教師が救われると思っているわけでもない．なかには「すごい実績ですね」と褒めたたえてくれる人もいる．しかし，私は称賛されるべきことは何ひとつ行っていないし，むしろ称賛され尊敬されるべきなのは粛々と教育の仕事にいそしんでいる教師たちだと思っている．私自身の実感からいえば，夥しい数の教師と子どもから学んだ経験を不十分にしか研究に結実しえていない自己の非力さに苛立ちながら，それでも学校と教室の事実と教師たちの仕事から学ぶことに魅入られて学校を訪問しつづけてきたにすぎない．人は書物から学ぶように現実から学ばなければならないし，現実は書物よりもはるかに豊穣である．

　私が学校と教室のフィールドワークを開始したのは，大学院博士課程を中退

し三重大学教育学部に赴任した年である．それまでも授業の観察と記録は行っていたが，論文を作成するための調査を目的とするものであって，それ以上のものでもそれ以下のものでもなかった．その私が自らを「行動する研究者」として自覚し，フィールドワーカーとして歩みだしたのは次のいくつかの理由によっている．

三重大学に赴任した 1980 年は中学校の校内暴力が頻発し始めた年であり，教育評論家やマスコミや世論が一斉に学校批判と教師批判を開始した年である．この時代状況に対峙するには，教室の内側から危機を受けとめ，教師と協同で学校の内側から改革を推進するしか有効な方略はないと認識した．しかも，授業研究は授業の技術原理の研究から教室のできごとを対象とする教室研究へと脱皮する必要があった．それまでの授業研究はテープレコーダーによる発言記録の分析であり，教師や子どもの身体の動きや活動全体を対象とする研究ではなかった．AV 機器の開発は授業研究の"技術革新"の可能性を示唆していた．私はさっそく「U-マティクス」方式というスタジオ用の重いビデオカメラを車に積みこんで学校を訪問し，授業を映像で記録する活動を開始した．数年後に「β方式」と「VHS 方式」の簡易ビデオカメラが開発され，授業の映像記録は簡便で安価な方法となった．当時，イギリスのイースト・アングリア大学において文化人類学者が映画フィルムによって授業の記録を開始し，教室の出来事の意味を映像記録を用いて解読する研究が開始されていた．国際的な現象として，1970 年代後半から 80 年代にかけて，授業研究は行動科学を基礎とする数量的研究から認知科学や文化人類学を基礎とする質的研究へとパラダイム転換が進行していた．その転換点に私自身も立っていた．

しかし，学校を訪問し教室を参観するなかで私が最初に学んだことは，大学院で研究し身につけた教育学の知識や言語が，学校や教室で生起する出来事の記述にも教師や子どもが抱えている問題の解決にも無力であるという深刻な事実であった．学校を訪問し教室を参観するたびに私は，教育学の概念やディスコースに対する疑念と批判を強め，やがて 1 年もたたないうちに教育を語り記述する言語をほとんどすべて失ってしまった．この惨澹たる現実を認めるのは苦しかったが，「教育失語症」に陥った以上，断筆するほかはなかった．それでも学校と教室の観察と訪問は続け，「パンドラの箱」というタイトルを付したフィールドノーツに観察し発見した事実だけを綿々と記述する日々が続いた．

「教育失語症」による断筆の日々は 2 年以上も続いたが，この経験は私にとって貴重であった．ひとつは，この時期に教育の言語やディスコース（言説）を徹底して疑うことによって，自らの使用する教育の言語をより確かにすることができたことである．私は，以後，自らの経験に基礎づけられない言語は使わないことにし，また英語の概念と対応しない言語は使用しないこととした．このふたつの規制を自らの教育の言語とディスコースに課することによって，ようやく私は「教育失語症」から脱却し，2 年間の断筆に終止符を打って論文の執筆を再開することができた．

　もうひとつの成果は，教育研究をひとたび断念したうえでフィールドワークを続けることにより，教育学者と教師とのいびつな倒錯的な関係を内破する見通しをつかんだことである．いびつな倒錯的な関係とは，授業を実践したことのない研究者が授業経験の豊富な教師を“指導”するという関係である．この関係を認めない私は，大学院学生のころから今日にいたるまで教師の特定の研究団体（民間研究団体）には参加せず，単独で教師の実践の事実に学び，教師と協同で授業を変える挑戦を続けてきた．この断筆の 2 年間に私は，少くとも 40 歳になるまでは教師や一般市民を聴衆とする「講演」はしないし，商業誌には原稿を執筆しないというスタンスを確立した．

2　「パンドラの箱」を開く

　それにしても「パンドラの箱」というフィールドノーツのタイトルは，初学者には出来すぎた比喩であり危険な比喩だった．もともと「パンドラの箱」というタイトルをつけたのは，そのフィールドノーツから邪悪な雑多なものをすべて取り去っても最後に「希望」が残ることを望んでのことだった．ところが，教室のフィールドワークは文字どおり「パンドラの箱」を開けることとなり，教育学の言語を脱領域化し複合化し，ついには授業の学術的研究（科学的研究）が不可能であることを思い知らせるものとなった．

　教室の出来事を直接性において記述しようとすればするほど，その言語は教育学や心理学の範疇を超えて政治学，言語学，倫理学，社会学など複合的な学問の言語の総合というスタイルをとらざるをえなくなる．教室の出来事は現代の社会と文化の縮図であるから，その複合性と総合性は当然といえるのだが，

そのことは教室研究や授業研究の自律性が不可能であることを意味している．授業研究を教育学研究として洗練させることを求めた私のフィールドワークは，皮肉にも教育学研究を内側から破砕する研究として進展したのである．教室の事実に学び教師の実践に学ぶことによって，私は教室研究と授業研究を自律的な学術研究として成立させることが不可能であることを認識したのである．まさに「パンドラの箱」を開けてしまったのである．

　「パンドラの箱」を開けた私は，より一層，教室のフィールドワークに没頭するようになった．授業（教育実践）の研究に新たな「希望」を見いだしたからである．その「希望」を支えたのは，詩人や作曲家や劇作家や建築家や社会学者や認知科学者や政治学者など，教育学以外の領域の人びととの協同研究であり，アメリカにおいて教育の質的研究とアクション・リサーチを開拓していた多くの教育学者たちとの協同研究であった．それらの協同研究をとおして，私は，教育実践が言語（ディスコース）によって構造化されており，教育実践を構成するディスコースに対する反省と批評の学としての教育学が成立するという展望を獲得している．授業の研究は，教師の実践を構成しているディスコースの研究であり，教師が実践において活用している実践的な知識と専門家としての見識に関する研究なのである．この授業研究の性格づけは，教師たちの実践に学びつづけてきた私の経験からも納得のゆくものであった．

3　「見る―見られる」の権力関係

　こうして私の教室のフィールドワークは教師との協同を基礎として進展した．しかし，いくら教室の事実に学び教師の実践に学ぶといっても，教師と協同の関係を築いている以上，授業の観察と記録の機会を提供した教師に何らかの"助言"を行うことが求められる．私にとっては，これが最大の難問であった．若いころは不遜にも授業を観察した感想を「コメント」として平然と述べていたのだが，教師の実践の複雑さ難しさを認識すればするほど，「助言」や「コメント」の責務が重苦しいものとなった．そもそも1時間の授業を参観しただけで「助言」や「コメント」をいう資格があるだろうか．その「助言」や「コメント」を述べた直後に学校を去る私は「助言」や「コメント」にどう責任を負えるのだろうか．

　フィールドワークを開始して3年目ごろから，この重苦しさは絶えず私を苦しめるものとなり，訪問した学校を後にするたびに自らの傲慢さと不遜さに対する自己嫌悪から「フィールドワークはこれを最後にしよう」と絶望的な思いにかられていた．

　この重苦しさから脱却する苦肉の策として，授業者として同等の立場に立つため，10年ほど前までは，学校を訪問するたびに教室を借りて私自身も授業に挑戦し，その授業を学校内の教師たちに公開することも行ってきた．この経験は私自身が授業者として育つうえで無駄ではなかったし，自らの授業実践をとおして探究し学ぶことは多かった．授業の実践経験を積み重ねることによって，授業を観察していても授業者の経験世界がアクチュアルに認識できるようになったし，子どもとのコミュニケーションや授業の指導技術について授業者としての実践的な見識も形成することができた．しかし，それによって事例研究会における「助言」や「コメント」を述べた後に襲う自己嫌悪の苦しさが解決することはなかった．いくら教室のフィールドワークによって学ぶことが豊富であっても「助言」と「コメント」を述べた後の自責の重苦しい感情に打ちひしがれてしまうのである．

　この重苦しい自責の感情と自らの傲慢さと不遜さを恥じる自己嫌悪の感情は，「見る―見られる」という関係が生みだす権力関係，および「研究者と教師」という関係から派生する権力関係によって生みだされている．一般には認識されていないが，授業者と観察者との「見る―見られる」関係は，それ自体で絶対的な権力関係を構成している．この非対称の関係において，授業者は何をいわれても甘受せざるをえない無防備な存在であり，観察者は何でもいいうる無責任な存在である．この一方向的な表象による権力関係を克服することは容易なことではない．しかし，この権力関係は，フィールドワークの初学者にはほとんど認識されていないし，教師同士においてさえ充分に認識されているとは言い難い．ただし教師同士において，この権力関係は授業者と観察者の立場を交替することによって対等な関係へと置き換えることが可能である．しかし，授業者と観察者の役割が固定している教師と研究者との関係において，「見る―見られる」という権力関係を対等な関係へと置き換えることは至難である．

　25年間の経験を積んでもなお，この難問に対する有効な解決策を私は見い

だしていない．授業の観察後に「助言」や「コメント」を述べても，かつてより自責の念や自己嫌悪の苦しさが多少なりとも緩和されているとすれば，その「助言」や「コメント」が，授業者が潜在的に求めている事柄に接近したからであり，たとえ厳しい批評を行ったとしても授業者との信頼関係が築かれる方途を模索してきたからである．しかし依然として，研究者である私が教師との協同において，「見る―見られる」という一方向的な表象による権力関係を超えて対等な関係を築くことは，難問中の難問であることは変わりがない．この難問はその難しさを深く認識することでしか解決の方途を見いだしえない宿命的な問題といってよいだろう．

4　学校改革のアクション・リサーチへ

　教室のフィールドワークは，対象者に可能な限り影響を及ぼさないで調査する「参与観察」（participant observation）による狭義のフィールドワークと，対象者の実践に積極的に関与し，対象者の変容過程を実践的に研究するアクション・リサーチのふたつに大別することができる．

　一般にエスノグラフィー，エスノメソドロジーなどの手法によるフィールドワークは参与観察によるフィールドワークであり，アクション・リサーチによるフィールドワークではない．私の挑戦してきたフィールドワークは教師との協同による学校改革の研究であり，参与観察による調査を含んではいるが，アクション・リサーチを基本として展開してきた．

　アクション・リサーチは，社会心理学のパイオニアとして知られるカリフォルニア大学のクルト・レヴィン（Kurt Lewin, 1890-1947）が1940年代に開発した研究方法である．レヴィンは，社会心理学研究の目的を社会集団の民主化のプロセスの探究に求め，「社会科学としての心理学」の建設を標榜していた．

　私が教室のフィールドワークを始めて5年後の1985年ごろから，学校改革のアクション・リサーチの最初の機会をえた学校は，近年，校舎の改築か保存かの紛糾で新聞やテレビで報道された滋賀県の豊郷小学校であった．当時，豊郷小学校はさまざまな困難を抱える子どもたちが多数通っており，教師たちは全員で教室を開きあい，校内研修をとおして授業の改革を希求していた．私は

まだ 30 代の前半だったが，同校の改革のコンサルテーションを委託され，3
年間に 50 回以上にわたって同校を訪問して，教師たちの授業改革を支援する
こととなる．この豊郷小学校を出発点として，私のフィールドワークは教室内
の教師個人の授業実践を対象とする参与観察から学校改革のアクション・リサ
ーチへと移行した．

　豊郷小学校におけるアクション・リサーチは，学びの協同性，反省的実践と
しての授業，ケース・メソッドによる現職教育，同僚性の構築，研究者と教師
の協同，学校改革のポリティクスなど，今日まで続く研究テーマの開眼をもた
らす経験となった．しかし，当時の私はその経験を言語化し内省し構造化する
知識も概念も乏しかった．「アクション・リサーチ」「ケース・メソッド」「反
省的実践」「同僚性」「メンタリング」という基本概念さえ日本には紹介されて
おらず，アクション・リサーチの経験を内省し概念化する言語も方法も欠落し
たまま，経験と勘にたよった職人のような仕事であった．

　豊郷小学校への訪問を開始したころから，私は欧米の研究論文を渉猟し，学
校改革のアクション・リサーチを推進する基礎となる知識と概念の獲得につと
めた．毎日午前中の 2 時間は欧米の関連文献の読解にあて，学校改革とカリキ
ュラム開発と授業改革のアクション・リサーチの基礎となる理論を体得し形成
することに専念した．おりしも欧米の教育研究は，教師の専門職化と自律性の
確立を標榜するものへとシフトし，大学と学校の協同による授業（カリキュラ
ム）改革のアクション・リサーチを標榜するものへと変化しつつあった．私自
身も期せずして，このパラダイム転換のただなかにいたのである．

　三重大学から東京大学へと異動した 1988 年ごろには，学校改革のアクショ
ン・リサーチは小学校を中心に，幼稚園，小学校，中学校，高校，養護学校へ
と対象を拡張し，毎年 100 校から 150 校の学校と協同研究を行うものへと拡大
していた．それと併行して，アメリカの研究者との協力関係も拡大し，1989
年からは毎年 1 カ月アメリカを訪問し，全米各地の教育研究者や教師との協同
研究によって学校改革のアクション・リサーチを推進することとなる．

　日本の学校の校内研修と教師による授業研究の伝統と，私が手探りで推進し
てきた教室のフィールドワークと学校改革のアクション・リサーチは，アメリ
カにおいて教師の専門職化を標榜し学校を現職教育の拠点として構想する研究
者たち，行動科学の枠組みを超えて教育実践の質的研究を推進する研究者たち

フィンランドの教室で出会った
子どもたち

と研究テーマも論題も共有していた．さらに幸運なことには，教室のフィール
ドワークにおいても教師との協同においても学校改革のアクション・リサーチ
においても，欧米の教育研究は緒についた段階であり，私ほど経験を積んでい
る研究者は稀であった．これらの幸運により，職人のように手探りで推進して
きた学校改革のアクション・リサーチは国際化し，アメリカの多数の研究者と
の協同関係が築かれることとなった．

　アメリカの研究者との協同による成果は大きい．特にエリオット・アイズナ
ーの芸術批評を基礎とするカリキュラムの質的研究，リー・ショーマンによる
教師の知識の研究と教師の専門職化の研究，マグダリン・ランパートの認知科
学を基礎とする教師の実践研究，デイヴィッド・コーエンによる学校改革の政
策研究，マキシン・グリーンによる芸術教育の哲学，ヴィト・ペロンやジェ
イ・フェザーストンによる革新主義の哲学による学校改革の研究と実践，ミル
ブリィ・マクロフリンの学校行政とその社会的文脈の研究，カートニィ・キャ
ズデンの教室のディスコース研究．ジュディス・リトルの教師の同僚性の研究，
ネル・ノディングズのケアリングとその哲学の研究などは，私の研究に多大な
影響を与えてきたし，これらの人びととの協同研究は，私のアクション・リサ
ーチに哲学と理論の基礎を与えてきた．

　国際的な活動において，教育研究者との協同と同等あるいはそれ以上の意義
があったのが，学校改革の実践者との協同であり教師との協同であった．「プ

ログレッシブ・エデュケーター」という革新主義教育の伝統を継承する教師たちのネットワークへの参加によって出会った校長たちや教師たちの実践から学んだことは計り知れないし，シカゴ大学実験学校の幼稚園教師ヴィヴィアン・ペィリーの実践と，セオドア・サイザーを中心とする学校改革グループ「エッセンシャル・スクール連盟」との協同によるアクション・リサーチの経験と，ニューヨークのハーレムで「奇跡」の学校改革を達成したデボラ・マイヤー（校長）の推進した学校改革の実践から学んだことは，「学びの共同体」を掲げた私の学校改革のビジョンと哲学の基礎となった．

5　今後の展望

「パンドラの箱」を開けて 25 年が経過した．学校と教室を訪問して観察と記録を行い，校長や教師と協同して学校改革のアクション・リサーチを推進する私の研究スタイルは，今後も変わることはないだろう．もちろん迷いや悩みがないわけではない．私に教室の事実は見えているだろうか．その複雑で複合的な事実を的確な言語とディスコースで認識し表現できているだろうか．これほど多数の学校を訪問し膨大な数の授業を観察し記録してきたが，その経験にふさわしい認識を形成してきただろうか．その膨大な時間とエネルギーを，仮に別の方法による学術研究に注いでいたら，もう少しは着実で確かな学問研究を生みだしえたのではないだろうか．そもそも，学校と教室の事実に学び，教師の実践に学んできた事柄が，その機会を提供してくれた教師や子どもにとって，どれほどの意味をもちえているだろうか．それらの経験を基礎とする私の仕事は研究者としての責任の水準に達しているだろうか．むしろ私の主観的意図とは裏腹に，子どもの発達や教師の成長を妨げ抑圧する結果を招いてはいないだろうか．25 年を経過しても，出発点からもちつづけているこれらの迷いや悩みは一向に解決されるきざしはない．

「パンドラの箱」を開けることは学問と現実との間の直接性を獲得すると同時に，その代償として学術研究としての自律的な教育研究の難しさと不可能性を認識することを意味していた．このふたつの狭間における格闘は終わりを迎えることはないだろう．

これらの迷いや悩みは，経験を積めば積むほど，縮小するどころか拡大する

一方だが，それでも私は学校を訪問し教室を観察し，教師たちと協同するフィールドワークとアクション・リサーチをやめることはないだろう．その最大の理由は「教育失語症」になって以来，学校の現実と教室の事実から学ぶことなしには教育を語る言葉をひと言も発しえないからである．私の研究のすべては，これまで観察し記録してきた学校と教室の事実に根拠をおいているし，教師の実践と子どもの学びの実相から学んだ事柄に根拠をおいている．フィールドワークとアクション・リサーチは，私の研究の母胎であり出発点であり帰結点なのである．

　25年間の格闘をへて，わずかだが見えはじめている展望もある．そのひとつは，教育研究にとどまらず，これからの人文社会科学は，直接性と越境性を獲得することによって，「フィールドの知」と「歴史の知」を基礎とする活動科学（アクション・サイエンス）へと発展するという展望である．この展望は私の独断による虚妄だろうか．私と同様にフィールドワークとアクション・リサーチを追求してきた研究者は，私と同様もしくは類似した学問の展望を形成し，それに支えられて研究を遂行してきたのではないだろうか．その展望は，いまだ曙光のような明るさしかもちえていないかもしれないが，ひとつの可能性として賭けてみる価値は十二分にあると思う．私は現在，この展望にもとづいて，「学びの共同体」としての学校を「活動システム」としてデザインする研究を続けている．

　最後に，本書の中心主題である「フィールドワークのメソドロジー」について付言しておこう．初学者から「メソドロジー」に関する質問を受けることは多いし，かなり経験を積んだ自立した研究者からも「メソドロジー」の妥当性に関する質問を投げかけられることは少なくない．この問いに答えるのは至難である．なぜなら，これらの問いを発する人のほとんどは，研究主題や研究対象やリサーチ・クエスチョンとは無関係にフィールドワークやアクション・リサーチの「メソドロジー」が存在するものと想定している．これらの人びとの質問は，その方向を転換する必要がある．この問いを発する人びとは自らの研究の意図や主題や研究対象やリサーチ・クエスチョンの曖昧さを問いなおすべきなのである．フィールドワークもアクション・リサーチも方法論は多様であり複雑である．研究テーマにより研究対象により研究方法は千編自在に変化し，ひとつの研究を行うごとに最も説得力のある方法を研究者自身が自ら創造しな

ければならない．その創意のなかに研究の価値が内包されているというのが，私の 25 年間の経験から導きだされる結論である．

●もっと学びたい人のために●

佐藤　学（1997）**『教師というアポリア──反省的実践へ』**世織書房──教師の実践の世界をどう概念化するか．「パンドラの箱を開く」から読み進めて下さい．

稲垣忠彦・佐藤　学（1996）**『授業研究入門』**岩波書店──教師の授業実践の研究の入門書．教室研究のヒントが得られると思います．

佐藤　学（2003）**『教師たちの挑戦』**小学館──教室のできごとを観察したままに記述しています．学びあう教室の訪問記録です．

S. B. メリアム（堀　薫夫・久保真人・成島美弥訳）（2004）**『質的調査法入門──教育における調査法とケース・スタディ』**ミネルヴァ書房──教育研究におけるフィールド・ワーク，インタビューなどの手法による質的研究について論じた代表的なテキストです．それぞれの手法の意味，活用のしかたについての基礎知識として読むことをすすめます．

2章 子どもと教師が生きる場（フィールド）の発達研究

秋田喜代美

1 現在の研究スタンス――3つの特徴

自己紹介

　私はこの18年間，平均して年間70～80日ほどは小中学校か幼稚園，あるいは先生がたの教員研修の場に通いつづけている．小中学校の校内研修や幼稚園の園内研修に呼んでいただいたり，あるいは自分の研究関心から，授業や保育を継続的にみせていただいたりする．そして，そこから先生がたと一緒にふりかえり，園や教室での子どもの行動や思考とその意味や価値を考え，つぎの実践や対応をデザインするために語りあうことを行ってきている．

　そしてこの4,5年は，実際の行動として教育実践に関わることや，そこでの逸話と思索を書くかたちだけの研究から次の一歩を試みている．それは，教室で起きる学習や発達の事実を，教室で生まれる言葉やそこでの心理を観察と調査を軸にして，眼に見えるよう可視化して記述することであり，実証化や体系化して学術研究として論文化することである．若い共同研究者たちと模索しながらこのような研究を試み，進めてきている（秋田・市川・鈴木, 2001；2002；秋田・村瀬・市川, 2004）．

　といっても，ひとりの研究者の眼からみれば未開拓地での生成と模索の日々といえる．おそらくそれは先輩研究者からみれば自分もすでに通ってきた道や誰かと同じ立場や似た行動とみえるかもしれない．しかし実践の場に関わり研究するときには，各自が身をもって経験していくしかなく，そのなかにその人らしさも先達との相違もでてくる．先輩研究者の書いた知見を学ぶことはきわめて重要であるのだが，そのいいところだけを言語的に真似て復唱してみても自分の研究スタンスは確立できるとは言えないのが，実践研究の困難とおもしろさだろう．そこに教育心理学者として育ってきた私の挑戦がある．大学で学

ぶ知識だけをもって実践の場に向きあってもいかに自分が非力か，いかに論文の知見が単純化され，わかった気になっているだけかを実感し省察するばかりである．私の研究を支えているのは，実践の場に少しでも多くの時間関わってその複雑さと格闘し，観察や研修のたびに毎回考え研究していきたいという意志と，教師や保育者が，私を外部研究者扱いから一緒に探究をしていく仲間，同行者のひとりとしてとらえてくれるまでの変容を，時間をかけて信頼の絆とともに作っていく楽しさである．

研究のフィールド

　私の研究スタンスは，教育研究として3点の特徴がある．第1点は研究のフィールドである．フィールドといっても，臨床心理学者がカウンセラーとして大学や学校の別室という非日常の場を設定し，専門家のいる場に教師や子どもたちに来てもらって助言や指導するというスタイルとは対照的である．私はこちらがその場に出向くというスタンスをとってきている．多くの子どもたちが日常の大半の時間を過ごす学校生活・園生活の場で子どもたちに起こっている現実の出来事と私もまた向きあい，そこに生まれる課題をともに考えてゆくことに継続的に参加させてもらう経験から研究の視点をもらっている．子どもたちや教師は，園や学校という場にどのように居るのか，何を学んでいかに発達していくのか，その生成の場にわが身をおき考えることほど，研究への着想や課題を得られる魅力ある機会はほかにないからである．一人ひとりの名をもつ教師や子どもと顔が見えるかたちで出会い，同じ場に身をおき，その子どもたちや教師の独自性，それぞれの教育との関わりが作りだす違いに丁寧に出会いたいという思いをもって見せてもらってきた．1回1回訪れる教室がもっている雰囲気，子どもたちの学習における息づかいを感じとることを大切にしてきた．身体的な実践感覚が研究のひとつの基本となっている．これは，理念や理想だけではなく，いまここの現実に起きている事実から学ぶ，理念や理想と現実との食い違いから新たな追究を始めることが重要であるという，実証性を重んじる発達心理学や教育心理学を大学院で専攻してきたことの影響が大きい．心理学的研究方法の教育を受けてきたことの自然な延長線上に，私の場合にはフィールド研究がある．

共同的アクション・リサーチというスタンス

　第2には，教育の場に関わるときの研究者のスタンスである．自分は教育の場と直接には関係のない研究をしているが，教育に関する講演や指導を依頼されて園や学校で解決策を教示・伝達する，というスタンスの研究者がいる．また教育への考えかたについて啓蒙する役割を担う教育研究者も数多くいる．というよりはその研究スタンスで現場に関わっている人のほうが私の知るかぎり多いかもしれない．しかし，それらとは明らかに一線を画すスタンスを私はとってきたつもりである．伝達・啓蒙ではなく，子どもや教師が学び協働し創っていく過程に立ち会い，そこで考える．「ああ，そうだったのか」とか「この教材はこんな意味をもっていたのだ」「ここでわからなくなっていたのは，こういう理由だ」と，授業において自分にはみえなかった子どもの発言や行動にこめられた内容が，ほかの先生の語りからわかってきたりする．先生がたもまた「こういう見かたもあるのですね」と私の意見を受けとめてくれる．これは思考や視座という認知的側面だけではなく，そこに生じる感情を共有したり，ときにはそこでの相互のずれを語りあうことが含まれる．保育や授業を中心として，先生がたとの協働過程を実践研究として実現していくという「共同生成的アクション・リサーチ」（本書第Ⅱ部5章参照）と呼ばれる事例研究の手法を現在はとっている．

　これは教育改革の理念を志向し実践する教育学研究者と，実証性を重んじる教育心理学研究者との両方の先輩たちから指導を受け，そのはざまにあった私にとっての適応的な研究方法でもあった．授業者と同じ場で私は何をみたか，具体的なある学校のある授業で，ある子どもたちの行動や発言から私は何をみたか，あるいは継続的に関わることで何がみえてきたか，どのようにしたらみえるのかを軸に研究を進める．事実をみることからその奥にある意味を観照することが求められる．授業の専門家である先生たちから学び，教育研究者としての実践知を培いながら事実を記述していく実証研究をするというスタンスを私はとりつづけてきている．

　研究者が教育の場に参加し見せてもらうことは，私もまた教育実践に関わる専門家や子どもから自分の関わりを見られることを引き受けること，いわゆる学術研究の評価だけではなく，自らの研究の意義や現場での関わりかたを教育の場から厳しく評価してもらうことになっている．研究者として大学に就職し

てから「指導助言者」としてフィールドに関わりだしたのではなく，大学院修士1年のときから学校に入りつづけていた私にとって，このスタンスは当然の成り行きであった．フィールドで学ばせてもらう経験やそこに関わる研究者の傍らでその居かたを学ばせてもらう経験ほど，教育研究者が現場に関わる実践的知識を得るのに適した場はないという実践的研究観は，これらの経験から培われた．これは，大学の講義や演習で口頭では伝わらない．院生だったころから様々な研究者の方がたに連れられて園や学校に行く経験をし，研究者の現場での関わりの色々も学んできたうえで，自分のスタンスが選択され形成されてきた．講義が魅力的でも現場の話を聞くと乖離を大きく感じる研究者，例えば授業の検討のはずなのにその文脈からはずれて，学問の専門概念や自分の研究知見を滔々と解説するだけの研究者や，授業から離れ教材の話だけをする研究者にも出会ってきたし，講義や演習の理論が現場では文脈に即して具体的事実としてこのように語られつながっているのだと，理論があることで事実がこのように深くみえるのだと感じる研究者もおられた．先達が現場に立つ姿をみて学ぶことは時間がかかる．したがって要領よく業績論文を書くには不利益な方法である．しかしそこに自らの研究の志向性やもつ意味をおのずから感じることができたように思う．

子どもの目線からの研究

　私の研究スタイルの特徴の第3は，授業や教育方法，校内研修をいかにしたらよいかという教授技能や教育方法，学習システム・制度のありかたを直接研究するのではなく，教育的営みが実施されることで，変化が促されたり阻害されたりしていく人の生成変化過程をみる発達研究というスタンスを基本的にとり，そこから間接的には授業や教育方法等のありかたを研究していることである．授業や教育方法というと教師側に焦点がゆく研究が多い．だが，私のスタンスは子どもの側の学習と発達が基本的に中心にある．それは私の専門性に由来するのと，様々な子どもの視点から授業を授業者が見なおすことで，研究者と授業者が意見を交流するところにひとつの協働の可能性を見いだしているからでもある．大人である授業者のやりかたを外部研究者があれこれ指摘するよりも，子どもの事実を鏡にして授業を一緒にふりかえり授業者が自ら考えデザインしていってもらえたらという思いがある．

第 II 部 5 章で紹介するアクション・リサーチでも，アクションとしての教育方法の仮説検証と効果研究にだけ関心があるのではない．そのアクションを行う，受けることによって授業者と子どもの様相が変わるさま，つまり教室でアクションを行い子どもたちの姿をみることで変わっていく教師の問いの質の変化，その教師からのアクションを受けることで起こる子どもたちの変化の多様性や，そこから新たに生まれる活動やコミュニケーションの共通性に関心がある．教職開発学という専門分野に籍を置いていることから，教師の授業のありかた，生徒指導がどうあるべきか，有効な校内研究や教員養成のありかたをもっぱら研究していると思われがちである．けれども，私のスタンスは異なっている．子どもたちの側から授業や学校生活をみる研究，あるいは教師自身が教える行為について学ぶ過程という学習者としての変化生成としての発達研究を目指している．学校教育，授業は制度的な行為であるが，それを伝達実現するという視点よりもそこで受け手になる人の側が作りだす抵抗や創発から新たに生まれていく出来事のほうに関心があるのである．といっても，まだまだ緒についたばかりである．

　発達研究というと何歳，何年生で何ができるかを研究していると思う人が多いが，私は生活や学びの場で教師や子どもが相互に他者との関わりや様々な学習材をとおして変わる過程というミクロなプロセス，その変化次元の発見や変化過程とそこに関わる要因に関心をもっている．そこから子どもや教師が参加し共同生成していく学級文化・教師文化・学校文化を研究している．子どもや教師の発達をとりまく文化的環境への関心である．教師という職業的役割や学校という制度のありかたよりも，教師になっている人・なっていく人，生徒になっている人・なっていく子どもという，生身の人あるいはその人と制度が作りだす役割と個々人とのずれやずらし，適応や葛藤調節に私の関心があることによっている．その背景には自分の生成史によるところが大きいので簡単に紹介しよう．

2　私のスタンスの背景となるストーリー

　教育研究を志す人には，自分が教育された経験が関わっている人が多い．私の場合，現在のスタンスができるのに，3つの経験が大きな影響をもっている．

学校の原風景

　第1は，生徒として経験した原風景としての学校の風景である．幼稚園や小中学生の子どもにとって，学校は自ら選択していくところではない．免れないかたちでその学校と出会うことになる．私が通っていた小学校は，公開研究会になると大勢の人が授業を参観しにくるという意味では全国的に評判の高い附属小学校であった．けれどもその小学校に通う私は学校を楽しいものとして当時感じていなかった．教科担任制の学校であったので，ある教科の授業が嫌で，その教科がある日には腹痛と称して休んで布団をかぶって家で寝ていた記憶，授業を1時間だけさぼって屋上に寝転んでみていた青い空の記憶とその逃亡への教師の激怒の記憶，子どもの目からみて不合理に叱りつける教師やどの子からもえこひいきすると思われていた教師のふるまいへの不満の記憶，教科書ガイドの答えをまる写しして個別学習のときに持っていったにもかかわらず，詳しく書けていると大きなまるをつけてくれた教師に対してもった不信感の記憶等々である．なぜこの学校が大人たちからはよい学校と評されるのか，子どもであったのにどこかさめて学校をみていた自分がいた．教師や大人がよい教育と信じていることと，その学校の生徒として子どもが受けている印象にずれがあることをどこかでいつも感じている変な子どもだった．母校を現在訪れると革新的な教育方法を教師たちが真摯に探究実践しつづけている学校であることがよくわかる．しかしこの原体験が，よいという評判や大人側からの発想でなく，子どもたちの経験から教室や学校で起きていることを実際にみて教育を考えたいという思い，自らの子ども時代の経験を検証し生きなおす研究となっているように思う．

自分の研究論文への自己批判

　第2には修士論文を書いたときの自己批判である．私は社会人になってから大学に再入学したこともあり，教わったことをまじめにノートに写し憶えるうなずき魔の学生だった．しかし大学院にいってから，従順だが研究の問いをもてない自分に気づき，悩みつづけた．そこで疑問をもつことについての研究がしたいと思ったが，その興味をどのように研究に具体化しデザインしたらよいかがわからないままに，修士論文では学習活動として文章理解における自己質問行動という質問作成研究を行った．文章を読んで質問を考えその質問を問題

として作るという研究である．中学校の授業1時間を使って，私が準備した説明文を読んでもらって，1つの学級には質問を作成する群，もう1学級には別の1学級が作った質問に解答する群になってもらって文章の理解を調べる，そして生徒の言語能力によってどの群の生徒に効果があるのかを調べた．つまりひとつの学習方略と学習活動をきわめて短時間にやってもらい，群間差を問う短期介入の実験研究であった（秋田，1988）．文章理解の認知過程と方略研究を教室を借りて行った研究である．この研究は教育心理学会という研究者コミュニティの，当時のオーソドックスな教育心理学研究アプローチ，文章理解という研究分野での通常の研究方法には適合していたことから，学会の先輩研究者からは城戸賞受賞というかたちで評価をいただくことにはなった．様々な教科での学習方略や短期介入研究は現在も行われ，学会誌に載るひとつの研究パターンになっている．

　しかし，この研究が教育を創る営みや協力してくださった教師や子どもたちに何を残したのかという問いを直視しはじめたとき，外野的研究，つまり院生が研究者になるための目的としての自己満足的研究以上のいかなる研究となりうるのか，私は研究者コミュニティにいかなる寄与をしたいのか，あるいは子どもや教師と教育を作る研究がしたいのかという問いを自分に迫ることになった．

　自分の修士論文での研究へのこの痛烈な自己反省を契機として，1980年代当時の教育心理学において教育現場に関わる研究をみていったときに，5つの欠落や捨象に疑問や不満をもった．第1は授業や教授法研究において，個別独自な存在としての教師や子どもの存在と声の欠落した研究の多さである．つまり授業研究はそこに参加している人の研究ではなく，やりかたとしての方法論やその分析手法研究，事前事後の効果を問い一般化を志向し，偏向する研究であった．第2に学習・教材研究において，学級という集団学習状況や社会文化的文脈の記述が捨象され，個人にのみ焦点が当たり生徒同士のやりとりが見落とされることや，実際の授業教材と研究される素材に乖離があることである．第3に学級集団に関する研究は，学級経営的発想から学級組織のリーダーシップ論や臨床心理学，社会心理学による研究であり，多くの子どもたちが最も多くの時間を使う授業や学習の心理学と学級集団とをつないだ研究が少ないことである．また第4には，研究における実践者の声の欠落である．研究に協力し

てくださる先生がたは研究対象であっても，異なる立場から一緒に研究する人として位置づけられにくい状況にあった．また第5に教育心理学は実証的な事実に裏づけられた価値中立的な学問だと自己規定することによって，教育制度や学校，授業が時代に応じて変化していくという力動性に対応できない，一歩先を見据えたビジョンをもちえないという，教育状況をみる社会文化的視点や力動的視点の欠落した，教育一般に起こるものだけをみようとしている学問となったのではないかという不満である．では学童期や青年期の発達心理学はどうかというと，高学年ではどうか，何歳児ではどうかといったかたちで，子どもの学校でのくらしは不透明な研究が多いことに気がつく．学校に関われば，学期や行事が変化のひとつの節目になっていることに気がつく．しかしこの1年のなかでの期の感覚や場の感覚が，研究のなかに現れてくることは少ない．

　ここに挙げた5点すべてが一度に解決できるわけではない．しかし，授業者・保育者が授業・保育や子ども・生徒たちについて抱える課題と研究者が研究しようとすることを織りあわせながら研究ができないか（秋田・無藤・安見・藤岡，1996；秋田・市川・鈴木，2001），また文章理解ということを読書という学校や家庭・地域でなされる活動の観点から見なおし，読書が生まれる，読書を生みだす場に関わりながら研究できないか（秋田，1998）ということが私の意識になったのは，このように，修士論文への自己批判が起点であった．

継続的な保育・教室観察経験と理論の織りあわせ

　第3は，これまで何年かの単位で関わってきた教室や学校・園，教師の研究会での経験である．修士1年のとき，1年間毎週1回，小学校のある学級に朝7時半の登校から下校まで関わっていた．子どもの名前も顔も自然に覚えるし，1回の授業ではみえないことがみえてくる．1日の流れによって，子どもの生活や家庭経験がどのように教室の子どもの行動を形作っているかがみえてくる．

　また博士課程のときから先生がたが行っている民間の研究会に，今日まで継続して参加したり，同じ学校や園で同じ先生たちと数年間研究を続けることを積み重ねてきた．この経験のなかで1時間の授業や1日の保育の検討だけではなく，学校の授業や保育，カリキュラム，システムの変化と教師が変わるということ，またそれにつきあう研究者の見かたも一緒に変わっていくということを経験してきた．これらはいわゆる学術論文にすぐにできる研究ではなく体験

である．しかしこの体験が1時間の授業や1日の保育をみるときのスタンスや研究姿勢を作ってきている．

だが一方で，数多く現場に通えば実践がみえ，わかるのでは決してないことも，経験してきた．何本ビデオをとっても焦点が絞られず，集めてもコレクションにしかなりえないこともあった．みえない自分にもがくなかで出会った，アクション・リサーチを唱えたクルト・レヴィンの思想や，実践的な知識と専門家のありかたを唱えたドナルド・ショーンの思想，個人のありかたと集団や制度の生成と変容というミクロとマクロを相互作用や談話の観点からつないでとらえようとしたアーヴィン・ゴッフマンやバジル・バーンスティン，表現のコミュニティを作りだすレッジョ・エミリアの幼児教育思想などが，私の研究のありかたに大きな影響を与えてきた．残念ながら上記のなかには"正統派心理学者"と一般に呼ばれる人はいないのである．つまり私にとって，心理学に身をおきながらも他領域とのはざまで揺れ動き，他領域の教育への着眼やアイデアをいかに子どもの事実から心理学的にとらえられるかというところに，研究のおもしろさを感じているのである．

個人の生育史と実践の場との関わりの歴史，当該分野における研究史の3本の糸が織り成しあって，それぞれの研究の姿が現れてくる．そこに，教育の場に関わる教育研究の学校参加型マインドと研究者独自の課題とそれに必要なメソドロジーが生まれてくるのではないだろうか．

●もっと学びたい人のために●

秋田喜代美（1998）『**読書の発達心理学**』国土社──筆者の学位論文と学校での読書活動をつなげられないかと考えながら書いた読書発達論．

秋田喜代美（2000）『**子どもをはぐくむ授業づくり**』岩波書店──学習科学分野での近年の研究と私自身の関わった授業とをつないで書いてみることを試みた授業研究の本．

稲垣忠彦（1995）『**授業研究の歩み──1969–95年**』新評論社──ひとりの授業研究者の35年間の歩みをとおして，授業研究という分野でのひとつの教育研究展開の軌跡を読むことができる本．

ドナルド・ショーン（佐藤　学・秋田喜代美共訳）（2001）『**専門家の知恵──反省的実践家は行為しながら考える**』ゆみる出版──これからの専門職のありかたについて，反省的実践家という概念を提出した本．

参考文献

秋田喜代美 (1988) 質問作りが説明文の理解に及ぼす効果 教育心理学研究, 36 (4), 17-25.

秋田喜代美・無藤 隆・安見克夫・藤岡真貴子 (1996) コンサルテーションによる保育環境の構成——保育研究会の継続的検討. 保育学研究, 33 (2), 210-217.

秋田喜代美・市川洋子・鈴木宏明 (2001) アクションリサーチによる学級内関係性の形成過程. 東京大学大学院教育学研究科紀要, 40, 151-171.

秋田喜代美・市川洋子・鈴木宏明 (2003) 授業における話し合い場面の記憶——参加スタイルと記憶. 東京大学大学院教育学研究科紀要, 42, 257-274.

秋田喜代美・村瀬公胤・市川洋子 (2004) 中学校入学後の学習習慣の形成過程——基礎学力を支援する学校・家庭環境の検討. 東京大学大学院教育学研究科紀要, 43, 205-233.

Bernstein, B. B. (1996) *Pedagogy, Symbolic Control and Identity: Theory, Research, Critique.* London & Bristol : Taylor & Francis. (バーンステイン, B. (久冨善之他訳) (2000) 教育の社会学理論——象徴統制・教育 (ペダゴジー) の言説・アイデンティティ 法政大学出版局.)

Edwards, C. P., Gandini, L., & Forman, G. E. (1998) *The Hundred Language of Children: The Reggio Emilia Approach — Advanced Reflections* (2 nd ed.). Ablex. (エドワーズ, E.・ガンディーニ, L.・フォアマン, G. (佐藤 学他訳) (2001) 子ども達の 100 の言葉——レッジョ・エミリアの幼児教育 世織書房.)

Goffman, E. (1961) *Encounters: Two Studies in the Sociology of Interaction.* Bobbs-Merrill Company. (ゴッフマン, E. (折橋徹彦他訳) (1985) 出会い——相互行為の社会学 誠信書房.)

Lewin, K. (1948) *Resolving Social Conflicts: Selected Papers on Group Dynamics.* New York : Harper & Brothers. (レヴィン, K. (末永俊郎訳) (1954) 社会的葛藤の解決——グループダイナミックス論文集 東京創元社.)

3章 学習過程研究としての認知カウンセリング

市川伸一

1 はじめに——認知カウンセリングとその発端

本書の第I部は，それぞれの執筆者が自らの行っている教育フィールド研究のおもしろさをアピールし，読者をそこに誘うことを意図して書くように，ということになっている．私が，ここで「おもしろさ」をアピールするのは，「認知カウンセリング」という実践的研究活動である．認知カウンセリングとは，認知的課題の遂行に関わる問題，すなわち記憶，学習，理解，問題解決などの問題を抱えている人に対して面接や個別相談・指導を通じて，その解決を支援するという活動である．具体的には，その問題というのは，「コンピュータがわからない」「英単語が覚えられない」「作文が苦手である」といった，ごく日常的なものである．実際に，現在私たちが最も力を入れているのは，小・中・高校生の教科学習の支援活動である．

認知心理学の基礎的な研究を行っていた私が，教育に関心を強くもつようになったのは30代の半ばごろからだった．とくに，コンピュータの教育利用や情報教育に関心があり，若手の研究者仲間で研究会をつくったり，学校の先生がたの研究会に参加させてもらったりしていた．しかし，いくら文献を読んだり，データをとって分析したりしても，感じるのは，「自分には教育実践がない」というもどかしさだった．これは，教育について語ったり書いたりするときに，次第に大きな引け目となっていった．「子どもに教えたこともないのに，子どもの教育について語る」ということの後ろめたさのようなものを感じざるをえなかった．しかし，だからといって，教員免許ももっていない私にとっては，少なくとも小・中・高校の教壇に立つという意味での教育実践をもつのは無理なことだった．

「自分でも，教育実践をもって，経験に裏打ちされた研究をしたい」という

気持ちがかなり強くなったとき，「自分にできること」として思いついたことがふたつあった．ひとつは，大学における自分の授業を教育実践研究の場ととらえなおすこと，もうひとつは，授業という形態でなくても，子どもに個人的に教えるという場を設けることであった．考えてみれば，すぐにでもできる簡単なことなのだが，「これで，自分も実践者になれる」と思ったときの興奮はいまでも忘れられない．

　大学の授業については，発表や論文化のことを考えて，実施記録や質問紙データをまめにとっておくことにした．そうなると，授業のしかたを工夫するのにも，不思議と意欲がでてくるものである．自分の大学での授業を研究対象にした論文は，当時の心理学系の学会誌にはまずなかったと思うが，幸い，『教育心理学研究』に資料論文というかたちで掲載してもらえた（市川，1988）．これは，一般教養の心理学を教えるときに，当時普及しだしたパーソナル・コンピュータを実験装置として用いて，心理学実験を体験しながら学ぶという方法を導入したもので，私にとってはじめて活字となった実践研究である．

　個人的に教える場面を通じて一人ひとりの学習過程に関わるということも，当初，コンピュータのプログラミングがなかなかわからないという大学生や大学院生たちに面接や指導を行うことから始めた（市川，1989）．「おもしろさ」ということからいえば，この活動は，紛れもなくおもしろく，やりがいのあるものだった．子どもに家庭教師をした人は感じたであろうが，学習者がどのような誤解をし，ふだんどのような学習方法をとっているか，というようなプライベートな学習過程は，教壇に立っているだけではなかなかみえてこない．しかも，その学習者のために，何らかの説明方法や，学習方法を考案し，それが効果的だったときには，こちらの喜びもひとしおである．

　とはいえ，こうした経験を積み重ねていくことが，果たして「研究」になるのか，という点については，まったくの未知数だった．自分にとってやりがいがあり，おもしろいと思える実践でも，「研究」というからには，何らかの成果をだし，それが学問の世界や，教育の世界で「新しいもの」「役に立つもの」として認められなければならない．当時，その展望は開けていなかった．「研究者は，へたな実践をするよりも，実験や調査をしっかりやって学術論文を書けばいい」ということも，他の研究者から陰に陽にいわれたものである．

　しかし，教育心理学は，それまで何十年にもわたって，「教育実践を研究し

ておらず，教育実践の役に立たない不毛な学問ではないか」という疑問を，外からも内からもつきつけられ，学会では「不毛性シンポジウム」を繰り返しているという状態だった．ついには，「不毛性シンポジウムの不毛性」がいわれだしたのも，このころ，つまり 1980 年代後半ごろである．「自ら，研究として対象化できるような教育実践をもつ」というのは有効な打開策となりうるのではないか，という期待が私にあったのも確かである．そして『心理学評論』に「認知カウンセリングの構想と展望」という論文を投稿した（市川，1989）．この雑誌は，いわゆる「レビュー（従来の研究の概観）」がでる学術雑誌なので，「これから，こういう研究活動をするつもりである」というこの論文を採択してくれたのは，編集委員に感謝するほかはないといまでも思っている．

　その後，私が東京工業大学に赴任したことをきっかけに，1989 年，研究者や学生の有志による児童・生徒への学習相談室として認知カウンセリングは展開されることとなった．94 年に東京大学に移設されると，ケース検討会には，学校の教員が多く加わるようになり，活動の場も，学校に設置された学習相談室へと徐々に広がりをみせてきた．さらに，近年の「学力低下論争」を経て，「学力向上」が大きなキーワードとなったいま，学習スキルの指導や授業改善において，大きな役割を担いつつあるといってよいだろう．本章では，とくに「学習過程」に焦点をあてて，認知カウンセリングの意義とおもしろさをアピールしていきたい．

2　学習者と接すること

　「おもしろさ」などといってしまうと，対象である学習者からは顰蹙をかうかもしれない．当人は，「わからない」「できない」という強い不適応感をもって認知カウンセリングの場にやってくる．だれしも，自分の苦手なことを，あえて人前でさらけだそうとは思わないだろう．彼らがそれをするのは，私たちがその悩みを理解し，解決に協力してくれるだろうと期待するからこそである．認知カウンセラーは，それに真摯に応える義務がある．その見返りとして，彼らの「わからなさ」を研究し，自分の相談や指導が有効であるかどうかを検討する機会を得るのである．この，ある種ドライな「ギブ・アンド・テイク」の関係が，私にとっては認知カウンセリングの基礎となる．だから，「有料にす

べきだ」という声もその後あがっているが，私自身は料金をいただいたことが
ない．もちろん，他の認知カウンセラーが自治体や学校から経済的報酬をもら
うのは自由だし，料金による契約関係が良い意味での緊張感や責任感を生むこ
ともあろう．いずれ制度化されれば，私もいただくことになるかもしれない．

　ただし，少なくとも，クライエントである学習者に対して，「こちらが教え
てあげている」というような気持ちはもたないほうがよい．無償の個別指導サ
ービスをしていると思うと，学習者がなかなかわかってくれなかったり，宿題
をやってこなかったりしたときに，つい機嫌が悪くなってしまうのである．私
は，基礎的な実験研究を長いあいだしていたので，「被験者とは，研究者側が
依頼して来てもらうものだ」という感覚がむしろ強く，こちらが報酬をお支払
いすることがむしろ普通なのである．「わかりやすく説明しているはずなのに
理解してくれない」という場面を垣間見せてくれる学習者は，研究上の貴重な
情報源でもあり，自分の指導の力量をアップさせる貴重な機会を与えてくれて
いるのだと思うほうが，精神衛生上も，人間関係上もはるかによい．

　ついでに，学習者に対するときの心構えだが，これは心理カウンセリングで
いわれていることが参考になる．第一に「共感」である．学習者がわからなく
て困っているというときの認知的状態，感情的状態を理解するよう努め，この
事態を双方で協同して改善していこうという姿勢をもつことである．第二に
「傾聴」である．一対一の対話ができることを生かし，一方的に説明して教え
るのではなく，むしろ学習者のほうに語ってもらうなかから，思い違いや学習
上の問題点を見いだしていく．第三に「自立の促進」である．わからないこと
をそのつど教えてもらうのではなく，学習者が身のまわりの学習リソースであ
る教科書や参考書，あるいは，教師や友人などを主体的に「利用」しながら学
ぶという態度やスキルを育てることを促すのである．

3　学習上のつまずきの発見

　学校の教師は毎日たくさんの児童・生徒たちをみている．とくに，小学校で
あれば，ほとんどすべての授業や，給食，休みの時間などをとおして，学校生
活の様々な場面から子どもを見とっている．中学，高校でも，担当する教科の
授業だけでなく，ホームルームや部活などでの姿をみている．テストの成績も

それぞれの生徒について把握しているだろう．それでは，認知カウンセリングが，学習者の理解に寄与できるという余地はいったいどこにあるのだろうか．

ひとつには，問題解決過程をじっくりとみることができることである．授業やテストでは，なかなか学習者一人ひとりの解決過程を横でみているわけにはいかない．答えが間違っているときは，どこかに問題があるわけなので，ていねいな教師であればチェックしてくれるだろう．しかし，答えがあっている場合には，問題点はつい見すごされがちになる．解決過程をみていると，たとえば，つぎのように，極めて効率の悪い方法で解いていることが容易に発見できる．

> **事例1**　「家でゆっくりやればできるのだが，テストではなかなか問題をやりきれないし，計算ミスも多い」ということで，中学1年の生徒が相談にきた．対策としては，「たくさん練習をしてスピードを速くし，テストでは落ち着いてやる」くらいしか思い浮かばないという．そこで，計算のしかたをみていると，分数の積を約分するときに，$(6/27)\times(54/8)=324/216$ のように先に分子同士，分母同士をかけてから，約分していることがわかった．
>
> **事例2**　高校1年の生徒が数列の学習をしているとき，1から100までの和を求めるのに $10100\div2$ という計算がでてきた．すぐに筆算で計算をはじめ，550という答えをだした．「おかしくないかな？」と指摘しても，筆算の過程を逐一見なおすばかりで，なかなか誤りを発見できない．そこで，「10100円を2人で分けたら，いくらずつになる？」と聞いたら，すぐに「5050円」という答えが返ってきた．

「計算力をつけるのは，ひたすら練習するしかない」と考えている生徒は少なくないが，教師からみれば「教えるまでもない」と思われるような計算の工夫をしていない場合がある．学年が進むにつれて，教師も生徒も現在学習中の高度な内容だけに注意が向きがちになる．事例1の生徒にしても，「約分できるところから先にしてしまうほうが，はるかに楽に計算できる」ということを，中学の授業であらためて教えられることはおそらくなかったのであろう．またこの例は「誤った答えから手続き的な誤りを推測する」という，いわゆる誤答分析的なアプローチでは，学習者の抱える問題を発見しにくい例ともなっている．生徒自身が推測している，自分の計算の遅さの原因が不適切なこともあり，どちらの生徒も，このままひたすら計算練習を続けてもかえって深刻な無力感に襲われるであろう．認知カウンセリングは，学校教師にも気づきにくいつまずきをじっくり観察して発見するのに適した状況設定といえる．

〈問題〉

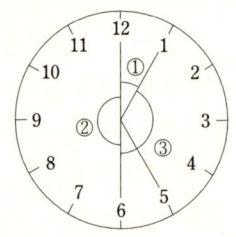

[クライエントの解答]
① 20度（誤り）
② 180度（正解）
③ ？

＊　以下，クライエントをCl，カウンセラーを
　Coとする．

Co：「なぜ，①が20度になるの？」
　Cl：「（時計の針の）12と1の間の半分が10度で……」
　　　と言いながら，20, 40, ……と6の針まで数える．数えてみて間違えたことに気づく．
　　　もう一度考えるように言うと，しばらく考えていたがわからない様子．
　　　　　　　　　　　　　　　　　　　　　　　　　　　　　　　　　　　　【誤解の発見】

Co：「12から3までは何度なの？」
　Cl：「90度」

Co：「それでは，12から1までは？」
　Cl：つまってしまう．また同じように
　　　指で20, 40, ……と数えはじめる．

Co：そこで，右図のように線を加えた．
　Cl：しばらく考えていたが，ノートに，
　　　《90÷3＝30，答え　30度》
　　　　　　　　　　　　　　　　　　　　　　　　　　　　　　　　　　　【ヒントの提示】

Co：「なぜ，できなかったんだと思う？」　　　　　　　　　　　　　　【教訓帰納を促す】
　Cl：「今までやった問題は，足し算や引き算で答えを出したから，そのやり方で解こう
　　　とした」

　→①がわかると，③もすぐに正解を出した．
　　《180－60＝120，答え　120度》
　　説明も正しくできた．

図1　事例3──時計の角度の問題（斎藤，1990より改変）

　さらに，学習者と対話ができて，それを手がかりに思い違いを発見できると
いうことがある．図1にまとめた事例3は，小学4年生の子に角度の問題を教
えている場面である．解決のしかたを説明してもらうと，「時計の文字と文字
のあいだの角度の半分がちょうど10度」と思いこんでいたことがすぐ明らか
になる．また，カウンセラーのヒントのもとで解決したあと，「なぜはじめは

間違えたのだと思う？」と聞くと、「これまで、角度の問題は足し算や引き算でやっていたから、それでやろうと思った」という意外な答えが返ってくる。こうしたやりとりによって、学習者とカウンセラーの双方が、学習者の知識状態や解決手続きに目を向け、学習改善をはかることができるのである。

4　学習方法の問題点を探る

　認知カウンセリングは、学習者がわからないといってもってくる問題の解きかたをわかりやすく教えたり、学習上の悩みに直接的に答えるだけではない。特定の問題の指導を通じて、学習者本人が気づいていないような普段の学習方法に問題があることがわかることがある。つぎの事例4は、私が小学5年生の相談に応じたときの一場面である（市川，2000a）。

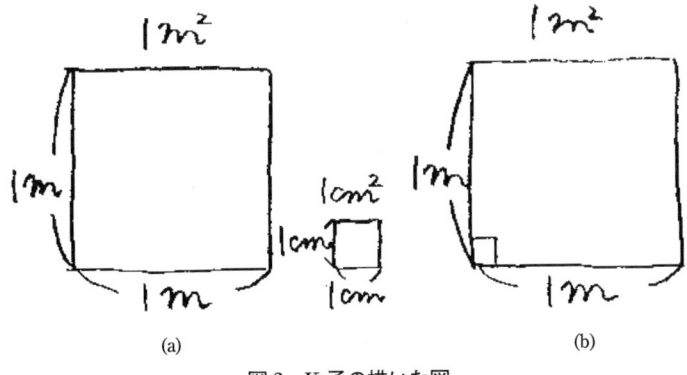

図2　K子の描いた図

事例4　小学5年生のK子は、20平方メートルが何平方センチメートルかという問題を間違えたので教えてほしいといってきた。「1平方メートルは何平方センチメートルなの？」と聞くと、100平方センチメートルだという。理由は、「1メートルが100センチメートルだから」という。「そうかな」と問いなおしても、「じゃあ、1000」「じゃあ、1万」とあてずっぽうに答えるばかりである。そこで、「1平方メートルとはどういうこと？」と尋ねると、「1辺が1メートルの正方形の面積」と正しく理解していた。1平方センチメートルなら1辺1センチメートルであることも理解していた。しかし、それでも「1平方メートルが何平方センチメートルか」は、わからず考えあぐねていた。そこで、「図を書いてごらん」と促すと、図2(a)のように、それぞれの正方形の図を書き、さらに、(b)のように大きな正方形のなかに小さな正方形を書きこみ、「なんだ、100×100で10000だ」とわかった。

　ここからみえてくる，K子のふだんの学習方法の問題点は何だろうか．私が気になるのは，「公式を丸暗記しようとしていて，定義に立ち返って考えようとしないこと」と「わからなくなったときに，図を描いて考えようとしないこと」である．もちろん，本人は，そんなことは自覚していない．そこで，もとの問題が解けたからといってそこで終わりにせずに，その2点を確認し指導していくことになる．学年があがると，こうした学習方法の問題はますます多くなる．

　　事例5　公式のまとめを利用して，公式をひたすら暗記している．三角関数のように公式が多くなってくると覚えきれなくなる．また，覚えた公式も問題を解く場面で使えない．（高1男子）
　　事例6　几帳面な性格で，問題集で問題練習の数はこなしている．しかし，少し応用的な問題になるとまったく手がつけられなくなる．社会や国語はかなり得意なのに，数学は時間をかけて勉強しても成果があがらないのが，自分でもくやしいと思っている．（中2女子）

　事例5の生徒には，知識は体制化（憶える事柄同士の関連づけをはかること）したり，利用したりすることによって促進され，検索されやすくなることを知ってもらう必要がある．三角関数を例にとれば，公式群がどのように導かれているのか，似たような公式はどこが同じで，どこが違うのか，などを自分で図式的に構成してみると効果がある．また，公式がどのような問題において使われるのかを経験することによってこそ，「知識を使うための補助知識」が獲得されるわけで，問題解決においてはそれが決定的な役割を果たすことが，認知心理学では強調されている．

　事例6の学習者の問題は，線分図やグラフなどの抽象的な表現を使いながら問題を解く習慣がないことと，やりっぱなしにしてしまい，解けなかった問題からの教訓を抽出しないことである．前者は，ある程度複雑で応用的な問題を解くときには重要になってくるスキルだが，小学校のやさしい問題や，中学・高校でも定型的な問題を解いているときはなんとかなってしまうだけに，身についていない生徒が多い．教師が説明のために図を使うのを見るだけでなく，解決の過程で利用することがどれくらい有効であるかを体験する機会をもつことが必要と思われる．後者の「問題解決の失敗経験から教訓を抽出する」という学習方略は，認知カウンセリングで「教訓帰納」（lesson induction）と呼んで重視している．これは自分の思い違いやミスのようなものもあれば，知ら

なかった知識や，解法のパターンの発見なども含まれる．要するに「自分がこの問題から学んだことは何か」をそのつど明らかにしながら学習をすすめることである．

5　研究としての展開——ケース検討から論文化まで

　認知カウンセリングは，おもしろくやりがいのある実践活動であると述べたが，実際には，ひとりでしている限り活動として継続するのは難しく，実践としても研究としても深まっていかない．そこで，東京工業大学に前述の学習相談室を開設しようとしたときに，研究者や学生の有志でつくったのが「認知カウンセリング研究会」という研究会である．ここでは，認知カウンセリングに関連する諸分野の学習も行うが，中心となるのは，認知カウンセリングのケース報告と，それをめぐる全員での討論である．心理カウンセリングの世界では「ケース・カンファレンス」と呼ばれているケース検討会である．

　ケース検討会で，自ら行ったケースを整理して発表するということは，実際の相談・指導以上にエネルギーを要するが，これこそが，実践の力量を高めるとともに，研究に高めるためのステップなのだと私は考えている．学生からも，「教えているときより，何倍もたいへんだった」という声をよく聞く．認知カウンセリングには，「授業案」のようなシナリオはない．学習者とのやりとりをとおして，対話的，アドリブ的にすすんでいくという面が多分にある．しかし，その分，自ら行った相談・指導を振り返ることが重要な意味をもつのである．

　私がケース検討会で求めることは，心理カウンセリングとはかなり異なっているかもしれない．それは，「ケースを一般化して研究に結びつける」という志向がはじめからかなり強かったからである．まず，報告には必ずタイトルをつけることにしている．自分の行ったカウンセリングの経過をすべてこと細かに報告することを求めるのではなく，何らかのテーマに即してまとめてほしいからである．「どのような学習者がきて，問題点をどのように見とり，どのような方針で相談・指導を行ったのか」「それは，うまくいったのか，いかなかったのか．その原因は何か，つぎに生かせることは何か」，そして，できるだけ，「従来の心理学研究や教育方法と関連させて考察し，何か新しい提案を試

みること」である．難しいことだが，ただの報告に終わらせないためには必要なことであり，また報告者，参加メンバーともに得ることの多いのが，このケース検討会であることがおわかりいただけると思う．

　認知カウンセリングのような教授・学習におけるケース研究が，学術雑誌に掲載されることは，ひと昔前にはまずなかった．そのため，私たちの研究グループでは書物としてケース研究を発表していった（市川，1993；1998）．その事情が大きく変わったのは，2000年度から日本教育心理学会の学会誌『教育心理学研究』に，「実践研究」というジャンルが創設されたことによる．規定によれば，このジャンルに含まれるのは，「授業研究，教育方法，学習・発達相談，心理臨床等の現実場面での実践を直接の対象とした教育心理学的研究」であり，「学校教育に限らず，幼児教育，高等教育，社会教育等も含まれる」という非常に広いものである．

　これまで同誌に，認知カウンセリングのケースを通じて何らかの指導方法を提案する論文が3編掲載されている（市川，2000b；植木，2000；清河・犬塚，2003）．また，一方では，認知カウンセリングのケース検討会で話題となったテーマから，基礎研究や開発研究として発展したものもある．たとえば，学習動機，学習観，学習方略などの分析や尺度構成，算数・数学の診断的学力テストの作成などである（市川他，2004）．こうして，認知カウンセリングは研究としての成果を着実に生みだせるようになってきた．しかも，それらの研究は，私たち自らが実践のなかで必要に応じて作りだしてきたものなので，少なくとも自分たちのなかでは，役立つという実感をもって発表できるものである．

　いま私たちはようやく「不毛といわれない教育心理学」へのひとつの道が認知カウンセリングであったということに，確信をもちつつある．また，「自分たちで実践のフィールドをつくる」という発想は，その後，地域の子どもたちを対象にした様々なゼミナールを大学の研究室で開くというかたちで，大学院生が企画・運営の中心となってすすめられるようになった（植木・市川，2005）．「研究者も実践し，実践者も研究する」という当初かかげた合い言葉は，もはや実質的なものとなり，認知カウンセリング研究会は，研究者・学生と学校教員とがそれぞれ20名くらいずつ集う場となっている．学習者と直接接すること，自ら子どもに教えるという活動に身を置いて研究することに魅力を感じた若い研究者が，理論研究と一体となった教育実践研究を展開してくれることを

今後も期待したい.

●もっと学びたい人のために●

J. T. ブルーアー（松田文子・森　敏昭監訳）（1997）『**授業が変わる── 認知心理学と教育実践が手を結ぶとき**』北大路書房.

米国学術研究推進会議（編著）（森　敏昭・秋田喜代美監訳）（2002）『**授業を変える──認知心理学のさらなる挑戦**』北大路書房──この2冊は，認知心理学が学習をどのようにとらえ，授業改善に生かそうとしているかを知るための代表的なテキストである.教科の学習に現れる素材が多く扱われていて，理論がどのように具体的な教育場面で使われるかがわかりやすい.認知心理学になじみのない読者は，最初圧倒されるかもしれないので，入門書や簡単な心理学辞典を併用することをすすめたい.

市川伸一（編）（1993）『**学習を支える認知カウンセリング──心理学と教育の新たな接点**』ブレーン出版──認知カウンセリングのはじめての解説書で，基本的な考えかた，学習者との接しかたなどを概説したあと，4つのケース報告論文が掲載されている.それをめぐり，コメント論文と報告者からの返答など，ケース検討会でのやりとりのように議論が展開される.認知カウンセリングについてよくある質問に答えるQ&Aにも多くのページをさいている.

市川伸一（編）（1998）『**認知カウンセリングから見た学習方法の相談と指導**』ブレーン出版──ケース検討会でよく話題になる学習方法に焦点をあてて，4つのケース報告とそれをめぐる議論が掲載されている.指導場面は，国語，数学，英語，理科，社会と多岐にわたるが，一貫したテーマは学習方法やその背後にある学習観に，認知カウンセリングがどう迫ることができるかである.また，認知カウンセリングから発したテーマが心理実験や調査によってどう検討されたかの研究例も紹介されている.

市川伸一（2004）『**学ぶ意欲とスキルを育てる──いま求められる学力向上策**』小学館──認知カウンセリングや，学校での個別学習相談システムの充実について書かれた章もあるが，全体としては，私自身が認知心理学と実践的アプローチをとおして感じてきた教育改善への提案である.知識を蓄えるだけの学習にとどまらず，それを生かして活動する場を，どうアレンジするかということを中心に論じている.

参考文献

市川伸一（1988）コンピュータによる心理学実験──一般教育への導入による効果と問題点.教育心理学研究，36，84-89.

市川伸一（1989）認知カウンセリングの構想と展開.心理学評論，32，421-437.

市川伸一（2000a）勉強法が変わる本──心理学からのアドバイス　岩波書店（岩波ジュニア新書）.

市川伸一 (2000b) 概念，図式，手続きの言語的記述を促す学習指導——認知カウンセリングの事例を通しての提案と考察．教育心理学研究，48，361-371.

市川伸一・南風原朝和・杉澤武俊・瀬尾美紀子・犬塚美輪・小林寛子・植阪友理 (2004) 数学力診断テスト“COMPASS”の開発——その目的・構成と試作版の実施結果．基礎学力育成システムの再構築——中間レビュー（東京大学大学院教育学研究科 21 世紀 COE プログラム基礎学力研究開発センター），21-48.

清河幸子・犬塚美輪 (2003) 相互説明による読解の個別指導——対象レベル—メタレベルの分業による協同の指導場面への適用．教育心理学研究，51，218-229.

斎藤由紀子 (1990) 角の大きさを求める問題の指導．市川伸一（編）認知カウンセリングのケース報告——日本女子大における学生の報告から（1989 年度）．教育心理学フォーラムレポート，FR-90-002，7-11.

植木理恵 (2000) 学習障害児に対する動機づけ介入と計算スキルの教授——相互モデリングによる個別学習指導を通して．教育心理学研究，48，491-500.

植木理恵・市川伸一 (2005) 大学を地域の学習リソースに——研究者が企画・実施する実践型アプローチ．鹿毛雅治（編）教育心理学の新しいかたち　誠信書房.

4章 学校文化を書く
フィールド・プレーヤーとして

志水宏吉

1 学校文化との出会い

　私は，教育社会学者である．大学院に進学したときから，「学校社会学」を志してきた．

　1959年生まれの私は，兵庫県のごくふつうの公立小学校ととても「荒れた」公立中学校，そして岐阜県にある全寮制で共学の私立高校を経由して，1978年に東京大学文科III類に入学した．家族のなかでの最初の大学進学者として，さらには母校創設以来ふたり目の東大合格者として，私は東京大学に進んだのであるが，私のような境遇と経歴をもつ友だちは，ひとりとしてまわりにはいなかった．例えば，私の中3のときのクラスメートのうち4人が中卒で就職したが，そのような級友をもつものは，私のまわりの東大生のなかにはいなかった．私の学校体験は，仲間たちのそれと比べてかなりユニークなものであり，ことあるごとに私は，自分自身の「異質性」を感じさせられた．そこで出会ったのが，教育社会学という学問である．学校の社会的選抜作用，学校階層による生徒文化の分化機能，学校システムによる社会移動と階層的再生産過程といった視点を学ぶにつれ，私は，自分の歩んできた道をこの学問が逐一解き明かしてくれるという気になった．そして，当初は教師になりたいと思い，教育学部に進んだ私は，やがて大学院に進学し，いつしか研究者としての道を歩きはじめるようになった．

　そのような私の，研究上の関心を包括的にいうなら，「学校がもつ『個人』と『社会』の双方にとっての意味を社会学的に追究する」ということになるだろう．私は，いつのころからか「学校文化」という言葉に魅かれ，それをキーワードにして，上記の問題関心を探究しようとしてきた．あなたはどんな研究をしていますかと問われるなら，いまの私はつぎのように答える．すなわち，

「私の研究は，フィールドワークの手法を用いて，様々な学校文化のありかた
を探り，その変革の可能性を考えていくことです」と．ちなみに，フィールド
ワークの結果として生みだされる，「ある集団がもつ文化の記述」を試みたテ
キストのことを一般に「エスノグラフィー」（民族誌）という．本書第Ⅱ部4
章は，私自身のエスノグラフィー論を整理したものなので，そちらも併せてお
読みいただければと思う．

　本章では，私自身の学校文化研究のあとを振り返ってみたい．22歳で研究
者の道を志した私も，現在45歳である．一昨年（2003年）の4月には，勤務
校を東京大学から大阪大学に変えた．阪大の定年は63歳ということであるか
ら，大ざっぱにいって，私の研究者人生もほぼ「折り返し点」を迎えたといっ
てよいだろう．私はサッカーが大好きなのだが，そのスポーツにたとえるなら，
前半を終え，ハーフタイムをとり，ちょうどいま後半の45分が始まったとい
う感じである．本章で読者の皆さんにお伝えしたいのは，私の前半戦の「戦
い」がどのように進んだか，そして後半戦の戦いをどのような方針でスタート
させようとしているかということである．

2　学校文化とは

　「戦い」をどのように進めたかという話をするまえに，「相手」である学校文
化というものを，私自身がどのように考えているかについてにふれておきたい．
　学校文化（school culture）という言葉は，そもそも現場の用語ではない．
それは，研究者によって様々なコンテクストで用いられている学術用語である
が，それに対する明確な学問的定義があるわけでもない．
　フィールドワークやエスノグラフィーの領域での基礎用語に，〈エティック〉
と〈イーミック〉というものがある．〈エティック〉な視点とは，「外部の研究
者サイドの枠組みを現場に持ちこんで，現象を記述・説明しようとする立場」
を指し，他方の〈イーミック〉な視点とは，「内部の当事者の使う言葉やカテ
ゴリーから，現象を記述・説明しようとする立場」を指す．フィールドワーク
においては，後者の〈イーミック〉な視点，すなわち当事者の視点を大事にし
なければならないわけだが，「学校文化」という言葉はそもそも〈イーミック〉
な用語ではない．すなわち，現場の教師や生徒たちが一般的に使う言葉ではな

いのである．むしろ「学校文化」は，〈エティック〉な用語，すなわち，研究者が学校世界を記述するうえで戦略的に採用する言葉ということができる．

　私自身は，学校文化という言葉を，「文化伝達の機関としての学校がもつ，文化的特徴」という意味で用いるようにしている．言葉遊びをしているように聞こえたなら申し訳ないのだが，私にとっての学校文化は，つぎのふたつの要素から成り立つものである．まず第一に，学校で伝達されることを期待される文化＝知識の具体的な中身を考えることができる．学校知とか，教育的知識などと呼ばれるものがそれである．わが国では，学習指導要領がそれを規定するが，これを私は，「内容としての学校文化」と呼ぶ．つぎに，それらの知識を子どもたちに伝える際の，学校という組織なり制度なりがもつ特徴を考えることができる．具体的には，教室空間や時間割りのありかた，教師の統制のありかた，授業や評価のしかた，生徒集団の編成のしかた，校則のありかたなど，様々なものがそこには入る．これらを私は，「型としての学校文化」と呼びたい．「内容としての学校文化」と「型としての学校文化」は，いわば学校文化という車の両輪に当たるものである．

　私は，この両側面を含みもつ，各学校が有する学校文化が，その学校に通う子どもたちの社会化過程に大きな影響を及ぼすと考えた．そして，その前提のもとに，いくつかの調査研究に従事してきた．以下で，私がどのようなフィールド調査にかかわってきたのかを，具体的に述べることにしたい．その学校文化探究の過程は，自分自身がフィールドワーカーとして成長していくプロセスと，表裏一体のものであったということができる．すなわち，学校文化という相手との戦いを通じて，私というプレーヤーも一人前になることができたのである．

3　試合開始──中学校の学校文化

　私は，大学院時代，高校を対象とした質問紙調査に従事することが多かった．具体的テーマとしては，高校生の進路意識形成過程等を追いかけていた．しかし途中から，アンケートで明らかにできることはそれほど多くないのではと感じるようになった．質問紙調査の結果は，こちらの仮説や枠組みが期待するほどには，クリアにはでてこなかったのである．またそれと同時に，高校ではす

でに「勝負がついている」という感じがつきまとった．高校生の意識調査の結果は，学校ランクや学科などに大きく規定されるものとなっていたからである．要するに，どの高校に進むかが生徒にとって大きな影響力を有していたのである．

　そうした経緯から，私の関心は徐々に中学校に移っていくことになった．当時の学校社会学の領域では，外国人の手による2冊の書物が評判となっていた．カミングスの『ニッポンの学校』(カミングス，1981)とローレンの『日本の高校』(ローレン，1988)である．前者は日本の小学校の平等主義を，後者は日本の高校がもつ階層性を，見事なまでに描きだしたエスノグラフィックな著作である．研究上のミッシング・リンクはずばりそのはざまの中学校にある，と私は考えた．中学校のなかで「ヨコのもの（平等主義）をタテ（階層性）にする」過程がどのように行われているか，を明らかにしたいと思ったのである．1986年に大阪大学の助手に採用された私は，当時の上司の先生にお願いして，兵庫県下のある公立中学校を紹介してもらった．その中学校で足かけ3年にわたるフィールドワークを行った私は，やがて91年に，その学校の教師たちとの共同作業で，『よみがえれ公立中学』(志水・徳田，1991)という書物を作りあげることができた．私にとっての最初の，記念すべき本である．

　この“「南」中学校”（以下「南中」）に出入りを始めたころの私は，全くの無手勝流でフィールドワークを行っていたといってよい．高校出たての新人選手が，いきなりJリーグの試合にでるようなものである．大学の助手という立場にある私が自由に校内を動き回れたのは，ひとえに校長先生をはじめとする南中の教師集団のオープンかつフランクな姿勢のおかげであった．こちらはいわば，どこの馬の骨ともわからない人間である．おまけに，私を入れることのメリットは，学校にはほとんどなかったはずである．タイミングとしては，ちょうどその年にこの中学校が文部省（当時）の指定研究を受け，その研究プロジェクトのリーダー役の教師の「よい友だちにあなたがなってくれるのではと考えたのが，そもそもあなたを受けいれるきっかけだった」と当時の校長は私に語ってくれた．その教師は私より7つか8つ年上であるが，1991年に出版した本の共編者となり，現在にいたるまで，私たちの友人としてのつきあいは続いている．

　南中で私がみたものは，ともすれば「荒れ」に走りがちな，「しんどい」家

庭背景をもつ子が多い生徒たちを，必死に学校につなぎ止めようとする教師たちの奮闘努力であった．私は，南中に特徴的な生徒指導のありかたを「つながる指導」，学習指導・進路指導のありかたを「逆トーナメント型指導」と名づけた．前者は，「生徒との信頼関係づくり」を基盤として学校秩序の維持を図ろうとする，後者は，「しんどい子ほど手間ひまをかける」というやりかたで生徒たちの「学力」を高め，全員の「落ち着き先」を確保しようとする，教師たちの戦略をそれぞれ概念化したものである．型としての中学校文化の核がここにあるというのが，当時の私の結論であった．

　フィールド調査の結果をまとめる段階になって，私は教師たちの協力を仰ぐことが必要だと感じた．それは，カミングスやローレンといった海外からの熟達した研究者がやったような，深く広がりのある「データ」をかけだしの私ひとりの力で集めることはできないし，さらには，中学校という世界に生きる人びとの声を私が単独で表現するのは不可能だと感じたからである．そこで，私の最初のエスノグラフィーは，教師（および後輩研究者）との共同製作のかたちをとることになった．振り返ってみると，「高卒新人Jリーガー」である私がまがりなりにも，試合開始早々にゴールを決める（＝本を出版する）ことができたのは，南中の教師たちという，よきチームメートに恵まれたからであった．「試合は決してひとりではできない」，これが，私が最初の仕事で得た教訓であった．

4　前半15分経過――コンプリヘンシブ・スクールの学校文化

　南中の本が出版されたのが1991年のことであったが，その年から93年にかけての2年間，私は，日本学術振興会のプログラムで，家族とともにイギリスにでかけるチャンスを得た．当時大阪教育大学に勤務していたが，長期出張というかたちで，海外研究員としてイギリスの中等学校の動向について調査するというのが，私に与えられた任務だった．サッカー好きの私は，ずっと若いころからイギリスで生活したいという夢をもっていた．その夢が30代はじめにかなったのである．おまけに，そのときには，すでに妻と3人の子どもがいた．イギリスの中等学校について調べるという仕事はあったが，本音としては，家族とのイギリス生活を満喫できればと思っていた．Jリーグの若手プレーヤー

が，奥さんを連れてイタリアかスペインあたりに武者修行にでかけるといった状況を，思い描いていただければよいだろう.

　私が在籍したのは，イングランド中部のウォーリック大学であった. ウォーリックは，研究面での評価が高い新進気鋭の大学としての評判を有しており，私の面倒をみてくれたのは，質的調査法の権威とされる社会学者 R. バージェス教授であった. 到着してまもなく，バージェス先生は私に，「授業にでているような暇があったら，フィールドワークをしろ」という貴重なアドバイスをくれた. そして，地元のコンプリヘンシブ・スクール（以下，CS）であるリトルレイクの教頭先生を紹介してくれた. CS とは，イギリスの公立の中等学校である. 日本の中学校段階と高校段階が一緒になったような学校を思いうかべていただければよい. 私が紹介された教頭先生は敬虔なクリスチャンで，知りあった当時で 40 代後半だったろう. 彼は，旺盛な博愛精神を発揮し，私のフィールドワークに様々な便宜を図ってくれただけでなく，家族ぐるみのつきあいをしてくれた. 彼がいなければ，私の異国でのフィールドワークは決して成り立たなかった. そして，私は帰国後まもなく，『変わりゆくイギリスの学校』（志水, 1994）という単著を出版することができた.

　日本で多少英語を勉強してきたつもりだったが，私の英会話能力はお粗末なものであった. 到着後，テレビの BBC のニュースが半分も聞きとれないことがわかったときには，愕然としたものである. 30 代になって初めて海外で暮らすことになったのである. 笑い話のようだが，電話のベルが鳴るたびにビクついたものである. 生活の様々な局面でのカルチャーショックも，ひと通りは経験した. しかしながら，日本人若手プレーヤーが海外で挫折したというほど，深刻な事態には陥らなかった. 「プレースタイル」の違いに驚き，適応に多少の時間はかかったものの，語学面での力不足は，フィールドワークを続けるうえでの大きなハンディキャップにはならなかったように思う. ルポライターの本多勝一 (1983) は，「海外調査の際にも，語学力よりも取材力と表現力とが重要である」と指摘しているが，私も同感である. 教育研究を志す若い人たちにも，海外でのフィールド調査にどんどん挑戦してほしいと思う.

　さて，私の CS でのフィールドワークは，すべて南中での経験がベースとなった. 文化的な違いはあるものの，そもそも学校は学校であり，教師は教師である. 私は，「何も知らない，何でも教えてほしい外国人」という態度でフィ

表1　南中とリトルレイクの学校文化の対比

	南中	リトルレイク
学習指導 　授業形態	混合能力編成の優勢	混合能力編成へのこだわり
授業方法	一斉授業・講義中心 教科教師による支配	個別化・作業中心 サポート教師の存在
教育課程	普通教育中心	職業教育の重視
生徒指導 　教師生徒関係 　課外活動	ウェット 訓練・競争的	ドライ 娯楽的
進路指導 　役割分担 　主要機能	担任教師中心 進路の振り分け	専門スタッフ中心 情報提供

(志水，2002，p. 171)

表2　日英両国の教育エートスの対比

	日本		イギリス
(1)	標準主義	vs	個性主義
(2)	努力主義	vs	能力主義
(3)	競争主義	vs	達成主義
(4)	全人主義	vs	限定主義

(志水，2002，p. 177)

ールドの人びとに接し，彼らはいつも誠意をもって私に対応してくれた．CSの学校文化についても，中学校文化を常に比較の対象としながら，検討を加えていった．軸がはっきりしていると，比較はしやすいものである．リトルレイクでのフィールドワークを通じて，私は表1のようなまとめを提出した．さらにそうした学校文化の差異の背景にある，両国の「教育のエートス」の違いとして，「標準主義―個性主義」「努力主義―能力主義」「競争主義―達成主義」「全人主義―限定主義」という4組の対を仮説的に示した（表2）．それらの内容の詳細については，志水（2002）を参照願いたい．

　イギリスの学校でのフィールドワークを通じて，わが国の学校文化とはいくつかの点できわめて対照的なイギリスの学校文化の存在を確認できただけでなく，日本の学校文化のありかたについての私自身の理解も一層深まったような気がする．海外でのプレーを経験して，サッカーというスポーツについての理解が進んだというところであろうか．

5　前半30分経過――現代の小学校文化とニューカマー

　2年の海外経験を終えて，私は日本に戻ってきた．すでに私は，中堅プレーヤー．ほどなく所属チームも，関西のチーム（大阪教育大学）から首都圏のチーム（東京大学）へと変わった．関東に移るに際して私が心に決めたのは，東

京にいったら,「ニューカマー」と呼ばれる外国人・外国籍の子どもたちの問題を研究として扱おうということだった. その背景には, 私および私の家族のイギリス経験がある. 私たちはイギリスで, とても充実した2年間を過ごすことができた. 子どもたちも, それぞれイギリスの学校・幼稚園・保育所で, 多くの友だちに囲まれ, 楽しい生活を送ることができた. そのお返しをしたい, と考えたのである. ただし, 直接イギリス人にお返しをすることはできない. そこで, その代わりに, 様々な事情で日本にやってくる海外からの人びとの役に立てるような仕事をしたいと考えた. その結果着手したのが, ニューカマーの学校体験を探るためのフィールドワークである.

　このころになると, 私とともに共同研究をしたいという仲間がかなりの数ででてくるようになった. この研究プロジェクトに対する科学研究費を得た私は, 共同研究グループを組織し, 首都圏の3つの小学校での参与観察調査に着手した. それぞれの小学校の校区は, 特定のタイプの外国人が比較的多く住む地域であり, 外国人児童に対する取りくみにもそれぞれの特徴が見うけられた. 私たちは, 学校側の了解のもとに, ひとつの学校に複数のメンバーが入り, およそ1年間にわたるフィールドワークを行った. その結果は, 志水・清水 (2001) などにまとめられている.

　小学校の教室における参与観察調査を通じてわかった主要なことは, ニューカマーの子どもたちにとって, 日本の学校には「三重のハードル」があり, 彼らのスムーズな適応を困難にしているという事実であった. まず, 第一のハードルは, 「同調を強いる教室の風土」である.「郷に入っては郷に従え」は多かれ少なかれどこの国の教室にもみられる傾向であろうが, 日本の学校ではその傾向がことのほか強い. 第二のハードルは, 「個人化する教師の見かた」と私たちが名づけたものである. 日本の教師は, 「勉強ができない」とか「友だちができない」といった問題状況を, 能力や資質, あるいは態度ややる気といった, 個人的な要因に還元して考えがちである.「できないのはがんばりが足りないから」であり, 「心がけがよくないから」である. 外国人の子どもたちがもつハンディキャップ (「日本語を母語としない」とか「運動会などの行事になじみがない」など) が, その子の背景である集団的な基盤をもつものとしてではなく, 個人の問題と考えられがちなのである. そして, 第三のハードルが, 「近年の教育改革の動向」である. 子どもたちの個性や創造性・自主性を重ん

じる近年の教育改革の流れは，授業の進めかたや教師生徒関係のありかたを大きく変えつつあるが，そのトレンドは，伝統的な学校文化のもとで育ってきた外国からの子どもたちにとっては，メリットというより，デメリットになることの方が多いと考えられるのである．

このフィールドワークの目的は，「ニューカマーの子どもたちの教室での実際の姿を明らかにしたい」ということであったが，その背後にあった問題意識は，「彼らにとって望ましい教育支援とはどのようなものなのかを考えよう」というものである．私たちはいわば，学校現場に役立つ研究をめざしたのであった．学校側と交渉するときにも，「現場の先生がたとともに，彼らに対する援助のありかたを考えていきたい」といういいかたをした．

しかしながら，結果的にいうなら，その点に関しては，私たちははかばかしい成果を残すことはできなかった．何度か私たちの研究成果を現場の先生がたに披露する機会はあったが，「それで，具体的にどうすればいいんですか」という現場サイドの問いかけに，私たちは満足してもらえるような解答を与えることはできなかった．問題の所在を明らかにすることはできたが，その解決・改善の方向性を明確に指摘することはできなかったのである．「中堅プレーヤー」としての私は，それなりのビジョンをもって試合にのぞんだのだが，監督や観衆の期待に応えられるようなゲームを作りだすことはできなかった．そうこうするうちに，笛がなり，ハーフタイムの時間となった．

6　ハーフタイム——方法への問い

この3番目のフィールドワークを終えてから，私は，研究者仲間と，主として方法論をテーマとした2冊のテキストを作成した．『学校臨床学への招待』(近藤・志水，2002) と『学校臨床社会学』(苅谷・志水，2003) がそれである．それらはいずれも，「学校臨床学」「学校臨床社会学」という語を冠した，わが国で最初の著作である．

まず前者は，東京大学で学校臨床学という学問分野をともに担当した，臨床心理学者の近藤邦夫教授の定年退官にあわせて，私たちふたりに縁のある若い研究者・教師および大学院生たちと力をあわせて作った本である．学校臨床学とは，1995年に東京大学にコースが設置された新しい学問分野である．いじ

め・不登校・学級崩壊などの学校を舞台として生じる様々な問題状況に対して，臨床心理学・学校社会学・教育学などの方法や視角を総動員して，事態の解決や改善に向けての対応策やアイディアを導きだそうとする学際的・実践的な学問が学校臨床学である．ここでいう「臨床」とは，「現場にできるだけ近いところで，当事者との人間的かかわりのなかから，新しい知を立ちあげていこう」とする研究スタンスを意味すると考えていただきたい．

　一方，後者の本は，そうした臨床的なスタンスを学校社会学に応用しようとした著作である．共編者の苅谷剛彦教授は，私の先輩であり，東大での同僚でもあった教育社会学者で，私たち5人の著者は，元来クールで分析的な学校社会学の伝統に，問題解決をめざすホットで臨床的なアプローチを接合しようと試みた．具体的には，「いじめ」「不登校」「教師生徒関係」「学力問題」「ジェンダー問題」「マイノリティ問題」といったトピックについて，臨床社会学的な接近を試みたのである．

　本章の主題である「学校文化」というテーマに引きつけていうなら，これまでの私は，もっぱらフィールドワークの手法を用いて学校の現実に迫り，できるだけ説得的なかたちで学校文化の実態を記述しようと試みてきた．そうして生みだされたのが，いくつかのエスノグラフィックな著作であり，論文であった．私の前半戦の戦いは，そのように進んだ．すなわち，学校の「文化を書く」のが，私の仕事だったのである．そして迎えたハーフタイムで，私は，方法への意識を高めることになった．単にそこにあるものを書くだけでよいのか．書くことによって，そこにあるものをよい方向に変えていくことができないだろうか．臨床的なスタンスに立てば，もっと別の創造的な書きかたができるのではないだろうか．「学校文化」は理解すべき対象だが，それだけではなく，変革すべき対象としても扱うことが可能である．

　後半戦も，予断を許さない戦いが続くはずである．すでにできあがった選手としての期待が集まる私は，それなりのプレーをしなければならない……．

7　後半開始──「効果のある学校」を求めて

　2003年の春に，私は再び大阪に戻ってきた．また，関西のチームでプレーする道を選んだのである．学校文化探究の，後半戦の幕が切って落とされた．

　早速，私の第 4 番目の，学校を対象としたフィールドワークが始まっている．それは，大阪府下のある公立小学校においてのフィールドワークである．2003年 4 月から，ほぼ週に 1 回のペースでその学校を訪れ，授業観察や聞きとりやそのほかの様々な活動に従事している．前回の小学校での参与観察は，ニューカマーの子どもたちの教室体験に焦点を当てたものだったが，今回の調査の目的は，「効果のある学校の教育活動を系統的に記述する」ことである．これには，若干の解説が必要だろう．

　東京大学在職中の 2001 年に私は，学力低下論争の高まりを背景に，前述の苅谷教授らと学力調査を実施した．子どもたちの基礎学力の低下と学力の階層間格差の拡大という趨勢を明らかにしたその調査結果は，社会的にかなりの波紋を呼んだが（苅谷他，2002），その全体的に「暗い」結果のなかで，ひと筋の光明となったのは，特定の学校でのきわめてポジティブな結果であった．それらの学校（小学校 1 校と中学校 1 校）は，地域的・家庭的にはそれほど恵まれた環境にあるとはいえないものの，子どもたちの学力テストの結果はきわめて良好であり，彼らの学習への意欲や態度もとてもポジティブなものであった．欧米に「学校効果研究」という流れがある．「人種や階層に由来すると思われる学力格差を克服する，学校が生みだす力」を「学校効果」（school effects）というのだが，まさにこれらの学校は，日本版「効果のある学校」（effective schools）と位置づけることができたのである．新自由主義的な教育改革が進行し，公立学校の地盤沈下が懸念されているなかで，こうした学校が実際に存在しているということは，教育に関心をもつすべての者にとって何よりも勇気づけられる事実である．

　私が現在足繁く通っている松原市立布忍小学校は，実は，その調査で見いだされた小学校である．私は，「効果がどのように生みだされているのか，その秘密を探り，多くの人びとにそれを伝えたい」と考え，布忍小にコンタクトをとった．学校側の対応は，このうえもなく好意的なものであった．私が訪問するたびに，教職員や子どもたちは私をあたたかく迎えいれてくれる．これまでを思い返しても，フィールドワークに向かうのが，これほど楽しみに感じられることはなかった．外部者である私にとって居心地のよい学校が，教師や子どもたちにとって居心地が悪いわけがない．布忍小に漂うこのやさしく，活気のある雰囲気が，子どもたちの学習を促進し，多くの成果を生みだしていること

に疑いはない．布忍小の学校文化は，その「内容」と「型」においてきわめて
ユニークであり，子どもたちの未来を切り開くうえで大いなるポテンシャルを
秘めている．

　目下の私の仕事は，そうした布忍小の学校文化を，目に見えるかたちで描き
だすことであり，すでに最初の成果物を 2003 年末に公刊した（志水，2003）．
それは，何のためか．端的にいうなら，元気をなくしている多くの公立学校の
教師たちに，再び元気になってもらうためである．布忍小は間違いなく，わが
国の公立学校の「フラッグシップ」としての役割を果たしうる学校である．そ
の教育実践は，他のすべての学校が学ぶべき，多くの示唆やヒントを与えてく
れるはずである．

　私の研究のモチーフは，依然として「学校文化を書く」ことにある．ただし
何のために書くかというと，それは，停滞しがちなわが国の公立学校の，学校
文化の変革の方向性を示唆するためである．「フィールド」で育ててもらった
私は，後半戦が始まったいま，「フィールド」に何がお返しできるかを考えな
がらプレーを続けようとしている．

●もっと学びたい人のために●

本多勝一（1983）『**ルポルタージュの方法**』朝日新聞社──フィールドワークは，多
　くの点でルポルタージュと共通点を有している．本多の生みだした優れたルポは，
　エスノグラフィーを志す者にとっての格好のテキストである．

T. ローレン（友田泰正訳）『**日本の高校**』サイマル出版会──スクール・エスノグラ
　フィーの古典といってよい作品．そのバランスのとれた目配り，記述の豊かさは，
　いまだに他の追随を許さない．

志水宏吉・徳田耕造（1991）『**よみがえれ公立中学**』有信堂高文社──中学校のエス
　ノグラフィーをめざして，現場教師との共同作業の成果として生みだされた著作．

参考文献

カミングス，W.（友田泰正訳）（1981）ニッポンの学校　サイマル出版会．
本多勝一（1983）ルポルタージュの方法　朝日新聞社．
苅谷剛彦・志水宏吉（2003）学校臨床社会学　放送大学教育振興会．
苅谷剛彦他（2002）調査報告──学力低下の実態　岩波書店（岩波ブックレット）．
近藤邦夫・志水宏吉（2002）学校臨床学への招待　嵯峨野書院．
ローレン，T.（友田泰正訳）（1988）日本の高校──その成功と代償　サイマル出版
　会．

志水宏吉（1994）変わりゆくイギリスの学校——「平等」と「自由」をめぐる教育改革のゆくえ　東洋館出版社.

志水宏吉（2002）学校文化の比較社会学——日本とイギリスの中等教育　東京大学出版会.

志水宏吉（2003）公立小学校の挑戦——力のある学校とは　岩波書店（岩波ブックレット）.

志水宏吉・徳田耕造（1991）よみがえれ公立中学——尼崎市立「南」中学校のエスノグラフィー　有信堂高文社.

志水宏吉・清水睦美（2001）ニューカマーと教育——学校文化とエスニシティの葛藤をめぐって　明石書店.

5章 研究における「わたくし」の領域と異文化の研究

反省的観察者を摸索して

恒吉僚子

1 隠蔽された「わたくし」の世界

学会誌や研究図書として出版される研究者の公の言葉からは，第一人称の「わたくし」の世界を排除することが「科学的」だとされてきた．「わたくし」がどうこうではなく，「学問的に意義がある」からこのテーマを選んだ．「わたくし」の体験がどうこうではなく，「既存文献とデータによって」これは裏づけられるものである……．

しかし，人間の成長に関わる教育研究の世界は，これらの「客観的」な言葉が示唆するほどドライな世界ではない．なぜその研究をするのか，しなくてはならないのか，しないではいられないのか．例えば，目のまえの子どもたちをどうにかしないといけないと思う，ほかの人が何といおうと，学問のはやりすたりとは別に重要だと感じる……．「わたくし」の世界は，公の舞台からは追放されたかもしれないが，裏舞台で生きつづけている．教育のような領域では，ひと皮むけば，「客観的」な一人称が切り落とされた「研究」の世界の背後には，それと不可分に絡みあった「わたくし」の世界があることが少なくない．

無論，これは，研究の根拠を示さずに，イデオロギーで事実を解釈していいことを意味しているわけではない．自己流で分析していいわけでもない．むしろ，これは一見「客観的」な脱一人称の世界へと突きうごかすエンジンのひとつとして，公式な「研究」の世界からはみえなくなっている第一人称の世界の存在を忘れることへの警鐘である．

周辺化された人びとのエンパワーメントなど，既存の社会を改革する視点を強調するような運動的側面をもった理論や実践（例：フェミニズム，多文化教育），研究者が自己と対象者との関わりを内省することを求められるような方法（例：エスノグラフィー，アクション・リサーチ）などの領域に携わった研

究者は，しばしば，研究と「わたくし」を統合しようとし，第一人称の世界を意識化させてきた (Denzin, 1998).

　例えば，フェミニズム，多文化主義，批判的研究などにおいて，研究における「わたくし」を真正面から取りあげる試みもされてきた (Grant, 1999). 自らも「オリエンタル」として，マージナリティをばねに，西欧のゆがんだ眼差し，「オリエンタリズム」研究への動機づけを見いだしたサイード (Said, 1978, Introduction)，プエルトリカンとしては"稀有に"社会的に成功した例外だといわれながら，インサイダーの視点をもって，マイノリティの子どもをめぐる理論と実践を体系化しようとするニエト (Nieto, 1999)，このような研究は，文化の狭間において，葛藤と共感のあいだを揺れうごく「わたくし」の世界が，公の「研究」の方法論や理論，実践的関心と結びついた結果でもある.

　教育研究の原点は，教育の営みであり，そこにいる子どもであり，関係する人びとである. なぜ教育現場に興味をもち，それと関わりたいと思ったのか. 本書の趣旨から考え，その問いは根本的なものである.

2　"敢えて"の背景にあるもの

　私は，国際比較や異文化の領域を研究しながら学校と関わってきたために，国際理解教育や異文化の問題に関心のある教師に出会う機会が多かった. 日本は，世界でも単一文化的な発想の強い国といわれ，教科書の内容から教育のしくみに至るまで，その傾向は強い. こうしたなかで，異文化理解を意識して教育を手がけること自体，カリキュラムで要求されたものでもなく，テストにでるものでもなく，教科書をこなしていれば自然とできるような性質のものでもない. したがって，授業のなかに国際理解色を入れようと指導案を工夫したり，外国人の子どもを支援しようと地域ネットワークに参加しようなどという教師は，システムが要求している以外（以上）のことをしている人びとであり，"敢えて"やっているわけである. 国際理解の資質が入試で試されるわけでもないため，それを伝えたからといっていわゆる従来の「学力」を高めたと保護者にほめられるわけでもない.

　にもかかわらず，教師のなかには，その"敢えて"を行う人がいる. その背景に何があるのか，厳密に調査したわけではないが，個人史をうかがったりし

ていると，その原点には体験が，感動がしばしばあるように感じてきた．例え
ば，日本人学校で教師として派遣されて見聞きした経験が原動力となっている，
自分のクラスに入ってきた外国人の子どもの苦労をみて，何とかしなければと
感じた経験がきっかけとなっている，文化の異なる子どもと触れあうなかで子
どもが変化していると感じた感動がばねとなった……．体験が，もっと知ろう
とする原動力になり，また，大変なときに投げださない動機づけともなってい
るのではないか．“敢えて”の向こうには第一人称の世界が透けてみえるよう
に感じてきた．

　研究者の世界でもこの領域では同じようなことがいえるのではないかと感じ
てきた．社会的平等の実現やマイノリティの学力向上，多言語の共存など，多
文化共生は世界的にみると教育の最も中心的な課題のひとつである．しかし，
単一文化的な志向の強い日本では，日本でメインストリームだといわれるよう
な教育関心で研究に取りくんでいても，異文化間の問題に自然と目が向くわけ
ではない．そこには，国際理解教育と取りくむ教師同様，“敢えて”の世界が
ある．その“敢えて”は，自分の海外経験や何かしら異なる人びととの出会い，
地方から上京してカルチャーショックに見舞われたという種類の個人史的な経
緯であるかもしれないし，特定の研究テーマを勉強しているうちに異文化のテー
マに引きこまれていった，ある研究図書との出会いがあった，という学問的
出会いの類であったかもしれない．しかし，いずれにせよ，“敢えて”を導く
何かがあったことが少なくないのではないかと思われるわけである．

3　個人史的考察

　自分に関して，“敢えて”を自分なりに説明を企てると，多分，最初は個人
史的なきっかけが大きかったのであろう．アメリカで生まれ，幼少期をそこで
育った私にとっては，異文化との出会いはものごころつくころから既存のもの
であった．両親がアメリカに永住しようとしていたために，いわば移民二世の
生活であり，突然帰国するまではアメリカで一生を過ごすことが前提となった
生活であった．

　住んでいたのは大学関係者の多い街であり，あからさまな差別は少なかった
が，見かけを含め，自分がほかの白人とはどこか違うことはまえから感じてい

た（感じさせられていた）.

　親の出身国の記憶がなくとも，ひと目で他と識別できるアジア系などの移民
の子どもたちは，自分の祖先の国とアメリカとが対立すれば国家間の狭間に落
ちてしまう. 例えば，私も，日本がアメリカと対立すると，「日本はひどい」
と誰かにいわれる経験を何度も繰り返した. 子どもは親がいったことを繰り返
しているにすぎない. しかし，それを受けるマイノリティの子どもにとっては，
同じ「アメリカ人」であるにもかかわらず，見かけでほかの子どもと区別され，
親の出身国家と結びつけられて個人攻撃されている，それだけがわかるのであ
る.

　使っていた教科書は，当時は最も使われていた，白人中産階級家庭を主人公
としたものであった. 郊外の白い家に住む三人兄弟姉妹の話で，エプロン姿の
母親としゃきっとしたスーツを着た父親に育まれ，そばに住む祖父母のところ
へ週末に遊びにゆく恵まれた生活が描かれていた. アメリカン・ドリームの具
現かもしれないが，それは，すでにアメリカ社会に根を下ろして支配的な立場
で何世代もたつ白人のそれであり，アメリカ社会で認められようともがく最近
のアジア系移民のそれではない. 一度，日本の女の子がでてくる教材が国語の
授業で扱われたが，目がつりあがった容貌で，色々な東洋文化がゴチャ混ぜに
なっているイメージであり，いかにも西欧からみた東洋的エキゾチックさはあ
っても，アジア系としての生活感覚からは程遠いものであった. アジア系の知
りあいもなく，アジア系地域も近くにない，学校の教材にもでてこないとなる
と，アジア系の文化に触れる機会は家のそとでは少なかった.

　圧倒的多数の白人に同化するなかで，白人文化に劣ったもの，ないし付随す
るものとして扱われるアジア文化，そのなかでも日本文化，その位置づけを自
分のなかで見いだそうとする葛藤が続いた. 思えば自分が背負っているアジア
的なものへの劣等感とプライドが錯綜する日々であった. 異文化間理解という
と聞こえがいい. しかし，異「文化」は，ある社会のなかにも，世界のなかで
も，横並びにあるだけでなく，序列関係に位置づけられていることを忘れては
ならない.

　父親の仕事の関係で日本に突然帰国すると，今度は，帰国の心構えも，学力
的にも何も準備していなかったなかで小学校高学年に入り，学業の遅れとアイ
デンティティ・クライシスに見舞われた. 自分が置かれた状況に対応するなか

で，色々と考えさせられた．日本の教育は系統的な教科の積みあげを行っている．筆記試験が中心の受験体制といい，個別化された指導の少なさといい，そこから入ってくる人，途中から入ってくる人を想定したシステムではない．どの教科も，習得すべきスキルがかなりあり，段階的に設置され，課題目標を一斉に突破していくことが求められる．体育での逆上がりなどはその端的な例であろう．私はアメリカにいたころは地域の体育教室に通っていて運動は得意だったが，鉄棒はほとんど触ったことがなかった．帰国すると日本の体育ではどうも逆上がりというものができることが大切らしいということで，日が沈む放課後の校庭で逆上がりの特訓をした．できはしたが，苦しいのは，何のためにするのかが納得できなかったことであろう．それまで，アメリカの体育で嫌なことをさせられた思い出がない．なぜ，人生において逆上がりができることがそれほど大切なのか，一定時期になるとなぜ，体育の時間は逆上がりばかり練習するのか．全員共通ラインを設定すると，それを突破できない子どもが目立ち，プレッシャーがかかる．もちろんそこには後れた子どもを応援する日本的共同体の支えあいがあるわけであるが，なぜそうまでする必要があるのかがみえないわけである．当初，かなりのことがこの調子で，いわゆる"根性"ものと，集団の圧力を用いるものはすこぶる苦手であった．年月がたつうちにそこにある論理をも理解するようになっていったが，"適応"と同時に，自分と社会とのズレを意識化し，言葉を与えていくことの重要性を感じるようにもなっていった．

4　研究者としての教育現場との出会い

帰国して大学まででたあと，子どもの国際比較研究をしたい，と思いながら博士課程でアメリカに留学した．留学先のプリンストン大学大学院の社会学研究科は当時1学年6人程度しか入れない，細やかな指導をしていた．6人のなかには，イタリア系のスラムの出身で，彼女の周囲では唯一大学をでていた女性がいた．中国人の留学生もいた．ロシアと中国とアメリカを比較していた白人女性もいた．1年の終わりにはひとりが去り，同学年は5人になった．お弁当を片手に学部のたまり場で院生と教師，ともに膝を交えて激論を交わす．周囲に触発されながら競いあう．学会には世界中から人が集まってくる．世界的

な研究者があちらの学部，こちらのプログラムで日常的に行き来してざっくばらんに院生と意見を交わす．競争と協調の日々であった．大学の助成体制も恵まれ，研究だけに専念できる，充実した毎日．世界中からの人材が集まり，ぶつかりあい，協調するなかから生じるエネルギー．日本の大学との研究・教育条件の違いについて考えさせられた．

　研究手法も，地域研究との接点をもつなかで，自然な流れとしてフィールドワークを行うようになった．私は，片足を社会学部に，もう片足を地域研究（日本研究，アメリカ研究）に突っ込んでいるパターンの学生として，双方のプログラムと学部（社会学部，東アジア研究プログラム）に関係し，講義を受講し，また，助成を受けていた．当時は，私が指導を受けていたギルバート・ロズマン氏（中国，日本，ロシアの比較研究）のもとには，各国の地域研究と社会学とを融合した視点をもつ学生が集中し，やがて世界各地の大学で教鞭をとるようになった．一方では，地域ベースをもつ社会学者，他方では，アメリカをベースにしたメインストリーム的な社会学者，そしてまた，アジア研究の学生たちとも交流し，社会学会とアジア学会の双方に所属意識を二分しながら，自分のアプローチやテーマについて考えることになった．

　日本の教育研究では当時，T. ロリーン，現在も比較教育学で活躍しているW. カミングズやJ. トビンらの本などが脚光を浴びていた．1980年代当時，日本経済の世界的地位は上昇し，日本的経営も脚光を浴びるようになっていた．日本の教育はそうした「奇跡」の復興，高度成長の謎を解く鍵として，一般誌のなかでも話題になっていた．日本の教育の国際比較研究を行っていた私にとっては，海外からみえる日本について，考えさせられる機会が多かった．アメリカを中心とした日本のそとの学界の言説はいかにして作られているのか，日本内部の言説の特徴は何なのか，内側だけをみているとみえない世界，外側だけではみえない世界について，比較しながら日常的に考えることになった．アジア研究者との交流のなかで，日本以外のアジアについても考えさせられた．

　一方，もうひとつの足を突っ込んだ社会学部のほうは，社会をみる視点や理解する方法について体系的に学ぶ機会を得た場であると同時に，極めてアメリカ的というか，欧米中心的な関心や理論が普遍性をもつものとして通用している世界でもあると感じた．それを問題にして1時間ずっと食い下がったこともあった．そうした挑戦的な意見を，抑えるのではなく，歓迎する講義のありか

たにも触発された．社会学部では，当時は必ずしも「相手に飛び込め！」式の研究方法が多かったわけではなかったが，地域研究と重なるような視点をもった院生たちは，対象（社会）のなかに飛び込み，相手を知ることの重要性を強調される訓練を受け，フィールドワークを行うことが自明となっていた．

　対象とするアメリカの小学校は，かつて，自分が経験したものである．しかし，それを新たな視点からみたとき，それはアメリカ社会の縮図として多くの課題と可能性を映しだしていた．アメリカの小学校に"飛び込んで"何といっても自分の研究に衝撃をもたらしたのが，スラムの学校を観察した経験であった．最初，マイノリティが過半数をしめる小学校を観察したときに，教室のうしろでメモをとろうとしている自分の手が汗でびっしょりになっていたのを覚えている．教師を敵のようにみる子ども，子どもの反抗に統制で対抗する教師，駅までもどうろうとタクシーを呼んでも，タクシーさえも来てくれないスラムの学校……．一日の終わりにはストレスもかかって消耗しきって，しかし，つぎの日にはまた駆りたてられるように学校に行った．院生であった私には，しんどいから明日からこの学校にくるのを「止めた」ということができる．しかし，この子どもたちには，教育を受ける権利を放棄するという大きな代償を払わずにはそれができない．その事実が重くのしかかってきた．学校とはどのような場なのか．学校で教えている知とは，どのようなものなのか．教師に何ができるのか．毎回毎回の観察が私の学習であった．

5　原点にもどる

　アメリカの貧困地帯の学校をみはじめた院生のころから，おそらく学校やその周辺の世界をみることに"はまった"のだと思う．学校のそとから，抽象論や理想論で物事を語るならばいえることでも，学校のなかに入り，そこで生きる人びとの姿をみると，何が可能であり，どのような制約を受けて行動しているのかがみえてくる．

　子どもを森と木にたとえるならば，実践者は個々の子ども，個々の木，そして，その木のそばにはどのような草が生えているのか，その木の状態はどうか，よくみえる．遠くから研究しているものは，その森を取り囲む生態系はよくみえる．しかし，個々の木はみえにくい．この両者をどうつなぐか悩んできた．

異文化間の研究も似たようなところがある．アウトサイダーがインサイダーの視点を獲得し，また，インサイダーがアウトサイダーの立場になる，その切り換えのなかで何かがみえる．

異なるが根底においてはつながっている世界を行き来しながら，学校がもつエネルギーも矛盾も，文化がぶつかりあうなかで生まれてくるダイナミズムと葛藤も，丸ごと体感できる手法，そうした手法に魅力を感じてきたのかもしれない．

●もっと学びたい人のために●

E. ゴフマン（石黒廣毅訳）（2001）『**スティグマの社会学──烙印を押されたアイデンティティ**』（改訂版），せりか書房（E. Goffman, 1986, *Stigma*, Touchstone Books)──社会でのマージナリティ，社会的承認，社会的に形成されたアイデンティティのありかたなどについて考える材料になる社会学の古典．

梶田正己（1983）『**ボストンの小学校──ありのままのアメリカ教育**』有斐閣（有斐閣選書)──教育研究者の目で生きいきとアメリカの小学校を描いている．

U. ブロンフェンブレンナー（長島貞夫訳）（1971）『**二つの世界の子どもたち──アメリカとソ連のしつけと教育**』金子書房．（Urie Bronfenbrenner, 1970, *Two Worlds of Childhood*, Russell Sage Foundation)──一般化された議論ではあるが，当時にあって，ソビエトの子どもの子育てや教育を具体的に描いている．

恒吉僚子（1992）『**人間形成の日米比較**』中央公論社（中公新書)──日米の小学校のフィールドワークを通じて行った比較研究．

恒吉僚子・S. ブーコック（編著）（1997）『**育児の国際比較**』日本放送出版協会──中国，日本，アメリカ，フランス，イギリスの育児書の比較分析を行った共同研究．

参考文献

Denzin, N. K. (1998) The art and politics of interpretation. In, N. K. Denzin & Y. S. Lincoln (eds.), *Collecting and Interpreting Qualitative Materials*. Thousand Oaks, CA: Sage, pp. 313-344.

Grant, C. A. (1999) *Multicultural Research: A Reflective Engagement with Race, Class, Gender and Sexual Orientation*. London: Falmer Press.

Nieto, S. (1999) *The Light in Their Eyes: Creating Multicultural Learning Communities*. New York: Teachers College Press.

Said, E. W. (1978) *Orientalism*. New York: Vantage Books.

6章・フィールド精神でフロンティアをひらく

やまだようこ

1 フィールドの精神

　私の研究人生をたどると，ずいぶん多くの変遷をしてきたような気がする．テーマも方法論も変わってきたし，試行錯誤もたくさんしてきた．しかし，あまり変わらないと思うところもある．そのひとつは，世界へのアプローチのしかた，好奇心にまかせて人がいかないフロンティアにでかけていき，道なき道を切りひらいていこうとするフィールド精神みたいなものであろうか．

　私は学生時代にはワンダーフォーゲル部に属していたが，そのころの仲間をみていると単純化すれば山（アルペン）派と藪（ブッシュ）派がいたように思う．山に登ることをスポーツと考えて，もっとも高い山，未踏の山をまず第一番に征服することをめざすアルピニストが山派である．どこの山に登るのか，目的をしっかり定めて，そこに至るにはどの道をたどればよいか，合理的に計画を立てて周到に準備して確実に頂上に立つ．

　私はフロンティア好きではあるが，どちらかというと藪派だった．ヒマラヤ8000メートルの高頂を制覇するアルピニストの大変さは，安全な裾野だけをのんびり歩いている人には絶対にわからない．藪こぎの大変さも，やってみたものでなくてはわからない．たとえ獣道でも，先にすでに通ったものがいて，わずかでも道ができているところをたどるのは容易だが，地図もなく見とおしもきかない藪のなかの錯綜した枝をかきわけて，まったく新しい道を創りながらいくのは，わずか数メートル進むにも難行苦行である．

　山奥の原生林で藪をかきわけたときに，突然蜂の大群に襲われて，顔がぽんぽんに腫れあがってしまったこともあった．しかし，思いがけず光が差しこんで展望が開けたときや，清流のほとりに人知れず咲くかれんな薄紫の花を見つけたときのよろこびは何ものにも代えがたかった．しかも低山には，たとえ藪

だらけに見えても人びとが山と関わって綿々とつづけてきた文化や歴史や生活があり，動物や鳥や植物たちが豊かに生きており，それらの生きものの生態は緊密にむすびついていた．藪こぎをしながら，同じ道をどうどう巡りして時間を浪費しているように見えるときにも，決してそうではなかった．循環して繰り返さないと見えてこない時空間というものもある．上だけをめざして一直線に山登りするときには見えなかった風景が，それぞれの関係性のなかから生きいきとむすばれて見えてくる．現場（フィールド）とは「複雑多岐の現象が連関している場」と私は定義している（やまだ，1986a, b; 1997）．だから，私は単に「野外」にでかければ，あるいは幼稚園や学校などいわゆる「現場（げんば）」にでかければ，それだけでフィールド研究とはいえないと思っている．現場でデータをとっても，研究者があらかじめ決めた仮説に従ってそれを検証するデータをとるだけならば，そこが実験室だろうと教育現場だろうと同じで，やはりフィールド研究とはいえないだろう．

　自分がいまいる場そのものがフィールドであるともいえるし，人生はまるごとフィールドであるともいえる．フィールドでは予測がつかないことが多いし，進むべき道があらかじめ決まっているわけではない．錯綜したフィールドで，さまざまな多様性をもつ生きものや生（なま）のものたちと関わり，その多重の出会いのなかから，新しい発見をしていくところ，新たな道を切りひらいていくところに，この研究方法の醍醐味がある．

2　文学から実験心理学へ

　私は高校生のころ詩が好きで，ぴったりこれしかないと身の芯から震えるような「ことば」，この世にたったひとつしかない「ことば」を削りだすために，ぐりぐり身をよじっていた．その多くは，そとからは何もみえず，あとからみれば何でもないような，無駄な情熱の空回りだった．多くのスピリットは，ことばになるまえに淡雪のように消えていった．でも，「これだ！」ということばが奇跡のようにひらりと空から舞い降りてくることもあった．そんなときは，何ともいえない仕合わせにつつまれた．大学へ入ったら，フランス19世紀の詩をたくさん読もうと決めていた．

　しかし，大学へ入ってから私の人生は大きく変わってしまった．まず体育会

系のワンダーフォーゲル部に入って，山登りをはじめた．ドイツ語の「渡り鳥」というロマンチックな名に魅かれたのに，とんでもなかった．そこは，自分の身体の限界に挑んで汗水たらして一歩一歩山頂へ向かって進めるかどうかが勝負，ことばなんて役に立たない，体力と精神力と確実な技能が必要な世界だった．

　しかも当時は，大学闘争の時代，私が「人はなぜ生きるの？」と問うと，たちまち先輩から「いかに生きるか？」というように，問いを実践的なものに変えるべきだと厳しく批判された．「君は観念論の世界にいる．ことばでつくられている世界は上澄みの虚構，上部構造にすぎない」といわれた．その論理にはついていけなかったが，女性も経済的に自立して社会的な仕事をもって生きるべきだという考えには共鳴した．私も一生を貫く仕事をもちたい，何か人生に意味ある仕事をして生きたいと想った．しかし，何をしたらいいのか，何が自分にできるのかさっぱりわからなかった．

　「書を捨てて街へ出よう」という魅力的なフレーズが巷を行き交っていた．しかし，街へでようにも，自分の甘さとひ弱さと不器用さが身にしみて絶望的になった．自分はなんて役に立たないダメな人間なんだろうと心底から情けなかった．高かったプライドはずたずた，何かしたいと焦るのだけど，自信はなくなるばかり，進む道がわからなくなった．

　ただ，それまでの自分とは正反対のものに魅力を感じるようになった．ことばとか心とか物語とか，そんな実体のないものはもういらない．外から明確にみえるカチンと固い確かなモノ，生活に根づいたモノを地道に積みあげていくことこそ真実だと想った．私は，文学を捨て，行動主義全盛期の自然科学的方法論に基づいた心理学を学ぶことにした．「これで本当に心がわかるの？」という疑問に終始つきまとわれながらも，卒論では白ネズミの学習実験を選んだ．

　実際にやってみると，実験心理学はその範囲ではおもしろかった．問題の焦点をきりきりと焦点づけてクリアーにし，論理的につめていく探究のしかたはすっきり気持ちがよかった．実験的な方法では，純粋な条件に統制した実験室で少数の要因に仮説をしぼりこんで，仮説演繹的に実験を積み重ねて，結果を数量化し，できるだけ単純にクリアーにだしていく．これは，現在の私が行っているフィールド研究や質的方法とは対極にある方法である．

　しかし，いまから思えば，「純粋な少数要因にしぼりこむ」実験法を学び，

それを対極として常に意識せざるをえなかったことで，逆に「複雑なフィールドの多要因の相互連関」を大事にするフィールド研究の重要性がわかるようになった．また，現象をただ記述するだけではなく数量化してはじめて見えてくるものがあり，その逆に，現象を質的に意味づけてとらえなければ見えてこないものがあることも実感できた．現象を，量としてとらえる，そして質としてとらえる，その両方のアプローチがあり，両者は相互補完的であるが，ただ折衷的に両方やればよいというものではなく，両者の長所を最大限に生かした組みあわせを考える必要があることも，しだいに鮮明になってきた．すっきりと論理を組みたてる実験のおもしろさもわかるので，「いろいろあれもこれもと欲ばって，でも最終的に何がわかったかはっきりしない」というゴチャゴチャ・タイプのフィールド研究に出会うたびに，その弱点もよく自覚できるようになったと思う．

3　古典を読む

　そのころの学部教育でもうひとつよかったことは，ゲシュタルト心理学の古典が教科書だったことである．私が入った心理学研究室では，先輩も後輩も何年も同じ本をテキストとして読んでいた．いまなら教師の怠慢として非難されかねないが，大学院生も学部生も一緒に難解な原書をスロー・ペースで読み，新学期にテキストの途中からちんぷんかんぷんではじまってわからないまま途中で学期が終わり，何年たっても読みおわらない本もあった．自然科学志向があったのと同時に，哲学や思想とむすびついていた古き良き時代の心理学のなごりがまだ残っていた．

　そのころは十分にわからなかったが，そのときテキストになっていて本棚にあったレヴィンの *Principles of Topological Psychology*（『トポロジー心理学の原理』1936）は，その後大学院に入ってから読みなおして感動し，私のバイブルのようになった．それは，大学院のときに読んだ，ハイダーの『対人関係の心理学』(1978) やピアジェの『知能の誕生』(1978) など乳児の観察三部作とともに，私のなかで文字どおりの古典・原典・宝典になっている（その当時は原著で読んだが，その後，ハイダーとピアジェの本は訳本が出版された）．これらの本は，あとで折にふれて何度も読み返すことになったし，いまでもたま

に読み返している．学部のころのケーラーの『事実における価値の位置』(Kohler, 1959) や，コフカの『ゲシュタルト心理学』(Koffka, 1935) も忘れられない．

　これらの古典には，世界をどのように見ていくかという視点「ものの見かた」が重要であること，何を見るためにどのような現象をどのような方法で扱うべきかを考えることなど，学問とは何かという根本的な議論が含まれていた．また，新しい道を切りひらいた研究者だけがもちうる独自の個性が反映された「理論」と「方法論」が含まれていた．

　私は 30 代の半ばで『ことばの前のことば』(やまだ, 1986a) という最初の著作を書いた．そのときに，自分は心理学の世界で何が貢献できるのか，世界に対してどのような見かたで，どのような方法で切りこんでいくのか，およその基本的な枠組みと方法論をつかんだような気がした．レヴィンやハイダーの本は，私が観察対象にした乳児の発達とはまったく異なる領域を扱っているのだが，世界への向かいかたと学のつくりかたを学んだように思う．そのころの日本では，外国の研究の紹介や解説などダイジェスト的な本が多く，単独の研究そのものを著作にできる環境はあまりなかった．私は，彼らの本を読みながら，たとえ稚拙であっても，ひとりの研究者の姿勢と思想と方法がまるごと 1 冊の本に凝縮されるような本を手作りしてみたいと想った．

　もうひとつ，彼らの著作から学んだことは，研究者の個性は多様であってよいということである．レヴィンのトポロジー的で空間的な思考と，ピアジェの綿密な観察を発生的に積み重ねる時間的思考は大きく違っていた．ハイダーは，練りに練ったことばで深く考察した主著を，1 冊書いただけである．しかし，それは，バランス理論や帰属理論など社会心理学の大きな理論を発展させる基になった．ピアジェは対照的にきわめて多産で，豊穣なことばで次つぎと大量の本や論文を書いた．どちらも創造的で生産的であるが，その個性は大きく違っていた．のちに私は人生半ば，40 代にさしかかって生涯発達心理学にめざめ，エリクソン（エリクソンら, 1990 など）に出会った．彼の文体や著書には，論理的には欠点が目立つのだが，きらりと光る詩的魅力があった．

　「私にできることは，ものの見かた (a way of looking at things) を提供することである」というエリクソンのことばを，私はよく引用する．「私にできることは……」それほど多くない．自分には限られたわずかなことしかでき

ないという自覚,だからこそ「……を提供する」という自分の使命を鮮明にする自覚,そのふたつの自覚を,自分の天分にあった研究を追求した先達たちから学んだように思う.

1冊の原典は,その人のすべてがこめられているだけに,要領よいダイジェスト的な解説書では味わえない感動が味わえるし,汲みつくせないものがある.これらの古典は1930年代のものもあり,私が学生当時でもすでに時代遅れのものもあったが,すぐに古びる当時最新の情報や技術を学ぶよりも,私にとってあとあと役に立った.

しかし,このような感想はあとで見直したときのことで,当の学部生のころは授業をつまらないと思ったし,さぼれるだけさぼって,たまに授業にでてもこっくり居眠り,試験のときは友人のノートで切り抜け,英訳のレポートは専攻もかまわず別の友人に頼むという生活だった.教師からみれば,やる気のない怠惰な劣等生にすぎなかった.

自分のわずかな経験をかえりみても,人を育てる教育とは,時間スパンがとてつもなく長い営みで,簡単には予測がつかず,長い時間軸の上でみると,何が役に立って何が役に立たないかは,わからないものだとつくづく思う.生涯発達心理学の長い人生時間を視野にいれれば,やり直せること,変われること,その可塑性は,かつて想像していたよりも遥かに大きいと身にしみて思っている.

だが,とり戻せないものもある.繰り返し思い出すのは,高校のときから仲良かった友人のことである.彼女はいつも一番前に坐って細かい字でノートをとっており,教師になりたいといっていた.私は,授業の代返と教養の単位のほとんどを彼女のノートに負っていたが,その友人は大学卒業前に亡くなってしまった.彼女こそ良い研究者になり,良い教師になったのではないか.私はふらふらさまよっていた青春時代の苦い借財を今だに返せないままでいる.

4 臨床現場へ

1970年に学部を卒業したときは,そのまま大学院へ進学しようという気持ちにはならなかった.そのころまだ臨床心理学という学問は一般的ではなかったが,臨床の仕事をしてみたいとあこがれていた.それで愛知県の公務員にな

って，当時開設されたばかりの心身障害者コロニー中央病院で，自閉症の子どもたちの心理療法をすることになった．

　そのころは，自閉症の子どもたちは幼稚園にも学校にもいけず通園施設もなく，病院にも専門医がいないという状態だったので，待機していた子どもたちが毎日何十人と新しい病院へやってきた．セラピストは，私ともうひとりの新卒のふたりだけ，自閉症の子どもなんてお互いに初めて見るのだ．でも長年診てきた精神科医でも，診断のあとは何をしたらよいかはよくわかっていなかった．そして「では，心理療法をしましょう．つぎはプレイルームへどうぞ」といわれた親と子どもたちが，診察室から流れ作業のように次つぎと送られてきた．プレイルームへつれられてきても，子どもたちはコミュニケーションができず，てんでんばらばら，ひとりのセラピストがドアを開けて廊下へ駆けだしていく子どもを追いかけて走ってつれもどし，もうひとりが逃げられないようにドアに立ちはだかるだけで精一杯だった．子どもたちとの駆けっこで1日が終わると，どっと疲れた．

　重度の障害児の臨床と教育の現場は，病院も施設もどこも混乱と試行錯誤の連続だった．だが，子どもたちのグループ指導や個別指導の時間割をつくって場面を整備していくと，奇妙にみえた子どもたちの行動も少しは理解できるようになり，彼らも本当にゆっくりだが変わりはじめた．親御さんたちの私たちへの呼びかたも「お姉さん」から「先生」へと自然に変わっていった．

5　臨床現場から大学院へ

　就職して4年目になって，仕事もある程度軌道にのったころ，疑問もどんどん大きくなった．ひとつの疑問は，子どもたちがなぜことばがでないのか，なぜのそのような行動をするのか，わからないことばかりで，知りたいことが山積みだった．臨床の現場では現実に眼のまえにいる子どもや親を「いかに」するかという実践に追われるのだが，私の関心は，どうしても「なぜ？」という法則や原理のようなものを知りたいという方向に向かうのである．しかも「なぜ？」の答えを探す知識が自分にはなく，実際的な仕事に追われて，「なぜ？」を追究する時間も余裕もなかった．発達心理学の基礎を学びたいと切実に思った．

　もうひとつの疑問は，自分には本当に臨床の仕事が向いているのかという問いだった．仕事はやりがいがあるし感謝もされたが，人と人の関わりや実践そのものの臨床の仕事が根っから好きで楽しんでいるとはいえなかった．ずっと一生この仕事をしていくのかと思うと，気持ちが重くなっていくのである．

　「今まで自分は何をしていたときが，一番しあわせだっただろうか？」と，毎日仕事を終えたあと，眠い眼をこすりながら本当に真剣に考えた．それまでわからなかった何かが「わかった！」と思えたとき，それから，卒論のために研究していたときは本当におもしろかった．研究のためならば苦労しても楽しいだろうなと思った．でも，もう若くはないし，大学をでてすぐに結婚したので家庭もあるし，研究者になるなんて実現不可能なことにみえた．

　実際，当時は社会人入試などというものがないのはもちろん，大学の研究者は狭い職種で研究だけに打ちこんでいても就職先があるかないかわからない時代だった．しかも女性の進む道はさらに厳しく，男性の3倍の仕事をしても対等には認められないといわれていた．大学院の博士課程に進学する女子学生はほとんどおらず，まして家庭と両立するなんて考えられない時代だった．共働きで仕事をつづけるなら，公務員は安定した良い職場だったので，辞めたくもなかった．ちょうど妊娠していて，産前・産後の休暇があったので，そのわずかなチャンスに賭けて，発達心理学を学ぶために教育学研究科の大学院入試を受けてみようと思った．

　そして運良く入試に受かり，赤ん坊連れの大学院生になった．当時としてはずいぶん異例のことだったと思うが，家族や先生や友人や周囲の人びとがみんな応援してくれたことが本当にありがたかった．あふれる湯水のように時間を無駄にしていた学部生のときとは違い，学びたいことはたくさんあり，目的がはっきりしていたし，子育てや家事で自由になる時間は非常に限られていたので，一滴の時間も無駄にはできないという張りつめた大学院生活だった．私の今までの人生のなかで，一番熱心に必死で寸暇を惜しんで勉強したのがあのころだったのではないかと思う．大学で授業をしていて，うつろな瞳で居眠りしている「三年寝太郎」のような学生に出会うたびに，この人もいつかどこかで本気になったときに，必死で学びはじめるかもしれないと想ったりする．

6 「両行」する眼

　私の場合には，臨床現場をくぐってから大学へ戻ったので，学部からそのまずっと大学にいたのとは，決定的に大きく変わった．学びたいことがはっきりして，自分の仕事を研究者になると定めただけではなく，ものの見かたや世界へのアプローチのしかたが変わった．特に，ことばがでない重度の自閉症の子どもたちとの出会いが私の何かを決定的に変えたし，それはいまでも私のフィールド精神の汲めどもつきない大きな源泉になっている．

　私が得たものの見かたに名前をつけるならば，「両行」する眼といったらよいだろうか．「両行」とは，荘子（1966）のことばで「矛盾の同時存在，矛盾する両方がふたつながら行われてゆくこと」である．矛盾したものを闘争させ葛藤させ止揚することをめざす見かたに対して，矛盾したものを矛盾と明確に自覚したうえで共存させ複眼の視点から両者をみる見かたである．

　たとえば，大学で研究をしていても，研究者としてだけではなく，生活者としてフィールドの側に身をおいて，そちらからもものごとをみる，もうひとつの眼をもつということである．臨床現場にいて子どもたちと毎日の生活を共にしていたときには，数日だけやってきてろくに子どもをみないで何かもっともらしい論文をまとめる研究者は，うさんくさくみえた．大学の先生をことばではもちあげながら，実のところはまったく尊敬も信用もしていない現場の人びとはたくさんいた．現場にどっぷり浸らないと見えないものがあり，逆に外部の研究者だからこそはじめて見えるものがある．両方をどう関わらせるかがフィールド研究では重要である．

　私は，障害児をかかえて苦労して生きているお母さんたちから本当にたくさんのことを学んだ．あの「お母さんたち」の眼からみたらどうだろうか，ひとつのものごとについて，そのように自問するようになった．矛盾するふたつのものの見かたを共存させ「両行」させるという，私の根幹となっているものの見かたの基礎が，このときにできたように思う．

　また，大学院では乳児の研究をはじめたので，文献の勉強や研究によって得られた「研究者の眼」と，家庭で母親として子育てするなかから得られた「生活者の眼」の両方がいやでも必要な環境にあった．

　私は，『ことばの前のことば』(1986a) に，次のように書いた．「乳児の内側
と外側，両方の視点を重ねもつ複眼の観察，あるいは，両方を行ったり来たり
する境界領域に立つ観察が要請される．研究者としてはぶざまで，母親として
はつらい立場に身をおくことになるが，これは現 場生活者であり，同時に，
現 場研究者であることを志すものの，ひとつのやりかただと思う．」

　「自分の子どもなら手軽に研究ができて，一石二鳥ですね」といわれたこと
があるが，それは大きな誤解である．母親として子どもに接することと，研究
者として子どもに接することは，実は鋭く矛盾する行為である．母親としては，
子どもが泣きだしたらすぐに抱きしめてやりたいし，研究者としては，つぎに
その子がどのような行動をするか冷静に観察してみたい．一方が主観的で，一
方が客観的というわけではない．関係性が異なるのである．子どもがほしがる
乳をすぐにやりたいと思うのが母親で，子どもがほしがる乳を遠ざけてみたら
子どもはどうするだろうかと考えるのが研究者である．両者は矛盾する子ども
への関わりかたであるが，両方の見かたがあってはじめて，子どもの真実がわ
かると私は思っている．両行する眼をもつことは，並大抵ではできないことで
ある．

　まだ研究者人生の出発点に立ったばかりのところで，予定の枚数がきてしま
った．この出発点からそのまま，まっすぐ現在の私の研究へとつながっている
のではなく，それからも長い紆余曲折があったし，いまでも先はどうなるかわ
からない．だが，フロンティアをひらくために先の見えない道を進み挑戦しつ
づけることが自分の仕事・使命だという想いは，ますます強くなっている．そ
のころ予測もできなかった変転にみちた研究者人生の道のりは，もう一度やり
直したいとは思わないくらい大変なことも多かったし，不思議な出会いや仕合
わせも山盛りたくさんあって，出発点と同じくらい重要であるが，それについ
てはまた，改めて何かの機会に語ることにして稿を終えよう．

●もっと学びたい人のために●

J. ピアジェ （谷村　覚・浜田寿美男訳）(1978)『**知能の誕生**』ミネルヴァ書房──
　　ピアジェが自身の子ども３人の行動を詳細に観察した記録をもとに，彼の理論を展
　　開していく論理の組み立て方や創造的な考え方は，何度読んでも得るところがある．

やまだようこ (1986)『**ことばの前のことば**』新曜社──質的心理学やフィールドの
　　発想，コミュニケーションの原点になるものは何かについて，私自身のものの考え

方と方法論を根底からつかんだときの最初の本である.

参考文献

エリクソン, E. H.・エリクソン, J. M.・キヴニック, H. (朝長正徳・朝長梨枝子訳)
(1990) 老年期——生き生きしたかかわりあい　みすず書房 (Erikson, E. H., Erikson, J. M., & Kivnick, H. (1986) *Vital Involvement in Old Age.* New York: W. W. Norton & Company.)

Kohler, W. (1959) *The Place of Value in a World of Facts.* New York: Mediation Book, Inc.

Koffka, K. (1935) *Principles of Gestalt Psychology.* London: Lund Humphreys.

ハイダー, F. (大橋正夫訳) (1978) 対人関係の心理学　誠信書房 (Heider, F. (1958) *The Psychology of Interpersonal Relations.* New York: Wiley.)

Lewin, K. (1936) *Principles of Topological Psychology.* New York: McGraw Hill.

ピアジェ, J. (谷村　覚・浜田寿美男訳) (1978) 知能の誕生　ミネルヴァ書房 (Piaget, J. (1936) *La naissance de l'intelligence chez l'enfant.* Geneva: Delachaux & Niestle.)

荘子 (福永光司訳) (1966) 荘子内篇　朝日新聞社.

やまだようこ (1986a) ことばの前のことば　新曜社.

やまだようこ (1986b) モデル構成のための現 場心理学の方法論. 愛知淑徳短期大学紀要, 25, pp. 31-51. (やまだ (編) 1997 に再録.)

やまだようこ (編) (1997) 現 場心理学の発想　新曜社.

I部からII部へ　教育の場<ruby>場<rt>フィールド</rt></ruby>に入り研究するために

秋田喜代美

研究への問いと方法

　本書ではいわゆる一般の研究方法としてのやりかたを紹介する第II部のまえに，第I部で教育のフィールドに研究者として関わってきた研究者がどのような問いをもって何を考えどのように研究をしてきたかを語る構成になっている．これは，これからの新たな教育研究においては，伝統的なメソドロジーにあわせて研究を創っていくのではなく，教育へのリサーチ・クエスチョンがさきにあるべきだという考えが，本書の編集に携わった者の考え方の根底にあるからである．質的研究か量的研究かという区別から，教育研究のありかたが始まるのではなく，ある問いを考えていくのには何がもっとも豊かにその問いを分析検討できる方法になりえるのかを考えていくことのなかに，その人ならではの研究方法が生まれると考えている．リサーチ・クエスチョンにあう方法を選びとれる目が必要である．ただしそのためには方法論としてひとつの方法のみを学ぶのではなく，質量ともに多様な方法を学び，そこから自分の研究目的にあった方法を選び，自分の研究の道を拓いていくことが大切だと考える．

　けれども一方では，メソドロジーとして同じような研究関心をもった研究の先達が質の高い研究をめざして積み重ねてきた方法論の系譜を学ぶこと，具体的な手順のポイントをていねいに学びこんでおくことが，研究を創っていくには必要である．それは自らに研究をしながら学んでいくのがもっとも切実な感覚に支えられ身につく方法でもある．方法論とその学問分野の理論や知見，研究の動向を把握することは両輪であり必ずしも独立ではないけれども，そのそれぞれを学び研究しておくことが礎となる．

　またどの学問のディシプリンを学んだとしても，教育のフィールドで研究する作法には共通性がある．その基本理念は，「研究者倫理」と呼ばれるものであり，倫理綱領は他者の人権を保護し，自らの研究を守る権利の保障のためにある．本書の巻末にアメリカ教育学会（AERA）の倫理基

準を例に取りあげている．該当のページに目をとおしてもらうとよいだろう．わが国でも，教育に関するそれぞれの学会（たとえば日本教育社会学会，日本教育心理学会，日本教育学会等）が綱領や規程，ガイドラインを作成している．

　研究のために勉強をはじめた学生・院生の方がたのために，次にフィールドに入る第一歩の基本的心構えを，第Ⅱ部への橋渡しとして述べておこう．

インタービューイングとしての参加——みられるものとしての周縁の位置どり

　教育研究に関わろうとする人は，教育に対する思いいれがあるだろう．そして教育が実際に生起するフィールドをみせてもらいたい，そこに関わる人の話を聞きたいといった希望をもつことが多い．そのときにどのようにしてフィールドに入れてもらうかには多様な経路がある．「研究するフィールドをみつけ，そこで関係を作っていくことができるのも研究をしていくうえでの研究者の大事な力量のひとつ」といえるだろう．たとえば授業を参観したいならば，学校の公開研究会や公開週間に参観したり，民間の教育研究会に参加してネットワークを作ったり，母校や教育委員会，知人等に依頼して入れていただく方法もあるだろう．また大学によっては研究室の先生や現職教員の大学院生の紹介もあるだろう．

　しかしどのような場合であっても，教育の場は研究者のために準備された場ではなく，参観させてくれる学校の善意や好意で参入させてもらっている関係から成り立つこと，研究者の倫理だけではなく教育の場の倫理を意識し参加させてもらうことが不可欠である．誰かの紹介で入れてもらったり指導教官のプロジェクトで入るなど，容易に参加できるときや複数で参加しているときほど，この点の自覚がうすくなるからである．また長期になると慣れや甘えもときに生じやすい．外部者が新たな場の関係の網の目に参加することは，参加自体が教育の場に変化を引きおこすことであり，その波紋や影響を感受しつづけていく緊張感をもち，周縁にいる外部者であるという意識が必要である．そしてその意識こそが新しい出来事を発見していくのである．その実感が，参観させてもらうときに，活動を妨害しない姿勢や位置をとることにつながっていく．

　教育の場で研究させてもらうとき，教育の場をみているものだと自分を位置づけるだけではなく，自分がつねに教育の場の人々からみられているものでもあること，インタービューイング（相互に見あう，"inter＋view-ing"）の関係にあることを理解しているとよい（秋田，2000）．インタビューは面接を一般にはさすが，面接でも相手がどのように面接者をみているかで出てくる反応もちがっている．教育の場を問題や病理の場と決め批判的に問題を探そうとし，それを解説批判しようとしていると，場はそのようにしかみえてこない．しかし様々な可能性をもった場，興味深い様々なことがおこる場，生起していく場としてみることで，フィールドは豊かにその複合的な様相を私たちの眼に映しだしてくれる．

　研究では，ある課題や問題意識をもってフィールドに入る．この意識がないと何もみえない．しかし研究の理論や問題意識にあうものだけをみようとすると，せっかくフィールドに入りながらその理論枠組みをこえた新たな研究はできなくなる．理論や認識基盤をもちながらも，フィールドではひとりの人間として身体全体で参加するとよい．すると驚きや発見があるはずである．フィールド参加のうえでいろいろな失敗も起こるかもしれない．フィールドに関わることはつねにその緊張感や失敗感をひきずり，しんどいながらも通いつづけることで，失敗に学び，教育の場の多層性，多重性を感じ取っていく過程である．その胸の痛む経験のなかで，対象とするフィールドの事実の深さを学んでいくのである．そこに生きた人間の現実世界の豊かさにゆさぶられる瞬間がある．

語るもの・語られるものの非対称な関係の自覚と対話

　教育の場は様々な対人関係の網の目，時間の流れから成り立っている．秒で流れる時間，授業の1時間という時間，1日，1週間，単元という時間，学期，学年など様々な時間の層がある．自分がそのどこをみるのか，何をみていないのかを意識するとよいだろう．しかしはじめはその区別自体がみえないことも多い．研究をして論文を書くときにも，研究者は語る人になり，研究協力者や対象の制度は語られる人や場になる．語られる側はフィールドでありのままの日常をみせてくれ，無防備である．そのなかで何を語るかを考えるときに，そのフィールドの人が語られる気持ちを考

えることが必要である．語り・語られることのなかには，つねにある力関係が発生している．したがって自分の見かたのゆがみやありかたを，再度その協力者や指導教官，先輩の同じ領域の研究者とのあいだで対話をとおして学んでいくことが必要だろう（秋田，2003）．

　長年フィールドにでて教師教育に携わってきた Shulman（2003）は教師に必要なものとして，「人間性（humanity），謙虚さ（humility），ユーモア（humor），希望（hope）」の4つを挙げている．研究者の倫理（ethics）は研究者のエートス（ethos）から生まれる．これはどの領域の研究者においても同様であるだろう．研究（research）の営みは再び問いなおし探求する歩みを止めないところ（re-search）に生まれていく．ひとつ研究が終わってもそれで終わりではない．この螺旋的展開のなかに研究の発展がある．

参考文献

秋田喜代美（2000）面接によるアプローチ．大村彰道（編）教育心理学研究の技法　福村出版，pp. 59–79．

秋田喜代美（2003）学校教育における「臨床」研究を問い直す――教師との協働生成の試みの中で．日本教育方法学会（編）　新しい学びと知の創造　図書文化，pp. 114–127．

Shulman, L.（恒吉僚子解説）（2003）The challenge and opportunities for learning from experience. 東京大学基礎学力研究開発センター第1回基礎学力シンポジウム，シュルマン氏講演記録（http://www.p.u-tokyo.ac.jp/coe/publish/workingpaper.htm）．

教育の場<ruby>研究<rt>フィールド</rt></ruby>の系譜と技法

1章 質的調査と学校参加型マインド

恒吉僚子・秋田喜代美

1 質的なアプローチ再考

質的方法と量的方法

笑顔の児童生徒がゆきかう廊下.「これはなんでしょう?」授業中に響く教師の声. シャッシャッと聞こえるノートをとる鉛筆の音. 指されて答えにつまる生徒の表情. 古い机の木の匂い. 職員室をいきかう教師の姿……, どれもまぎれもなく学校の風景であり, 学校の空気でもある. 学校のなかにいるとあまりにもあたりまえの日常でありながら, 数字や用語で表すのはきわめて難しい世界である. この世界をまるごととらえたい. 質的調査はこうした関心に向いている.

調査で知りうる対象は多様であり, そこに接近する方法もひとつではない. 調査方法の区分として, 一般的に統計等で数量的に結果を表す量的方法と質的方法が対比されて挙げられることが多い. 質的方法は参与的な志向をもつものも多く, それが, 対象に専門的知識を提供するような, 対象と距離があり, 序列関係にある調査者像ではなく, 対象と水平的な関係にある学習者としての調査者像と結びつけられることも少なくない. 質的研究の系譜によっては意識的に参加型の調査と結びつけられてきた.

しかし, 参加型マインドは何も質的方法に限定されるものでもなく, 量的と質的方法を組みあわせることも可能であり, 量的方法をもっぱら用いることもまた可能である. 重要な点は, 個々がとる方法の特長を生かし, 方法としてのよさや弱点や限界を知りながら, 研究の対象やリサーチ・クエスチョンを明らかにするのに質・量どちらが適切か, あるいは研究のどの時点ではどの方法を用いるのが適切かを考え, 自分の研究方法をきめることである. 質的と量的方法が相互に排除しあうものではなく両者が相まってより深い理解が可能となる

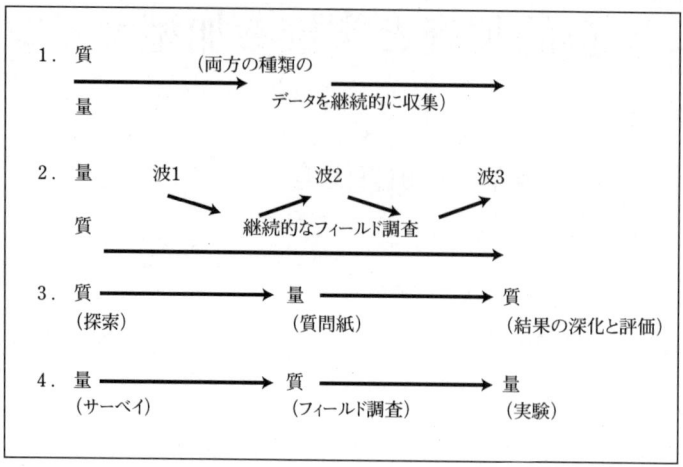

図1　質的研究と量的研究の関係（フリック，2002）

場合もある（無藤，2004）．図1は，質と量を統合する研究デザイン例である
（フリック，2002）．

　いずれにおいても参加型マインドをいかした各研究方法の特質を知り，リサーチ・クエスチョンに対してより厚い記述と知見が得られるようにすることが重要である．同時に，質的，量的方法はそれぞれに，研究理論に対して独自の理念や認識のありかたを前提として展開してきた．この点もまた理解しておくことが研究法を決めていくうえでも重要である．質的研究と量的研究は基本的に共通の基盤をもっている．けれども質と量の関係のとらえかたは研究者により様々である（能智，2004；三宅，2004）．質的研究は名義尺度である．量的研究は名義尺度から順序尺度，間隔尺度，比例尺度と尺度水準へと関係を展開し，より精緻にその差異をとらえ，変数間の関係としてみることで，一般的法則や知識をとらえようようとしている．これに対し，質的研究は名義尺度からそのシステムを精査して特定部分の特徴を同定し，さらにその部分間での関係をとらえることでシステムを描きだし，さらにそのシステムの力動，生成変動をとらえようとすることによってダイナミックシステムから一般的知識への導出を図ろうとしている（Valsiner, 2004）．単一事例のシステム的記述とその時間的生成変容をとらえる点に質的特徴があるともいえるだろう．量的研究はある場の地図を作成する過程なのに対し，質的研究はその場のビデオ映像を創る過程のようだという喩えがある（Camic, Rhodes, & Yardley, 2003）．本章では質的方

法との関係で学校参加型マインドを考察していくが，量的方法における参加型
マインドは次章を参照されたい（II部2章「数量的方法」参照）．

質的研究の特徴

　質的方法は今日，様々な学問領域，臨床領域で使われている．日本において
も，質的方法への関心の高まりを反映するように，質的方法のテキスト類が出
版され，翻訳されるようになっている（佐藤，2002a；2002b；箕浦，1999；志水他，
1998；北澤・古賀，1997；やまだ他，2001；シャッツマン・ストラウス，1999；ストラウ
ス・グレイザー，1996；ストラウス・コービン，1999；ロフランド・ロフランド，1997；
エマーソン・ショウ・フレッツ，1998；マーネン，1999；桜井，2002；ラングネス・フラ
ンク，1993）．質的方法は，文化人類学や社会学，心理学，臨床領域など，様々
な学問・学際領域で一定の地盤を築いてきた．教師とともに授業や改革を行う
アクション・リサーチのような実践志向に向いた手法としても，当事者の声が
汲みとりにくい対象の研究において実践者が自ら参加して行う方法としても
（practitioner-research）（Zeichner & Noffke, 2001），自国をみるにせよ，他国
をみるにせよ（Spindler, 1982），質的方法は新たな展開をみせてきた．

　では，質的方法はどのような特徴をもっているといわれてきたのだろうか．
本章をはじめるにあたり，単純化のきらいはあるが理解しやすくするという意
味で，その特徴とされてきたことのいくつかを挙げてみることにする（表1）．

　まず，質的方法は，実験室における実験のように，対象をその社会的文脈か
ら引き離すのではなく，相手にとって自然な環境のなかで相手をとらえようと
する傾向がある（naturalistic）といわれてきた．教育研究で相手にとって日
常的な環境で子どもをみるということは，具体的には家庭や学校，地域などで
の子どもや彼らを取り巻く人びとなどの姿をとらえていくということである．
そこでその人びとが経験する事象の全体像を時間的経緯や順序という生起の過
程に注目しながら理解していくのである．質的方法は，観察，密度の高いイン
タビュー，文書分析などを用いて掘り下げ，自然な場面で継続的に過程を追っ
て接近する方法をとってきた．

　相手に近づくからこそみえるものがある．同時に，相手に近づくからこそ大
変なこともある．観察や密度の濃いインタビューは特に，例えば，学校の代表
にアンケートを渡して回収するような場合に比べると，直接顔と顔をつきあわ

表1　質的方法，量的方法の対比例

質的方法（定性的）	量的方法（定量的）
データの収集 　観察，インタビュー，文書など 　（関連物：テープレコーダー，ビデオ）	サーベイ，実験など （関連物：質問紙，コンピュータ）
サンプリング 　目的志向的なサンプリングなど	ランダム・サンプリングなど
分析の特徴 　帰納的（inductive）分析 　対象にとって自然な環境のなかで 　当事者視点の理解，「声」（voice） 　コンテクストの重視 　プロセスを理解 　フィールド内で柔軟に対応 　コンテクストも含めて対象に忠実 　問題設定，結果の理解のための文献 　包括的把握（holistic），近距離，探索	演繹的（deductive）分析 仮説検証 変数の統制 変数間の因果関係 あらかじめの決定度が高い 同条件における反復 仮説形成のための文献 一般化
データの種類 　言葉などを用いた描写，分析	数量的データなど

Bogdan & Biklen, 2002; Merriman, 2001; Creswell, 1998; Berg, 1998; Denzin, 1989; Taylor & Bogdan, 1998 を参考に整理.

せて教師の授業を観察したり，子どもと触れあったりするために，相手との距離が近い．近いゆえに，子どもや教師の日常的な世界に入りこみ，調査者と被調査者ではなく，より対等な関係を志向することができる（権力関係の意識化）．同時に，対人関係のなかに組みこまれるがゆえに，対人ストレスのもとに晒され，観察者としての自分と実践者的な立場としての自分，子どもと友だちであろうとする自分と教師の協力者としての自分など，様々な役割のあいだでの葛藤にも晒される．また，近距離で長く相手と接することは，深く包括的な（holistic）考察ができる反面，時間と労力がかかり，サンプル数が限られる傾向もある．サンプリングのしかた自体が質的研究では量的研究のようなランダム・サンプル（無作為抽出）などではなく，目的や理論にあった目的志向的なサンプリングであることも指摘されてきた（Woods, 1986, p. 43）．これらサンプリングの問題，あるいは，それと関連した質的研究の信頼性や妥当性についての議論も日本語でも紹介されているので参考にできよう（例えば，佐藤，1992，Ⅱ章）[1]．

　対象に忠実であり，そこから対話的に分析を引きだそうとする傾向を反映して，質的方法は，量的な仮説検証型調査のようにあらかじめ綿密に設定された仮説をもつのではなく，対象にひたりながらそれに根ざした分析，理論化，モデル化がめざされる．具体的事実から一般的な知見を引きだしていく帰納的な分析方法，当初はできるだけ網羅的に収集されたデータの分析を進めるなかで研究の焦点が絞られていくことがめざされる．

　そして，対象とする人びとが何を考え，どのような経験をし，社会やその行為にどのような意味を付与しているのか，つまり，当事者の視点，当事者が構築しようとする主観的な意味世界に接近しようとする．どの程度フィールドに入るまえに問題設定をするのか，かなりゆるく入ってあとで固めるのか（Coulon, 1995; Becker et al., 1997, pp. 17-18），あらかじめ仮説的なものをもって入るのかにも，研究者によって幅があり，また，テーマの性質によっても変わってくる．質的研究が仮説検証型でないことを意識し，仮説検証型の論文のように冒頭に既存研究の節・章を立てるよりも，最後の分析で既存研究に照らしあわせるかたち（あるいは問題設定として）で用いるのが質的研究では妥当であるとしている研究者もいる．

　肝心なことは，こうして得られたデータ化された「現実」は，それ自身が価値中立的なものではなく，その性格自体が分析されうるものであるということであろう．

　表2は方法論の講義で，ある大学院生が書いた，第1回目のフィールドノーツのコーディング例である．これから，関連性のあるカテゴリーを統合したり，サブカテゴリーとして分類したり，相互関係を把握して，パターンを浮き彫りにしていく過程が行われていく．コードは抽象度の高い概念（例：階層差）である場合もあるし，当事者視点をとらえたような当事者がよく使う表現（例：「うちたち」）であるかもしれない．コーディングを繰りかえし，整理しながら（例：項目ごとにカード化して比較，チャート化）筋を引きだしていくのである．筋，モデル，構造，理論などその抽象度はめざす研究内容や方法によって違ってくる（西條, 2003）．こうした具体的方法に関しては，今日日本語でも読めるテキストが増えているので，そちらを参照していただきたい（エマーソン他, 1998; 佐藤, 1992; 2002a; 2002b; フリック, 2002; 木下, 1999; 2003; 川喜多・松沢・やまだ, 2003）．

表2　フィールドノーツのコーディングの例

	N 幼稚園年少組 日時：2004年9月29日 〈お店屋さんごっこ〉
保育士のストラテジー （遊びのきっかけ作り） 提案	T「お店屋さん作ろうかー.」（T は保育士をさす） といって T が教室の右奥側にあり，布がかけられていた木の棚を 教室の中央付近に持ってくる．かけられていた布を外すと園児が座 るとちょうど机になるくらいの高さの板のまわりを四角い枠で囲っ たような，ちょうどお店の屋台のような形をした棚が現れる．T は
ツール	これに今度はカーテン状になったピンク色の布をセットする．その 布をカーテンを開けるように開きながら，
保育士のストラテジー （ごっこ遊びの開始宣言）	T「ガラガラガラ．お店屋さんごっこのはじまりでーす.」 屋台の上にはおままごとコーナーにあった食べ物のレプリカが並べ
ツール	られている．お店屋さん側にはななみとさとるが座っている．
職業役割の認識 （お店屋さん役割）	ななみ「いらっしゃい，いらっしゃい.」 しかし，誰も買いに来ない．やがて，りかがお店のカーテンをめく る．
新しい遊び方の発生 （当初のねらいと異なる遊び方）	りか「ぎーっ.」 ななみ「だめっ！」
遊びの広がり （伝播）	と言いながらきゃあきゃあ言って笑い合っている．そこにロボット の足を履いたちあきが通りかかる．それを見て，ななみはさとるに 向かって言う. ななみ「ちょっと待っててね.」
ツール	そういってロボットの足を履いて戻ってくる．しかしすぐに脱いで しまう．その時に，上履きも一緒に脱げる．
自己申告	ななみ「脱げちゃった.」
保育士のストラテジー （注意の喚起） （遊びの維持・継続）	と言って笑う．お店が繁盛していない様子を見て，T が言う. T「お店はまだやってますかー？」
役割意識 　職業役割の認識 （お店屋さん役割） （お客さん役割）	さとる「まだやってませーん.」 ななみ「7時ごろ開きまーす.」 T「そうですか，よかったー．後で行きます.」 ななみはさとるに向かって言う. ななみ「はなみずとってくるねー.」
遊びの中断	そういって教室の入り口の棚に縦に取り付けてあるティッシュの箱
遊びの広がり （伝播）	のところへ行き，ティッシュを取ってお店に戻ってくる．いったん イスに座ったが，その視線の先にはクレヨンをいじっているはなが いる．それを見るやいなや，
友人関係 ジェンダー	ななみ「私もやるー.」 といってはなのところへ走っていく．さとるは取り残され一人で座 っている．

フィールド・ノーツ提供者：大滝世津子（東京大学大学院教育学研究科）.

　学校では，実に多くのことが起きているわけであり，○○さんが珍しく手を挙げたことも，だれそれがけんかしたことも，全部書き留めたい気になるし，対象に"ひたっている"時は全て重要に思える．しかし，最後に書きあげていく作業は，多くのデータのなかから浮かびあがってきた筋を引きだしてエッセンスを見いだしていく作業でもある．

　フィールドの記録としてのフィールドノーツを読み，上述のような分析作業をしていると，目からウロコが落ちたように筋が「みえる」ことがある（能智, 2004）．しかし，エマーソンら（1998）も強調しているように，フィールドノーツをみながら理論などを「発見」するという表現は正確ではない．なぜならば，こうしたひらめきは，実際には，「ノーツに組みこまれている，フィールドワーカーが以前からもっていた分析的な立場」，読む作業においてもちこむ理論的関心や視点，観察されたほかの「同様の出来事」との結びつきから，データとの対話のなかで観察者が見いだしたものであり，白紙状態から飛びだしてくるものではないからである（p. 353）．フィールドノーツのこうした性格，それは，観察者の存在が観察する人びとに与える影響同様，それ自体が貴重な材料として，自己反省的に分析の俎上にあげられるべきものである（Hammersely & Atkinson, 1995, Chap. 1）．

　質的方法は，当事者の視点，意味づけや経験の把握，プロセスなどを理解するときに独特の強さを発揮するといわれてきた．また，教育研究においては，学校が子どもの意識的な社会化の実践の場であることから，参加型の質的研究が力を発揮しやすい条件もあるのかもしれない．例えば，相手が就学前や低学年の小さな子どもである場合などは，そもそもサーベイ調査の性質にあわないものをもっている（書けない，意味がわからない）．また，学業不振層の存在はしばしば，学校の民主主義的な使命を脅かすものとして，教育の大きな関心事のひとつであった．こうした層が「かくれたカリキュラム」も含め，どのように"学校"を経験しているのかは，サーベイのような意識化され，言語化されなくてはいけない方法でとらえにくい．また，教育の中核には，教師とその意識的な実践がある．その意識的な実践を対象にしたときには，まさに観察者には同僚的な役割が期待される（第II部5章「学校でのアクション・リサーチ」を参照）．質的方法はまた，あまり研究されていないテーマの探索，近距離での考察が必要なテーマ，容易に数量化できないテーマなどで，独特の力を発揮す

るといわれてきた.

系譜の多様性

　さて，それぞれの質的方法は相互に一定の類似性はもちながらも，幅がかなりあることを意識しておく必要もあろう．まず，それぞれに特徴が異なる系譜がある．事例に焦点が当たる事例研究，ある集団・社会・人びとの文化を描くエスノグラフィー，個々人の生活史に密着したライフヒストリー，ライフストーリー，個々人の語りを分析するナラティヴ・アプローチや集団での相互作用を対象とするディスコース分析，現象に焦点がある現象学的なアプローチ，理論生成に力点があるグラウンデッド・セオリーなど，質的方法を用いるにしても様々なアプローチがありうる (Creswell, 1998).

　それぞれの系譜は，当初最も密接に結びついていた学問領域（例：エスノグラフィーと文化人類学，グラウンデッド・セオリーと社会学，ナラティヴ・アプローチと医学・臨床心理学），視点の違いなどによって差異化される．それらは，どの程度研究の手順を定型化するかも異なり，理論志向が強いグラウンデッド・セオリー (Strauss & Corbin, 1998 ; Strauss, 1987) は，定型化された質的方法のひとつの極を象徴している．しかし，このグラウンデッド・セオリーの方法も，量的な仮説検証型調査のように「あらかじめ設定された理論（グランドセオリー）が想定されるのではなく」，「研究者はある研究の領域を設定して，データから理論が生成されてくる」ことを強調している．こうして，「現実」に密着した理論，ボトムアップに生成する理論，つまり「グラウンデッド (grounded)」な理論が可能になるというのである (Strauss & Corbin, 1998, p. 12). 反対の極の質的方法には，ナラティヴ・アプローチなど文学や哲学に近い研究もありうる．そして，書きかたもこうした志向を映しだしている場合が多い（マーネン, 1999). 例えば，上記グラウンデッド・セオリーの方法では，人の言葉は何かしらの類型などの例示として使われる傾向が強く，チャートなどの科学的論文で見慣れたタイプの図表がでてきたりする．一方，他方の極では，当事者の言葉で語らせようと，インタビューが次つぎと引用されるような研究もある．あるいは，観察でなく，インタビューに主として頼る研究もある．インタビューを主にした場合でも，あらかじめ設定された質問を次つぎと訊いていく，いわばサーベイ調査を思わせる（半）構造化面接もあれば，全く制約

なしに語ってもらうものまで構造化の度合が変わってくる．構造化の度合を高めれば，数的処理も含め処理はしやすい．しかし，当事者の本音に迫るという質的方法のよさが生かされない危険性がある．どのような手法をとることによって，何を得て何を失うのか，意識化し，バランスすることを求められるのである．そして学校参加型マインドで現場の人の声を重視することは，現場をそのまま肯定することや現状追認だけでないことを自覚したい．現場を重視しながらも，そこでいわれていないことや行われていないことに目配りすること，どのような体験がなされ同時に何が失われているかを問うことが大切なのである（能智，2003）．

　質的方法はこうした幅をもつものであり，プレゼンテーション（公表上の表現）に関しても幅がある．柔軟で創造的な営みであるからこそ，どのような場合，どの質的方法を使うのが正当性をもつのか，あるいは，どこで量的方法を使うのが妥当であり，どこで質的方法と組みあわせるのが妥当なのか，何を知りたいのか，何がみえ何がみえていないのか，自分のバイアスも含めて，意識的に分析していく，内省する力を獲得することが大切なのである．

　質的研究の論文を読み手が評価する基準としては，どれだけ確かかという信用性（trustworthiness），誰からみてもそうみえそうかという信憑性（credibility），同じような場のほかの解釈にも利用できそうかという転用可能性（transferability），どれだけ確認できるかという確認可能性（confirmability），どれだけあてにできそうかという確実性（dependability）といったことがいわれる（Lincoln & Guba, 1985；フリック，2002）．長く研究して経験するほど自分だけでわかってしまうということがある．それをどれだけ読み手にわかってもらえるよう伝えるかもまたプレゼンテーションの方法として考えることが求められるのである．

2　学校に接近する

情報が溢れる世界

　では，学校に接近するとはどのようなことなのか．それは学校をどのような場と考えるかに関わってくる．今日の日本の学校をみたとき，それは，国民教育の場であり，検定教科書，学習指導要領など，独特の装置をもちながら，次

世代の「日本人」をどう教育するかの議論に密接に絡まっている場である．学校は，子どもが集団として組織される軸となる場として，人格形成にも深く結びつけられている．こうして，日本の経済が停滞すれば，学校での基礎基本が問われ，子どもの暴力事件が起きれば，学校はどうしているのかといわれる．子どもを語るにあたって焦点となる場として，次つぎと教育論議の対象となり，改革の対象となりつづける．社会の変化，例えば，内なる国際化も（例：外国人の子どもの増加として），子どもたちの変化をも（例：子どもの暴力），映しだす場である．それは，友を作り，個別化する社会のなかで子どもにとっては集団を経験する代表的な場であり，同時に，選抜と評価に晒される場でもある．それは，民主主義の担い手を作る場として，人びとの夢を担うとともに，競争社会の現実にも，地域・階層格差のある現実にも対応することを求められる場である……．こうした多面性をもち，社会を反映するものとして学校は存在する．

　学校という場はまた，研究のデータ源が満ち溢れている場である．日々起きる活動の連続，特定のかたちの知識を教えようと意識的に組まれた場としての価値志向の強い言葉，子どもの作文や絵，テストと通知表，指導案に授業，保護者向けにだした通知，壁に貼られたスローガン，遊びや勉強の場面，教科書，教師指導書，これらが全部調査の対象となりえる．しかも子どもは学校のなかでだけ学んでいるわけではない．従って，分析の輪は，学校のそとへ，家庭へ，地域へ，社会へと道筋はつながりうるのである．

　学校やそれ以外の子どもの成長の場や社会化の担い手（例：スポーツクラブ，メディア）に関心のある人は，こうした目的にあった対象を見いだし，調査することから始まる．その際いかにその場を調査しうるかというアクセスの問題，また，特に相手に深く入りこんでいく質的方法では，相手との関係，ラポールを築き，保てるか，主な情報提供者となるキー・インフォーマントとの関係などの対人関係要素が強く入手できる情報をも影響する．そこに教育は子どもが主体であることを考えるとき，子どもとのラポールの築きかたもまた，大切な要素となってくる（Holmes, 1998）．今日，日本の教育現場も，保護者からの訴えなど，プライバシーの問題に敏感になりつつある．調査者の倫理がより自覚的に試される時代になりつつあるといえよう（本書巻末のアメリカ教育学会倫理基準参照）．

　学校などにまるごと飛びこんでいく方法では，あれもこれも情報が入ってくる．例えば，膨大なフィールドノーツが蓄積されるだけでなく，どれが重要かもわからない学校や行政文書，教材や指導案などを闇雲に集めた場合，下手をすると山積みされたダンボール箱のまえで呆然とすることになりかねない．

　日本の学校は，多くの日本人が個人的経験としては知っているものである．しかし，その学校や，子どもを取り巻く様々な場や人びと，ものを新しい目でみて，向こう側の教師の世界を追体験したり，他と比較したり，子どもの目線からものを意識的にみたりするなかで，見慣れた学校の世界も，それ以外の子どもの生活世界も，新たな発見の対象として浮かびあがってくるのである．

授業という行為──学校を構成する要素例

　学校は，授業や学校行事，クラブ活動，学級活動などの様々な出来事から成り立っている．どこにおいても教師と学びあう複数の子どもたちが特定の時間，特定の空間に集まって集団を組織し，ある意図された教育活動に関わるという特徴がある．教室，図書室，保健室，体育館など特定の意図された空間がある．そして，それらはそれぞれ教科書やノート，コンピュータ，黒板，本，運動用具をはじめとする様々な教材，学習材など，学習世界と学習者の仲立ちをするもの，また机やイス，マットなど，学習を支える設備によってひとつの固有の学習空間を作りだしている．

　学校の場を象徴する行為のひとつとして，授業がある．そのなかでは言語的・非言語的なやりとりをとおして，カリキュラムに沿った学習内容が学ばれる．しかしそれだけではなく，その内容をいかに学ぶのがよいのかという学校のなかでの学びかたのルールもまた学ばれていく．II部3章「授業のディスコース分析」で村瀬が示すように，授業のなかでの言語的やりとりを時間的な流れや出来事に沿ってみていくことで，学びの生成過程や，躓いたり学べなくなっていく生徒の実相に迫ることができる．学習の認知過程が言語によってどのように生成されていくのか，また認知的な過程だけではなくそこに社会的な関係がいかに編みこまれていくのか，またそこで生徒の自己がどのように形成されていくのか，それにどのように学習材や教具，身体や談話，活動が関与しているかの要素をみることができる．あるいは教師や生徒へのインタビューによる語りからその背後にある指導観や授業観，学習観のある部分をとらえること

もできるし，授業以外の時間との行動を比べることから授業という場の固有性や暗黙のルールをとらえることもできるのである．きわめて多層的複合的な要素の関係の網の目として授業をみることができる．日常の場に立ち会うだけでは，その時のその授業時間の出来事しか目に入らない．しかし継続的にその場の記録をとったり，ある特定の子どもに注目して会話を収集・記録し，それを分析することで，その場にいる人にも気づかない様々な面を明らかにすることができる（秋田・市川・鈴木，2001；柴田，2002）．例えばその学校の文化とは違う文化で暮らしてきたニューカマーの外国人の子どもたちが授業に参加する様子から，学校の授業という場が生徒に対して，暗黙に様々な規範やルールにしたがうことへの要求を課している場であることや，授業や学校で生き延びていくためにその生徒が様々な戦略を使っているというダイナミックな様相が浮かびあがってくる（恒吉，1995；志水・清水，2001；森田，2004）．また，たとえば発言のときに「声が小さい」ことが聞き手や教師によってどのように意味づけられて問題化されたり，その子の特徴として位置づけられていくのかをみることで，発言の内容だけではなく，それを受け入れる側の関係とのダイナミックスによって授業という行為や，そこに参加する者の社会的位置どりが形成されることがみえてくる（本山，2004）．

　授業のなかのある出来事を起点に，それに関係する出来事に目を向ける継続的なフィールド研究から，その場その時だけでは可視化できないことやその場にいる人にも気づかれにくい生徒たちの主観的な経験，表向きには語られにくい関係性や制約を，質的研究は教室の内側から明らかにすることができる．目立つ出来事，あたりまえにみえる背景にある構造や，目立たぬものとの様々な関係構造を，認知的・社会的・倫理的次元で記述する可能性が質的研究にはあるのである．その新たな要素や関係が研究のなかで提示できることが質的研究の独自性となる．そしてそれらの理解にたってこそ，さらにそこからその改善としてアクション・リサーチへの展開が開かれてゆく（Ⅱ部5章「学校でのアクション・リサーチ」参照）し，また歴史的にそれらをたどりながらその変化をより長期的視点から明らかにしていくことも（Ⅱ部8章「教育実践の歴史的研究」），他社会との比較の中で理解していくことも可能になる（Ⅱ部7章「国際比較研究」）．

3　学校参加型マインドを考える

> 教えることと，教育研究の関係はあまりいいものではない．多くの教師にとって，教育研究は多くの場合関係ないことのようにみえてしまう．教師は，研究を立ちあげ，それを実施するにあたってほとんど関与していない．調査の対象として選択された問題も彼ら自身のものではない．それらの問題は，教師の仕事の日常的な複雑さをほとんど考慮せずに決められ，わけのわからない方法論と理解不能な専門用語に包まれているのである．(Woods, 1987, p. 1)

　学校参加型の調査手法をとる研究者にとっては，しばしば，調査は方法であるとともに，参加型の世界観，マインドセットと関係づけられてきた．例えば，研究と研究の現実社会への還元を直接的に結びつけるアクション・リサーチなどは，調査される側のエンパワーメントの視点をもつ，「参加型世界観」(participatory worldview) (Reason & Bradbury, 2001, p. 2) を志向するものとして理解される場合もある (Greenwood & Levin, 1998, pp. 6-7)．

　アクション・リサーチや，学校に直接関与しながら観察をする方法は，インサイダーにしか得られない情報や経験を手に入れることを可能にする．参与観察 (participant observation) や，より対象との距離がある観察のしかたでさえも，調査者は，当事者の経験をいわば追体験する．調査において中心的な情報の提供者となるキー・インフォーマントは，ともに対象や調査について語りあう，いわば共同研究者的関係になるのである (Whyte, 1991, p. 9)．

　研究者・調査者はもちろん大人であり，その意味で本当の意味では「子ども」にはなれない．あるいは，観察者としての研究者は，「教師」そのものではない．しかし，近距離で相手に接近し，日常のなかで観察し，その言葉を汲みとっていくなかで，アウトサイダーがインサイダー化するのである．さらに，教師との関係を築き，授業実践の知識を得たり，現場的感覚を身につけ，教師とともに授業を作ったり，ともに子どもをみつめたり，あるいは，子どもに直接関わったりなどをする場合には，まさに，学校は協働の場となるのである．対人関係を築くことによって成し遂げうることが多いこの種の研究方法では，インサイダーとの絆，ラポールを築くことは，非常に大事になってくる．

　しかし，ここにひとつの難しさがあることも確かであろう．学校における実践者としての教師（インサイダー）と観察者（アウトサイダー）のあいだをバ

ランスすることは意外に難しい．実践の場に踏みこみ，インサイダー化すれば，「いま，ここ」の子どもたちのニーズ，授業を改善するニーズ，その現場にコミットしてずっと貢献することなど，実践の要請が研究者にも伝わってくることになる．何らかしらの役割をインサイダーとして学校や塾などで担いながら調査に入った場合（例：英語活動の講師，塾のアルバイト生）は特にそうである．

　一方，観察者としての研究者は，対象にある一定の距離をもつことを求められる．ひとつの実践の場に長期継続的に関わるのではなく，多くの場合は，研究テーマや関心によって，特定のフィールドとの関わりは，一定期間で終わることも多い．そして，それを書きあげるわけである．研究者が実践者と同一視されたとき，例えば，学業不振の子どもの多い学校を調査しおえたときなど，教師からみると，目のまえに助けを必要としている子どもがいるのに放りだすのかと，本当に必要なことはしているのかと，無責任にみえかねない．なお，研究者のコミュニティである学会は，実践を実践そのものだけでは評価しない．したがって，観察者が実践者化して実践に打ちこんだとしても，それが「研究」として理論化されたり，分析されなければ，それは学会が評価しうるものにはならない．逆に，授業研究などのように実践を教師と共有する研究でない場合は，研究の成果がそのまま学校に活用できるわけではなく，教育現場からみると即時には役に立たないことも少なくない．しかしながら，「いま，ここ」の子どもでない子どもをみることによってはじめてみえるものもある．離れるからみえるものもある．このふたつの面のあいだをバランスすることやその拮抗を理解し語ることが求められるわけである．

　学校でのフィールドワークはまた，一般のフィールドワークと同じようなストレスも伴う．例えば，周囲が観察者と打ち解けて心を開くことは当事者の世界を知るうえで必要である．しかし，それは同時に，例えば，インタビューをさせてほしいと2時間だけ飛びこんできたような人にはいわないような本音や心の内を明かすということにもなる．子どももそうである．打ち解けた子どもたちは，教師の悪口でも家庭のことでも話す．当事者が構えていればみせないような場面にも遭遇することになる．それらがみな，何が起きているのかを理解することにもつながる．しかし，最終的にこうした過程を分析し，書きあげるという「使命」があるなかでは，盗み聞きをしたような気持ちになったり，

相手を傷つけるのではないかと心配したり，裏切り行為をしているような，ある種のストレスが調査者にかかることがしばしば指摘されてきた．社会学のエスノグラフィーの古典のひとつであるホワイトの『ストリート・コーナー・ソサエティ』においても，観察者がアメリカのイタリア系スラムを観察したとき，最も力を貸し，キー・インフォーマントとして助けてくれた人物（ドック）との関係が後に気まずくなっていく様子が描かれている．その過程を分析したホワイトの回想では，ドックが，ホワイトだけが名声を得て結局自分の好意を搾取したと思っているのではないかと，ホワイト自身も苦しんだことが書かれてある（ホワイト，2000, p. 358）．

　人に近づき，関係を築き，相手に入りこむからこそ，当事者の視点にも接近できる．しかし，その近さゆえの難しさもある．こうした対人関係のストレスを，距離をとることによって緊張を和らげることができようが，距離が大きいということは同時に，近距離でみえていないということである．あるいは，実践者化するという方向もある．しかし，研究者が実践者でない以上，そこには，「オーバー・ラポール」（佐藤，2002, p. 37）の問題がでてくる．そして，もうひとつ，この緊張を解消する方法は，専門知識にせよ，何にせよ，学校に何かを返す，アクション・リサーチ的な関係を築くことであろう．いずれにせよ，インサイダーとアウトサイダーのあいだの緊張関係，自分が何をしているのか，どのような影響を与えているのかなどに対する意識化，こうした緊張のうえに参加型マインドの研究は成り立っている．

　謝辞・フィールドノーツを提供いただいた大滝世津子さんと学校法人 林間のぞみ幼稚園の教職員と園児に感謝を申し上げたい．

　(注1) 質的研究において，従来の意味での信頼性，妥当性などに関連する議論が妥当でないと主張する人びともいる．研究結果が忠実に知ろうとする対象をとらえているかに関係しては，トライアンギュレーション（triangulation）などが挙げられている．複数のデータ源，複複数の方法などを用いて結果を相互確認することなどが含まれる（Denzin, 1989；Merrian, 2001, p. 204；Berg, 1998, p. 6；Hammersley & Atkinson, 1995, p. 231；Patton, 1990, pp. 464-472）．安易なトライアンギュレーションが浅い分析を招くとして警戒する声もある（Bogdan & Biklen, 1998, p. 99）．当事者にもどして，それをまた分析にかける，長期の反復した調査，目的志向的（例：逸脱例などを積極的に求める）に複数の事例などを比較する，部分的に数量化する，自己のバイアスを含め，反省的な分析を行う，なども挙げられよう．逆に，反復可能性，あ

るいは一般化の可能性に関した議論としては，主張に幅があるが，トライアンギュレーション，自己反省的分析，分析・データ収集プロセスを綿密に示す，複数の調査者の間での調整や作者の思いいれが入りにくいかたちでのフィールドノーツのスタンダード化（Silverman, 2001），自分の扱っている対象が全体のなかでどのような対象なのかを示すマッピングアウト（統計資料を含む），複数の対象を目的志向的に選び，多様性を確保するやりかたなどが挙げられている（Merriman, 2001, pp. 211-212）．

●もっと学びたい人のために●

質的研究のひとつの系譜としての対話型の理論生成モデル，グラウンデッド・セオリー関係はいくつかの翻訳図書があり，参考になる．例えば，

B. グレイザー・A. ストラウス（後藤隆也訳）（1996）**『データ対話型理論の発見——調査からいかに理論を生みだすか』**新曜社.

A. ストラウス・J. コービン（南　裕子監訳，操　華子訳）（1999）**『質的研究の基礎——グラウンデッド・セオリーの技法と手段』**医学書院.

L. シャッツマン・A. L. ストラウス（川合隆男監訳）（1999）**『フィールド・リサーチ——現地調査の方法と調査者の戦略』**慶應義塾大学出版会.

W. Willis (1993 [1943]) *Street Corner Society : The Structure of an Italian Slum*, 4th ed. Chicago : University of Chicago Press（**W. F. ホワイト**（奥田道大他訳）（2000）**『ストリート・コーナー・ソサエティ』**有斐閣）——ホワイトが，イタリア系移民の集住地域にて行った社会学の質的研究の古典．キー・インフォーマントのドックとのその後の関係など，フィールドワークの裏話についても巻末に書かれてあり，参考になろう.

P. Willis (1977) *Learning to Labor : How Working Class Kids Get Working Class Jobs*. New York : Columbia University Press（**P. ウィリス**（熊谷誠他訳）**『ハマータウンの野郎ども』**筑摩書房）——イギリスの労働者階級の青年たちの調査を通じて，批判的視点から学校をみた古典．理論的分析の色彩が比較的強い質的研究の例として読むこともできよう.

J. W. Creswell (1998) *Qualitative Inquiry and Research Design : Choosing among Five Traditions*. Thousand Oaks, CA : Sage——質的研究をしてみたいが，どのようなデザインにすればいいか迷うようなとき，5つの代表的な系譜を例示し，わかりやすい.

U. フリック（小田博志・山本則子・春日常・宮地尚子訳）（2002）**『質的研究法入門——〈人間科学〉のための方法論』**春秋社——日本語で読める質的研究法の専門書としては，最も俯瞰的に質的研究の全体像とポイントを読むことができる．質的研究の立場や研究デザイン，口頭・視覚データの扱い，理論の導出など流れに沿って学ぶことができ，具体的だが理論的なポイントが押さえられているので入門者から専門家までが様々なかたちで使用できる.

無藤　隆・やまだようこ・麻生　武・サトウタツヤ・南　博文（編）（2004）**『ワードマップ　質的心理学』**新曜社——心理学分野で質的研究に関心をもってきた研究者たちが，入門書として研究の流れにそって読むことができるよう記したテキスト．日本での研究の様子を垣間見ることができる.

参考文献

秋田喜代美・市川洋子・鈴木宏明（2001）アクションリサーチによる学級内関係性の形成過程．東京大学教育学研究科紀要, 40, 153-171.

Becker, H. S., et al. (1997 [1961]) *Boys in White: Student Culture in Medical School*. New Brunswick: Transaction.

Berg, B. L. (1998 [1989]) *Qualitative Research Methods for the Social Sciences*. Needham Heights, MA: Allyn and Bacon.

Bogdan, R. & Biklen, S. K. (2002) *Qualitative Research for Education*, 4th ed. Boston: Allyn and Bacon.

Camic, P., Rhodes, J., & Yardley, L. (2003) *Qualitative Research in Psychology: Expanding Perspectives in Methodology and Design*. Washington, D. C.: American Psychological Association.

Coulon, A. (1995) *Ethnomethodology* (Qualitative Research Methods Series, 36). Thousand Oaks, CA: Sage.

Creswell, J. W. (1998) *Qualitative Inquiry and Research Design: Choosing among Five Traditions*. Thousand Oaks, CA: Sage.

Denzin, N. K. (1989) *The Research Act*. New York: McGraw-Hill.

Emerson, R. M., Fretx, R. I., & Shaw, L. L. (1995) *Writing Ethnographic Fieldnotes*. Chicago and London: The University of Chicago Press.

エマーソン, R.・ショウ, L.・フレッツ, R.（佐藤郁哉他訳）（1998）方法としてのフィールドノート――現地取材から物語作成まで　新曜社.

フリック, U.（小田博志他訳）（2002）質的研究法入門――〈人間科学〉のための方法論　春秋社.

Greenwood, D. J. & Levin, M. (1998) *Introduction to Action Research: Social Research for Social Change*. Thousand Oaks, CA: Sage.

Hammersley, M. & Atkinson, P. (1995) *Ethnography: Principles in Practice*, 2nd ed. New York: Routledge.

Holmes, R. M. (1998) *Fieldwork with Children*. Thousand Oaks, CA: Sage.

木下康仁（1999）グラウンデッド・セオリー・アプローチ――質的実証研究の再生　弘文堂.

川喜田二郎・松沢哲郎・やまだようこ（2003）KJ法の原点と核心を語る――川喜田二郎さんインタビュー．質的心理学研究, 2, 6-28.

木下康仁（2003）グラウンデッド・セオリー・アプローチの実践　弘文堂.

北澤　毅・古賀正義（1997）〈社会〉を読み解く技法――質的調査法への招待　福村出版.

ラングネス, L. L.・フランク, G.（米山俊直他訳）（1993）ライフヒストリー研究入門――伝記への人類学的アプローチ　ミネルヴァ書房.

Lincoln, Y. S & Guba, E. G. (1985) *Naturalistic Inquiry.* London : Sage.

ロフランド，J.・ロフランド，L.（進藤雄三他訳）（1997）社会状況の分析——質的観察と分析方法　恒星社厚生閣，pp. 19-62.

マーネン，J. V.（森川　渉訳）（1999）フィールドワークの物語——エスノグラフィーの文章作法　現代書館．

Merrian, S. B. (2001) *Qualitative Research and Case Study Applications in Education.* San Francisco, CA : Jossey-Bass.

箕浦康子（1999）フィールド・ワークの技法と実際——マイクロ・エスノグラフィー入門　ミネルヴァ書房．

三宅なほみ（2004）質的データを柔軟に分析する．日本児童研究所（編）児童心理学の進歩　2004 年版　金子書房．

森田京子（2004）アイデンティティポリティクスとサバイバル戦略——在日ブラジル人児童のエスノグラフィー．質的心理学研究，3，6-27.

本山方子（2004）小学 3 年生の発表活動における発表者の自立過程——「声が小さいこと」の問題化と「その子らしさ」の発見を中心に．質的心理学研究，3，49-75.

無藤　隆（2004）研究における質 対 量．無藤　隆他（編）質的心理学——創造的に活用するコツ　新曜社．

能智正博（2003）質的研究．下山晴彦・丹野義彦（編）　講座臨床心理学　2（臨床心理学研究）　東京大学出版会，pp. 41-60.

能智正博（2004）質的データの分析——データの読みという視点から．日本児童研究所（編）児童心理学の進歩　2004 年版　金子書房．

Patton, M. Q. (1990 [1980]) *Qualitative Evaluation and Research Methods*, 2nd ed. Newbury Park, CA : Sage.

ポープ，キャサリン・メイズニコラス（大滝純司監訳）（2001）質的研究実践ガイド——保健・医療サービス向上のために　医学書院．

Reason, P. & Bradbury, H. (2001) Introduction : Inquiry and participation in search of a world worthy of human aspiration. In P. Reason, & H. Bradbury (eds.), *Handbook of Action Research : Participative Inquiry and Practice.* Thousand Oaks, CA : Sage, pp. 1-14.

西條剛央（2003）「モデル構成的質的心理学」の構築——モデル構成的現場心理学の発展的継承．質的心理学研究，2，146-186.

桜井　厚（2002）インタビューの社会学——ライフストーリーの聞き方　せりか書房．

佐藤郁哉（1992）フィールドワーク——書を持って街へ出よう　新曜社．

佐藤郁哉（2002a）組織と経営について知るための実践フィールドワーク入門　有斐閣．

佐藤郁哉（2002b）フィールドワークの技法——問いを育てる，仮説をきたえる　新曜社．

澤田英三・南　博文（2001）質的調査——観察・面接・フィールドワーク．南風原朝

和・市川伸一・下山晴彦（編）　心理学研究法入門——調査・実験から実践まで　東京大学出版会.

シャッツマン，L.・ストラウス，A. L.（川合隆男監訳）（1999）フィールド・リサーチ——現地調査の方法と調査者の戦略　慶應義塾大学出版会.

柴田好章（2002）授業分析における量的手法と質的手法の統合に関する研究　風間書房.

志水宏吉・清水睦美（編）（2001）ニューカマーと教育　明石書店.

志水宏吉（編）（1998）　教育のエスノグラフィー——学校現場はいま　嵯峨野書院.

Silverman, D. (2001) *Interpreting Qualitative Data : Methods for Analysing Talk, Text and Interaction.* London and Thousand Oaks, CA : Sage.

Spindler, G. (ed.) (1982) *Doing the Ethnography of Schooling : Educational Anthropology in Action.* New York : Holt, Rinehart and Winston.

ストラウス，A. L.・グレイザー，B.（後藤隆他訳）（1996）データ対話型理論の発見——調査からいかに理論をうみだすか　新曜社.

ストラウス，A. L.・コービン，J.（南　裕子監訳）（1999）質的研究の基礎——グラウンデッド・セオリーの技法と手順　医学書院.

Strauss, A. & Corbin, J. (1998) *Basics of Qualitative Research : Techniques and Procedures for Developing Grounded Theory.* Thousand Oaks, CA : Sage.

Strauss, A. L. (1987) *Qualitative Analysis for Social Scientists.* Cambridge : Cambridge University Press.

Taylor, S. J. & Bogdan, R. (1998) *Introduction to Qualitative Research Methods : A Guidebook and Resource,* 3rd ed. New York : John Wiley & Sons.

恒吉僚子（1995）教室の中の社会——日本の教室文化とニューカマーの子ども達.　佐藤　学（編）教室という場所　国土社，pp. 187-202.

Valsiner, J. (2004) Transformaticns and flexible forms : Where qualitative psychology begins. 日本質的心理学会第 1 回大会アブストラクト集，65-77.

Whyte, W. F. (1991) *Participant Action Research.* Newbury Park, CA : Sage.

Whyte, W. F. (1993 [1943]) *Street Corner Society : The Structure of an Italian Slum,* 4th ed. Chicago : University of Chicago Press（奥田道大他訳（2000）ストリート・コーナー・ソサエティ　有斐閣.）

Willis, P. (1977) *Learning to Labor : How Working Class Kids Get Working Class Jobs.* New York : Columbia University Press（熊谷誠他訳（1985）ハマータウンの野郎ども　筑摩書房）.

Woods, P. (1986) *Inside Schools : Ethnography in Educational Research.* London and New York : Routledge & Kegan Paul.

やまだようこ・サトウタツヤ・南　博文（編）（2001）カタログ　現場心理学——表現の冒険　金子書房.

やまだようこ（1986）モデル構成をめざす現場心理学の方法論　愛知淑徳短期大学研

究紀要，25，31-51.

やまだようこ（2000）人生を物語ることの意味——なぜライフストーリ研究か　教育
　心理学年報，39，146-161.

Zeichner, K. M. & Noffke, S. E. （2001） Practitioner research. In V. Richardson
　(ed.), *Handbook of Research on Teaching*. Washington, D. C.: American Educa-
　tional Research Association, pp. 298-330.

2章 数量的方法
フィールド研究でどう生かすか

市川伸一

　質問紙やテストを行って数量的に分析するというのは，通常は，大規模な調査においてとられる方法である．例えば，社会学の調査で，実態の把握を目的とする場合，研究対象として考えている母集団から，周到なサンプリングを行い，平均，分散などの母数を推定したり，グラフの形状から分布状況を把握したりする．また，クロス集計や相関分析を通じて，変数間の関係を推測していくことになる．

　心理学であれば，心理的なメカニズムの解明をめざすことに主眼がおかれる．そのため，社会学ほどには，厳密なサンプリングや大量のデータによって推定の精度を高めようとすることはあまりない．サンプリングに恣意性や偏りがあれば，確かに母平均や母分散の推定は不正確になるが，仮説の検証やモデル構成には，大きな差し障りはないと思われるからである．しかし，それにしても，検定力を確保するためにある程度大きなサンプルにすることは求められる．

　それに対して，フィールドワークやケース研究では，数量的分析といっても，観察結果をカテゴリー化してカウントしたりする程度であり，中心になるのは，言語的な記述とその内容分析である．実際，本書の各章でも，そうした方法，いわゆる「質的研究法」について詳しく解説している．しかし，本章では，教育フィールド研究においても，質問紙やテストを有効に用いることができることを示したい．

　フィールドワークで明らかにしたいことは，社会全体におけるマクロな実態でもなければ，一般的な心理法則でもない．もちろん，研究である以上，個々のフィールドから得られた知見を何らかの意味で一般化するには違いないが，ひとまず知りたいのは，「いまこの場ではどういうことが起きているのか」という個に即した理解である．そこにおいて，なぜ質問紙やテストが意味をもつかといえば，フィールドの当事者や，観察者（研究者）の直観的印象や内省を

明確化したり，単純な反応からそこにある構造を浮き彫りにしたりできるからである．

　本章では，教師の働きかけと子どもの適応の様相をとらえようとした近藤邦夫の研究（1994）を例としてとりあげ，フィールド研究における数量的分析のありかたを考えていきたい．つまり，この研究自体を，ひとつのケースとしてとらえ，うえで述べたような「この場をとらえるための工夫」がいかに行われているかをみていく．そこから，「型にはまった分析」を，フィールド研究ではどう乗りこえていくかというヒントを得ていこう．

1　リサーチ・クエスチョンと理論的枠組み

　カウンセラーの立場から「学校臨床」に関わってきた近藤邦夫は，学校における適応問題や教師の成長過程についてのフィールドワークと実践を長年にわたって行ってきている．本研究でのテーマは，教師の意図的・無意図的な働きかけが，その学級の子どもの適応にどのような影響を与えるかということである．その際の切り口は，エリクソンの「儀式化」（ritualization）という概念である（Erikson, 1977）．儀式化とは，大人が子どもと相互交渉するなかで，その文化特有の価値観や行動様式を身につけるよう方向づけていくことである．

　学校のなかで，教師は，自らの価値観，教育観，学習観などに基づいて，子どもを「あるべき姿」に向かって導こうとしている．その儀式化は，具体的にはどのような経路で子どもに影響を与えるだろうか．まず，授業における学習指導の場面がある．これは，「生徒には，どのような課題にどのようにとりくんでほしいか」という理想的イメージに沿うような方向づけにほかならない．また一方では，学級経営や生徒指導などで現れてくる適応指導の場面がある．「教師や友人とのつきあいかた，集団のなかでのふるまいかた」などについての方向づけといえる．

　教師は，教育目標として明示的に生徒の「あるべき姿」を提示することもあるが，教師自身は意識することなく，学習指導や適応指導の場面で暗々裏に儀式化がなされることもあるという．「教師に近づいたり甘えたりする」「他の子どもの発言を否定するような自己主張をする」などの子どもの行動に対して，教師がどのような態度，表情を示すかということは，教師が通常発している言

葉以上に影響を与え，行動の規範を形成していくであろう．また，教師自身が
どういう子どもに対して，どういう扱いかたをするかということも，子どもが
ほかの子どもに接するときの規範になりうる．

　もちろん，子どもたちは教師の儀式化の影響だけを受けるのではない．子ど
も集団における集団規範や，集団のまとまりの強さといった集団構造からも影
響を受けるだろう．教師は，これらの子ども間の儀式化にも影響を与え，両者
が一体になって個々の子どもを規定していく場合もある．反面，教師と子ども
間の儀式化が拮抗したり，独立性を保ちながら，そのなかで個々の子どもが自
分なりの行動をとるようになっていくという場合もある．こうした力動的な場
のなかで，学級での「居心地」や「帰属感」が決まってくると考えられる．近
藤（1994, p. 50）は，つぎのように述べている．

> 教師の儀式化の方向や子ども間のそれに従って，いわばその学級のなかで「光」を浴
> びる子どもと「影」に置かれる子どもが必然的に生まれてくるのである．問題行動の
> 発生因を，「子どもが持っている行動特性と，子どもが所属している社会体系（およ
> びその支配者）が要求する行動特性との不適合関係（mismatch）」に求める体系・
> 指向的あるいは生態学的な観点（Apter, 1982）に立てば，このような事象は学校教
> 育現場で生ずる様々な「問題行動」の発生に深い関わりを持っているだろう．

2　研究方法

　こうした問題意識のもとに，ある小学校の6年生2学級（教師Aの担任す
る学級Aと，教師Bの担任する学級B）においてフィールドワークが行われ
た．この学校では，クラス替えは1年生から6年生まで行われず，担任のみ，
1〜3年と4〜6年とで変わるのが原則という．そのため，担任の影響力はかな
り強いとみることができる．授業の観察は，1週間のあいだの理科の時間を中
心に行われた．単元は，「ろうそくと光」で，ろうそくがほぼ同じ強さで継続
的に燃えていくしくみについて，子どもが自分で仮説を立てて実験をしていく
という「ひとり勉強」の形態の授業であった．

　この研究では，子どもや教師の行動の観察や，面接の記録といった質的デー
タはもちろんであるが，多様な心理学的測定手法が使われている．それらが一
体となって，分析や解釈の豊かさを生みだしているのである．どのようなデー
タがとられたのかをまとめると，表1のようになる．

表1　近藤（1994）の実施したフィールドワークにおけるデータ

1) 教師からの儀式化に関して 教師用 RCRT：子どもをとらえる教師の視点を明らかにする. 授業内容の観察 授業中の教師—子ども間の相互交渉の観察 教師に対する面接調査
2) 子どもの適応に関して 教師，学級，級友に対する子どもの認知について 　教師のリーダーシップ行動測定尺度（三隅・吉崎・篠原，1977） 　スクールモラール・テスト：学校・学級・授業・教師・友人の5尺度 　学級雰囲気に関する質問紙（吉崎・水越，1979） 子どもの友人関係について 　ソシオメトリー（Moreno, 1953；田中，1981） 　友人関係質問紙（齋藤，1986） 　授業や休み時間における子ども間の相互交渉の観察

　ここで，本章のテーマである「数量的データとその分析」ということに関連して解説を加えておきたい．まず，質問紙（questionnaire, inventory）や尺度（scale）という用語がひんぱんに使われていることに気づくであろう．質問紙は，面接によって対話的に情報を聞きだす方法とは対照的に，あらかじめ質問項目を用紙に印刷しておき，被調査者に筆記によって回答してもらう調査方法，あるいは，そのときに使われる用紙をさす．回答様式としては，自由記述によるものもあるが，選択肢から選ぶだけのことが多い．回答者の負担を少なくして，大量のデータを収集し，数量的な分析にかけるという使いかたが一般的である．

　「尺度」というのは，態度，感情，心理的特性などを表す「ものさし」のことである．「あなたは，○○がどれくらい好きですか」と質問して，回答者が「非常に好き（5点）」から「非常に嫌い（1点）」までのなかから選ぶようになっていれば，こうした一つひとつの質問項目は尺度になっている．ただし，心理学で尺度という場合には，たがいに類似した（相関の高い）項目群の回答を合計したり，平均したりしたものを尺度とすることが多い．個々の質問項目は固有の対象に対するものであり，また，誤差もつきものであるが，複数の項目の回答を平均することで，より一般的な傾向を表す指標となり，測定値としての安定性も高くなるからである．

　どのような項目群を用意して心理的特性を測定するかは，心理学のなかで多

くの研究があり，様々な尺度が開発されているのでそれを利用することができる．また，こうした尺度は調査を経て次第に改良されており，既存の質問紙を用いる場合も，自らの調査のなかで実施して分析結果をみてから項目を除いたり，編成しなおしたりする場合がある．ある尺度を構成するのにどの質問項目を使うのが適切かを判断するには，項目分析や因子分析など様々な統計的手法が用いられるが，詳しくは成書にゆずることにする．ただし，因子分析については，近藤の研究でも重要な位置をしめているので，つぎの節でごく簡単に説明しておきたい．

3　子どもをとらえる教師の視点の抽出

「教師はどのような視点に基づいて子どもたちをみているのか」というのが，近藤の研究の基礎にある問題意識である．もし，この問題を，通常の心理学的な研究の枠組みでとらえると，「一般に，教師が子どもをみるときの視点にはどのようなものがあるか」という問題設定になり，多くの教師からインタビューなどで項目を収集していくということになろう．適当な項目群ができあがれば，それぞれの教師がどのような視点をもっているかを得点化するような尺度をつくることになる．そこでは，すでにどのような視点があるのかが，研究者によって抽出され，限定されてしまっていることになる．あくまでも，一般的な尺度であるから，その尺度にのってこないような教師の視点は測定できない．

近藤のフィールドワークにおいては，ある教師がその学級の子どもたちをどのようにみているのかという視点を取りだすことが目的になるので，一般的な尺度をそのまま利用するのは適当ではない．そこで，近藤は，G. A. ケリー (Kelley, 1955) の RCRT (Role Construct Repertory Test) を教師に応用した「教師用 RCRT」を考案し使用してきた．これは，研究者があらかじめ用意した項目を使用するのではなく，調査対象となる教師自身が項目をつくり，それをもとにその教師が子ども一人ひとりを評定したデータを得るのである．そのデータを因子分析することによって，教師がもっている視点を抽出することになる．

まず，教師に，自分のクラスのなかで対照的な子どもを想定させる．例えば，「ウマがあう子ども」と「あわない子ども」，「考えていることがわかりやすい

子ども」と「何を考えているのかわかりにくい子ども」といったぐあいである.
つぎに，それらの子どものあいだにある重要な違いを表すような特徴をだして
もらう.「基本的な生活態度がよい―悪い」「人の話をきちんと聞く―聞かな
い」「学力が高い―低い」「最後までがんばる―投げやり」「活発―内向的」「素
直―強情」といったような特徴の対があがってくる.これらを尺度として，学
級内のすべての子どもを5段階で評定することを求める.そのデータを因子分
析して項目を集約し，教師がもつ視点を抽出するのである.

　因子分析（factor analysis）は，もともと，心理テストや質問項目など，
多数の尺度があるときに，それらの背後にある基本的な潜在変数（因子 fac-
tor）を抽出する手法である.それぞれの尺度の得点は，その潜在変数の得点
（因子得点）の重みづけ合成得点によって表されるというモデルを仮定する.
つまり，ある尺度 j（$1 \leq j \leq n$, n は尺度の総数）における，ある回答者（もし
くは被験者）の得点は，つぎのように表すことができるとする.

$$[尺度\,j\,の得点] = [共通因子\,1\,への重み] \times [共通因子\,1\,の得点]$$
$$+ [共通因子\,2\,への重み] \times [共通因子\,2\,の得点]$$
$$+ [共通因子\,3\,への重み] \times [共通因子\,3\,の得点]$$
$$+ \quad \cdots\cdots$$
$$+ [独自因子\,j\,への重み] \times [独自因子\,j\,の得点]$$

尺度の総数 n に比べて，ここでいう「共通因子」の数を少なくおさえてデー
タが近似的に再現できるならば，それだけデータが集約できたことになる.因
子への重みは「因子負荷量」と呼ばれ，その値は，どの因子がその尺度の得点
に大きく寄与しているかを表している.

　このたびの調査で，教師 A のあげた特徴対を因子分析すると，ふたつの共
通因子が抽出されたという.表2はそれを表したものであり，因子1，因子2
の欄に書いてあるのは因子負荷量である.教師 A のあげる特徴対は，微妙な
ニュアンスを含んだ文章になっていることがしばしばある.近藤の解釈による
と，第1因子は，「心や体が，こだわりなく，生き生きと自由に躍動している
姿」と「感情や考えが滞り，戸惑いから抜けだしにくい姿」を対比させた軸に
なっている.第2因子のほうは，「論旨明快で，課題に対して，まえむきに，
自分を保って，筋の通った接近のしかたをする」と「大雑把で適当に取りくむ.
ごまかしたり，投げだしてしまったりする」という姿が対比されているとみる

表 2　教師 A のあげた特徴対

	因子1	因子2
因子1		
（4）　判断，決断が見えやすい．　　―ゆるやか．だんだん見えてくる．	.888	
（10）　けれんみがない，抜け目ない―考えや感情がつかみにくい． 　が憎めない．好奇心旺盛．多動．　戸惑いから抜け出しにくい． 　いたずらもする．簡潔．体験的な　自分を訴えない． 　感覚が豊か（感覚的）．	.882	
（7）　快活．臨機応変．要点が明―表出不明瞭．要領を得ない． 　瞭．率直．	.857	
（3）　柔軟．　　　　　　　　　　　―うかつ，そそっかしい．	.809	
（9）　やわらかい．発想に独自性あ―気持ちの動きがつかみにくい．やや屈 　り．気持ちが安定．人なつっこい．折．裏で人をおちょくる．	.665	.332
（1）　柔軟．ほうらつ．行動的．機―気がやさしく，人を受け入れやすい 　敏．要領がいい．社交的．　　　が，内心はがまんもある．やや，窮屈 　　　　　　　　　　　　　　　　な生き方を感じる．考えは飛躍するこ 　　　　　　　　　　　　　　　　とは少ないが，きめ細かく，こだわり 　　　　　　　　　　　　　　　　も多い反面，着実に自分を踏みはずさ 　　　　　　　　　　　　　　　　ず，きざんでいく面もある．決められ 　　　　　　　　　　　　　　　　た枠は律儀に守ろうとする．	.600	−.363
因子2		
（5）　論旨明快．入念．粘り．　　　―論旨不明瞭．大ざっぱ．ごまかし．		.852
（12）　素朴だがきめ細かく入念．自分―立往生することあり．狭いところでこ 　で納得しながら進む．対応が柔らか．ね回す．はねのける力が出にくい． 　戸惑う友達にそれとなく寄り添う．		.845
（2）　論理を飛躍させず，順々に詰―軽率．不手際．不安定．多動的．鈍 　めていく．感情をすぐ表に出さな　感． 　い．マイペース．踏みはずすことを 　嫌う．先々への見通しへの気配りが 　ある．自分を主張しないが，自分は 　保っている．音楽的な感覚が鋭い． 　特定の友達との交わりを深くする．		.760
（11）　自分で自分を前向きにコント―一見柔和だが，気持ちを隠す．試みの 　ロールする．生産的．労を惜しま　幅が小さい．困ると後退しがち． 　ず，腹がすわる．	.483	.660
（8）　表現が明確．自分をキープす―論旨不明瞭．裏をかく．とぼける．投 　る．率直．筋を通す．ややボス的．律　げ出す． 　気．状況が読める．体験を生かす．		.569
（6）　ゆったり．ものぐさだが，核―窮屈．一見にこやかだが，ガードが固 　心はつかむ．　　　　　　　　　い．自尊心は高い．失敗を嫌う．	.000	.000
寄与率（%）	(33.2)	(29.4)

（注）0.3 未満の負荷量は省略．　　　　　　　　　　　　　　（近藤，1994, p. 57）

ことができる．ちなみに，この担任教師（44歳，男性）のプロフィールについては，つぎのように記述している．

> 教員養成大学（小学校課程）を卒業後，理系の大学院にすすみ，教職の道を選ぶか研究者の道を選ぶかに迷い抜いたすえに，現在の教職についた経歴を持っている（教職歴17年）．実際に教職についた当初から，（自分自身の大学や大学院での経験を背景にして）「自分の問題テーマを，自分の方法で追究するのが本来だ」という考えを基本にもち，「（理科学習を中心にした）個別的な学習の展開」を一貫して追究してきた．「一人一人の子どものカルテを作成して，ものごとに対する子どもの見方や捉え方，あるいは子どもの育ちを個別的に把握する」「総合学習を通して，子ども一人一人の体験と思考（身体と心）がどのように関わり合い，どのように変わっていくかを見つめる」「授業を学ぶ側主体に改造していく」等のテーマが，これまでの教育活動のなかで重要なものとなってきた教師である．（近藤，1994，p. 53）

4 教師の視点からみた子どもの位置づけ

教師Aのデータを因子分析すると，因子負荷量とともに，それぞれの因子に対応する因子得点が算出される．因子得点は，因子という潜在的な基本次元のうえで，個々の子どもがどこに位置づけられるかを表すものであり，因子ごとに，平均0，分散1になるように標準化されている．因子得点によってプロットした図を，近藤は「子ども認知図」と呼んでいる．興味深いのは，プロットするときに，付加情報として，性別や子どもを思いだす順序（想起順位）を含めること，「理想の子ども像（理子）」「理想の自己像（理自）」「現実の自己像（現自）」にも評定を求めてプロットしていることである．これらは，子どもとの相性などを考察するときにも使われる．

図1は，教師Aの子ども認知図である．横軸は第1因子で，縦軸は第2因子を表している．「理自」「理子」は右上の象限に位置しており，全体的に見れば，ウマがあう子（①，2，⑯，28）は右上の象限，ウマがあわない子（⑥，⑨，21，37）は左下象限にあるという傾向がある．すなわち，ウマのあう子というのは，行動的で，論旨明確で，筋の通った問題解決をする子ども，ウマのあわない子というのは，自己を表現せず，論旨不明確で，問題にもいいかげんに取りくむという子どもといえる．想起順位は，「しいていえば，右上の象限と左下の象限に位置するかなり対照的な子どもから想起し，次第にそれが右下

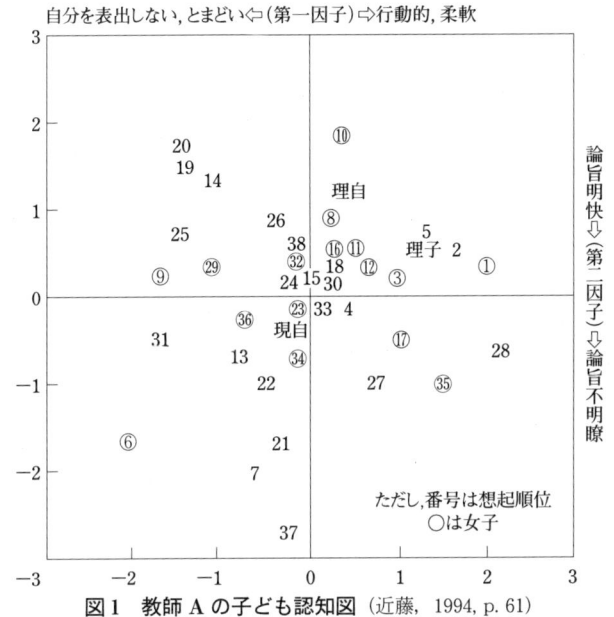

図1　教師Aの子ども認知図（近藤, 1994, p. 61）

から左上の象限に移っていくという流れがうかがわれる」(p. 60). このような現象の背後には，教師自身が「こうありたい」と思っている理想像が，子どもに対して「こうあってほしい」という理想像を生みだし，それに近い子どもが「ウマのあう子」，遠い子どもが「ウマのあわない子」となるというメカニズムが考えられる. これは教師の子ども認知においてしばしば生ずるものであるという.

5　教師内地位とスクールモラールの関連

ここまでみてきたのは，教師のほうが子どもをどうみているかということであったが，これは，子どもの居心地や帰属感にどのように影響しているのであろうか. このような学校生活に対する態度を測定する心理テストのひとつに，「スクールモラール・テスト」がある. モラール（morale）とは組織における士気の高さという意味で使われるが，ここでは，学校・学級・授業・教師・友人について，どれくらい肯定的，意欲的，まえむきな態度をもっているかということを質問している. 5つの対象についての合計点をもって，「スクールモ

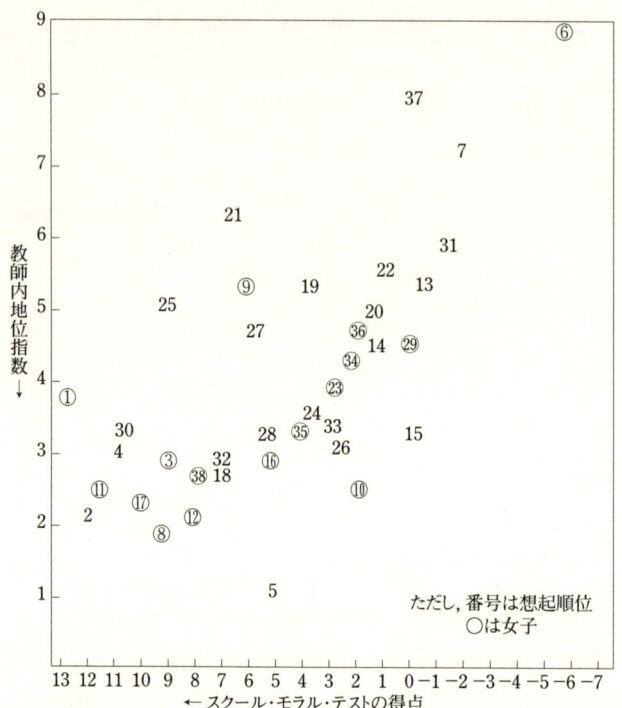

**図2 A組の教師内地位指数とスクールモラール・テスト得点と
の相関** (近藤, 1994, p. 64)

ラール得点」としている.

　一方，教師がそれぞれの子どもをどのようにみているかについて，さきほど
の「子ども認知図」における「理子」からの距離を求め，「教師内地位指数」
と名づけている．この距離が小さいほど，その子どもは教師の理想に近いため
地位が高く，距離が大きいほど，教師の理想から遠く地位が低いことになる.

　図2は，教師Aの教師内地位指数を縦軸に，その学級の子どもたちのスク
ールモラール得点を横軸にして，プロットしたものである．教師内地位が高く
なるにつれて，スクールモラールも高くなるようすがよくわかるであろう．授
業観察の結果からしても，このクラスでは，教師の考えかたや価値観がかなり
浸透して，教師の評価と子ども自身の評価が一致しており，それが子どもの感
じる学校への満足度や態度に反映されているとみることができるという．「前
述の儀式化という概念を借りれば，教師の儀式化の浸透の結果としてこのよう

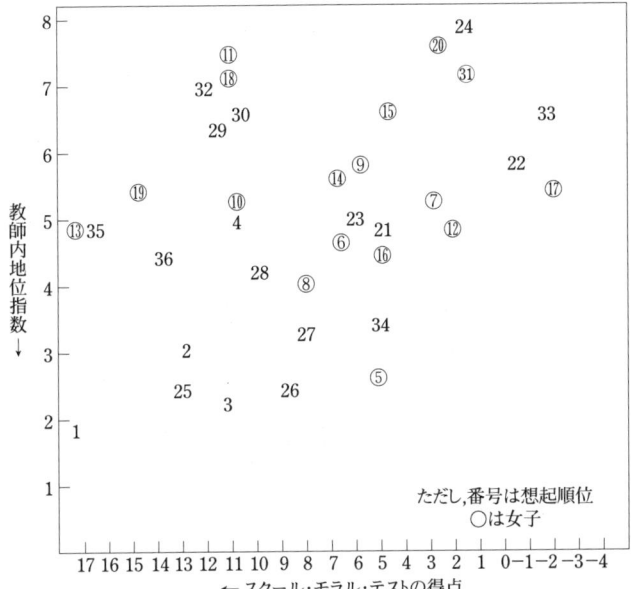

図3　B組の教師内地位指数とスクールモラール・テスト得点と
　　の相関　　　　　　　　　　　　　　　　（近藤，1994, p. 87）

な相関関係が現れるのであろう」と近藤は述べる（p. 64）.

　このようすを，図3の教師B（28歳，男性）のクラスと比較してみよう.
全体としてはあまり明瞭な相関関係がないようにみえる. しかし，教師内地位
指数の上昇につれてスクールモラール得点が上昇する傾向をもった一群に，
「教師内地位指数は低いが，スクールモラール得点の高いグループ」が付け加
わったものとみることもできる. このクラスでは，教師の儀式化が学級Aほ
ど浸透しておらず，教師の理想像からかなり離れているにもかかわらず，それ
なりに満足感や帰属意識をもちながら学校生活を送っている子どもたちがいる
ことを示している.

　近藤はさらに，教師Bより前に，1年から4年までこのクラスの担任をして
いた教師（ほぼ同年輩の女性）の教師内地位指数と比較することにより，⑪や
⑱はかなり高かった子どもたちであることを見いだしている. 以前の担任には，
「明るく，活動的で，友だちのことを考え，人の話を聞ける，きちょうめんな
子」として評価されていたのが，教師Bには「自分の考えをもてず，状況に
応じて自分の考えを練り上げていくことのできない子ども」とみられるように

なる.「教師に頼らずに，自分の考えをもち，自分で判断できること」を重視する教師Bにとっては，「耳にタコができるくらい，『先生，これどうしたらいいの』と聞きにくる子ども」と評価される．このクラスでの担任の交替は，「教師の指示に従って，秩序正しく行動する」という儀式化から，「自分で考えて，自立的に行動する」という儀式化への転換をもたらしている．それに伴って，教師の評価観のなかで「浮かび上がって来る子」と「沈んでいく子」ができるのである (p. 87).

6　フィールドワークにおける数量的方法とその学習

　本章では，近藤 (1994) のフィールドワークをひとつのケースとして，質問紙や心理テストなどから得られる数量的データが，どのように利用されるかをみてきた．使われた測定手法がどのように利用されたかはごく一部しか紹介できないし，実際には研究論文の記述のなかには現れてこないこともあるだろう．しかし，重要なことは，リサーチ・クエスチョンに関わる測定手法を実に多様に用いて，質的なデータと組みあわせながら妥当な解釈を引きだそうとしている点である．しかも，ここで選ばれた測定手法は，例えば教師用 RCRT のように，尺度そのものを教師に即して構成するという柔軟性をもったものであることが大きな特徴といえる．

　分析手法としても，通常は不特定多数のデータを集めて，因子構造を明らかにしたり尺度構成をしたりするために用いる「因子分析」という手法が，このように，ひとりの教師が自分の学級の生徒をどうとらえているかをあぶり出すのに用いることができるというのは，非常にユニークな使いかたといえよう．また，変数プロット（散布図または相関図ともいう）というのは，しばしば使われる素朴な表現手法であるが，この研究では，単に2変数のあいだに相関関係があるかどうかだけをみているのではない．そこに，性別，想起順位など第3，第4の属性を表示したり，個々の子どもがどのような子どもであるかをほかのデータともつきあわせながらみていくことによって，その学級集団において何が起こっているのかをていねいに考察している．

　フィールドワークにおいては，とくに，このようにデータをていねいにみていく姿勢が求められるが，そこに至るまえに，オーソドックスな心理測定法や

教育統計学の学習をしておくこともまた不可欠である．最後に，そうした学習
の指針をあげておきたい．

(1) 測定理論の基礎的知識

　尺度水準，データの信頼性と妥当性，天井効果と床効果など，心理・教育測
定にまつわるごく基本的な概念はまず知識として学んでおく必要がある．これ
らの知識がないと，心理テストのマニュアルを読むときによく理解できない．
また，自分の得たデータがどのような性質のものなのか，どれくらい安定して
いるのか，何を測っているのかということについて，無自覚なまま研究をすす
めることになってしまうのである．こうした内容が解説されているのは，一般
的な統計学の教科書よりも，心理測定法，心理検査法，心理統計学，あるいは，
教育統計学などというタイトルの本である．例えば，最も入門的なものとして
は，渡部 (1993)，市川 (1991) などがある．

(2) 数量的データの基本的表現

　数量的なデータを表現するときの最も基本的な方法は，グラフなどの視覚的
表示と，平均・分散など要約統計量の算出である．要約統計量だけでは，分布
の形や外れ値（全体の分布からかけ離れた値）の存在などがなかなかつかめな
いので，1変数ごとにヒストグラムをかいてみること，2変数の場合は折れ線
グラフや変数プロットをかいてみることは不可欠である．コンピュータソフト
を使えば作業時間そのものはほとんど要しないのであるから，そのぶん，じっ
くりとデータをみる時間をとりたい．また，様々な視覚的表現と要約統計量を
駆使してデータをていねいに検討する方法として，チューキー (Tukey, 1977)
の提唱した「探索的データ解析」がある．入門的解説もいくつか出版されてい
るので，参考になるだろう (Hartwig & Dearing, 1979；渡部ほか，1985)．

(3) 多変量データの解析法

　変数が多くなったときに，変数どうしの関連をつかむ方法として，重回帰分
析，因子分析，主成分分析など，「多変量解析」と総称される統計的手法があ
る．最近は，「共分散構造分析」（あるいは，構造方程式モデリング）という手
法が，心理学では盛んに用いられるようになってきた．フィールドワークに興

味をもつ学生は，まず，どのような研究事例でこれらの手法が使われているのかという実例をみることをすすめたい（例えば，豊田，1998 など）．そして，その手法によって何がわかるのか，結果として表示されている図や表をどうみるのかということで，概略的なイメージをつかんでから，その理論的なしくみを理解することと，自らのデータに適用して実際に使ってみることとを並行して行い，次第に，その手法をどのような場合に使うと便利であるのか，どのような使いかたの注意が必要なのかを身につけていくというのがよいだろう．理論的（数学的）に理解しただけでうまく使えるようにはならないし，ただ見よう見まねで使っているだけでは大きな誤解をしていることがある．理論と実践の両面から学習していくことが望ましい．

(4) 尺度作成の実習経験

　統計学的な手法を実践的に学ぶというときに，できれば，自分で項目をつくり，それらを用いて尺度をつくるという経験を積むことをすすめたい．質問項目のつくり方，信頼性・妥当性の検討方法，さまざまな分析手法の意味などを学んでいくということは，教育研究を目指す学生にとっては興味もわき，理解もすすみやすい学びかただと思われる．また，他者のつくった項目や尺度を批判的に検討するためにも有用である．

　尺度をつくるには，教育現場における素朴な直観から出発し，基本的な因子を想定して項目をつくりあげていく場合と，研究者側があまり強い仮定をおかずに，自由記述などで回答者から得られた項目を分類整理してまとめあげていく場合とがある．前者をトップダウン的というならば，後者はボトムアップ的な方法といえるだろう．ただし，どちらの場合にも，作った質問項目は，因子分析や項目分析を行って，相互に比較的相関の高い項目群を構成し，その合計なり平均なりをもって，尺度得点とすることになる．

　トップダウン的な作りかたの一例として，尾城・市川 (1993) の「数学の授業観尺度」の作成をあげよう．これは，「生徒が，どのような数学の授業を教師にしてほしいと思っているか（教師本人なら，自分でしたいと思っているか）」を尺度として得点化しようというものである．高校教師であった尾城は，はじめ「できること」を目指す授業と，「わかること」を目指す授業という，学校現場でよく言われる分類をもとに，2 因子を想定した 24 個の項目案を作

表 3　数学授業観項目例と因子負荷量

	FACTOR 1	FACTOR 2	FACTOR 3
FACTOR 1（専門志向因子）			
(17) 別解を多く教えて欲しい	**0.746**	0.096	−0.061
（1つの問題を解く多くの解法パターンを紹介する）			
(15) 教科書の問題のレベル以上の難問を解く技法を教えて欲しい	**0.735**	0.048	0.180
(10) 説明に図やグラフを取り入れて視覚的に教えて欲しい	**0.638**	0.242	0.035
(11) 厳密な数学の定義で教えて欲しい	**0.586**	−0.016	0.093
（日常的にわかりやすいが数学的に厳密性を欠く様な説明をしない授業）			
FACTOR 2（教養志向因子）			
(6) 単元によって手作業や実験を取り入れて欲しい	−0.002	**0.640**	−0.103
(18) 先生の自作教材で教えて欲しい	−0.020	**0.585**	0.171
（数学の発想の面白さ，感激を与えてくれる様なプリント教材等）			
(20) 生徒どうしで理解の確認をさせて欲しい	−0.177	**0.539**	0.240
（グループに分け友達に説明したり疑問点を話し合わせたりする）			
(22) 数学者の生きざまを話して欲しい	0.334	**0.501**	−0.328
（数学者が何を考え，どの様にしてその理論にたどりついたかなど）			
FACTOR 3（演習志向因子）			
(5) なるべく公式にあてはめて問題を解く方法を教えて欲しい	−0.251	−0.012	**0.655**
(7) 定理や公式を中心に教えて欲しい	−0.134	−0.003	**0.638**
（始めに公式を与えて，その公式を使う例題を中心に教えてくれる）			
(19) 解法パターンが同じであるものはそのことを強調し，何度も繰り返し説明して欲しい	0.051	0.266	**0.564**
(13) 問題解法の知識・技術を優先して教えて欲しい	0.193	−0.109	**0.538**

（尾城・市川，1993）

成した．ところが，実際に高校生と高校教師からデータをとって因子分析してみると，表3のような3因子構造になることが明らかとなった．

　概括すれば，「できることを目指す」といっても，定型的な問題を解法暗記的な習熟学習によって解けるようになることをめざす授業（演習志向）と，かなり高度な問題を発見的に解いたり，別解を探索したりする授業（専門志向）とは分けて考えるべきであり，しかもこの両者はほぼ独立であるということである．また，「わかることを

目指す」という中には，日常生活との関連や数学的考え方の歴史的発展などの教養的な側面と，厳密な論理展開や抽象的概念を理解できるという側面があり，後者は専門志向に属するということになる．（尾城・市川，1993，p. 28）

　このように，教育現場で通説として素朴に考えられていることが，実際の調査と統計的な分析を経て洗練されていくことも少なくない．この3因子の尺度を用いて，5つの高校の生徒の志向と教師の志向の対応関係を比較検討した結果，「専門志向は，生徒の志向や学力と教師の志向が比較的一致している」，「教養志向は，教師の得点の高低が極端な値になりやすく，その学校の生徒の分布状況とあまり対応していない」，「演習志向は，生徒においては他のふたつの志向と弱い正の相関があるが，教師においては教養志向と負の相関になる．また，進学率の高い女子校で演習志向が強いという傾向があり，これは教師の志向というより，数学の学習観の性差を反映していることが示唆される」といった報告がなされている．

　こうしてみてみると，通常の統計学の学習のなかでここにあげられていないのは，母集団と標本，検定・推定といった推測統計学の基礎，また，実験計画法や分散分析といった内容ということになる．確かに，比較的自然な状況で，あまり研究者が意図的に介入したり統制したりせずに，個別のケースをじっくりとみていくというフィールドワークの特徴を考えると，こうした知識が分析に生かされることは少ないといえよう．ただし，まったく不要というわけではなく，自分のデータをみるときの見かたが，こうした分野の概念があれば確実に変わってくる．また，論文として執筆するときには，考察のなかで，何らかの一般化を行うことが多いはずである．そのときに，「自分のフィールドが，いったい何の代表といえるのか」，「得られた結果をどこまで一般化できるのか」，さらには，「今度どのような実験研究や調査研究を実施していく必要があるのか」などを考えることになる．その際に，推測統計学の基本的な考えかたが役に立つことはかなりあるはずである．数量的データを様々な視点から眺めることができるようになるためにも，幅広く統計的知識を身につけておくことをすすめたい．

●もっと学びたい人のために●

渡部　洋（編著）(1993)『心理検査法入門——正確な診断と評価のために』福村出版
——心理検査の理論的基礎と，代表的な心理検査について，バランスより解説され
ている．

豊田秀樹（1998)『調査法講義』朝倉書店——調査に必要な概念と統計学の基礎が整
理されており，ハンドブックとしても使える．数式の展開には，ていねいな注がつ
けられている．

続　有恒・村上英治（編）(1975)『心理学研究法9　質問紙調査』東京大学出版会
——質問紙調査の計画から，質問紙作成，実施，結果の整理や検討まで組織的に解
説した古典的なテキスト．

堀　洋道・山本真理子（編）(2001)『心理測定尺度集Ⅰ——人間の内面を探る〈自
己・個人内過程〉』サイエンス社，堀　洋道・吉田富二雄（編）(2001)『心理測定尺
度集Ⅱ——人間と社会のつながりをとらえる〈対人関係・価値観〉』サイエンス社，
堀　洋道（監修）・松井　豊（編）(2001)『心理測定尺度集Ⅲ——心の健康をはかる
〈適応・臨床〉』サイエンス社——この3冊は，わが国でよく使われている心理尺度
を，コンパクトな解説とともにまとめたものである．どのような尺度があるのかを
本書でだいたいつかんでから，オリジナルな文献にあたることができるので便利で
ある．

参考文献

Apter, S. J. (1982) *Troubled Children/Troubled Systems*. New York : Pergamon Press.

Erikson (1977) *Toys and Reasons: Stages in the Ritualization of Experiences*. New York : Norton. (近藤邦夫訳 (2000) 玩具と理性——経験の儀式化の諸段階　みすず書房.)

Hartwig, F. & Dearing, B. E. (1979) *Exploratory Data Analysis*. Beverly Hills : Sage Publications. (柳井晴夫・高木廣文訳 (1981) 探索的データ解析の方法　朝倉書店.)

市川伸一（編）(1991) 心理測定法への招待——測定からみた心理学入門　サイエンス社.

Kelley, G. A. (1955) *The Psychology of Personal Constructs*. New York : Norton.

近藤邦夫 (1994) 教師と子どもの関係づくり——学校の臨床心理学　東京大学出版会.

三隅二不二・吉崎静夫・篠原しのぶ (1977) 教師のリーダーシップ行動測定尺度の作成とその妥当性の研究. 教育心理学研究, 25, 157-166.

Moreno, J. L. (1953) *Who Shall Survive?* New York : Beacon House.

尾城一幸・市川伸一 (1993) 高校数学における授業観の構造と生徒・教師の対応関係. 教育情報研究, 9, 22-31.

齋藤憲司 (1986) 思春期における友人関係の発達的変化　東京大学大学院教育学研究

科修士論文.

田中熊次郎（1981）ソシオメトリー入門　明治図書.

豊田秀樹（編）(1998) 共分散構造分析［事例編］――構造方程式モデリング　北大路書房.

Tukey, J. W. (1977) *Exploratory Data Analysis*. Cambridge, MA: Addison-Wesley.

渡部　洋・鈴木紀夫・山田文康・大塚雄作（1985）探索的データ解析入門　朝倉書店.

渡部　洋（編）(1993) 心理検査法入門――正確な診断と評価のために　福村出版.

吉崎静夫・水越敏行（1979）児童による授業評価――教授行動・学習行動・学級雰囲気の視点より. 日本教育工学雑誌, 4, 41-51.

3章 授業のディスコース分析

村瀬公胤

1 はじめに

　本章では，ディスコース分析に焦点をあてて授業研究の方法論を考える．教育の現場に根ざした研究を志向する人にとって，教師と子どもが学習課題を探究するために問いかけたり応答したりするディスコース（談話・会話）を分析対象とする授業研究は魅力的にみえるだろう．しかし，授業研究という分野はそのままでは学問領域として成立し難い．例えば教育社会学会や教育心理学会はあっても，授業研究学会はない．このことはつまり，ディスコース分析も含めて授業研究にはその方法論においてはっきりとした輪郭を与えにくいことを意味している．

　逆にいうと，授業研究は多様な広がりが期待できる分野でもある．各研究者は，社会学，心理学，認知科学，文化人類学等々，さまざまな領域からの手法を取り入れながら，自らの課題にあわせて方法論を設計することができる．この可能性あふれる分野にこれから挑戦しようとする人たちのひとつのガイドとなることが，本章に課せられた課題である．

　そこで本章ではまず，ディスコース分析の主な3つの研究の系譜に学ぶ（第2〜4節）．つぎに，これらの研究に通底するテーマ，〈構造〉を考察する（第5節）．そのうえで，今後のディスコース分析の方向性を検討する（第6節）．

2 会話ルールのカテゴリー化

　授業中の会話を分析対象とする研究は，1960年代から70年代にかけて大きく発展した．ベラックらの研究（Bellack et. al., 1966；ベラック他，1972）は，この時代を代表するもののひとつである．この研究は，カテゴリーによるコーデ

ィングを用いたデータの数量的分析という面ではフランダースの相互作用分析（Flanders, 1970）と通じる面をもつ一方，授業をコミュニケーションととらえ，会話で用いられる言語の機能や会話のルールに注目した点で，現在に続く授業研究の領域を開いたという面をもっている．

(1) 分析枠組み

　授業のコミュニケーションを分析するためにベラックらが拠ったのが，ヴィトゲンシュタインの「言語ゲーム」の理論である．「言語ゲーム」の枠組みを援用することで，ベラックらは授業を「プレイをする人である教師や生徒が，相互に異なった役割を演ずる社会的な活動の一形態である」と定義している．この枠組みによれば，授業中の教師や生徒の発言は，将棋やチェスにおけるムーヴ（move＝「指し手」のこと）のようにゲームの基本的なルールによって導かれていると考えられ，その「ムーヴの型」や「ルールの型」を識別することによって「教室における言語的な活動の持つ機能，伝達される意味を研究すること」（ベラック，1972，p. 15. 傍点は訳者による）が可能になるとされていた．

　ここにみられるように，授業のコミュニケーションに注目するベラックらの社会学的な関心は，「ルール」や「型」として焦点化され，教室の複雑で大量の会話を分析する視点を得ることができた．こうした「ルール」や「型」という授業の切り取りかたは，つぎの3節にみるメハンの研究も含めて，これまで多くの授業研究に影響を与えている．

(2) 分析対象

　ベラックらの分析の対象は，高校の社会科の授業であった．通常の教科書とは別に国際貿易に関する小冊子をテキストとして渡し，4時間の授業をしてもらうように頼んだものであり，条件を統制する実験授業の要素をもっている．あらかじめデータの欠損などを想定して，7校19クラスでこれを実施し，そこから15のクラスを選び各4時間，計60時間の授業を分析した．

(3) データ収集法

　ベラックらは，教師の胸に差したものと生徒のあいだに立てたものと2本のマイクを用いて授業の記録を行った．この録音テープからプロトコルが書きお

こされ，素データとなった．このプロトコル起こしの方法について詳細は書かれていないが，複数人による作業であることはうかがわれる．これ以外のデータとしては，授業前後に行われたテストがある．

(4) 分析手法

ベラックらの手法の中心は，プロトコルを分類するコーディングと呼ばれる作業である．膨大な量のプロトコルデータを理論枠組みに沿ってコーディングすなわち分類しているが，具体的には以下のような段階を踏んでいる．

　手法1：コーディング前——プロトコルは一定の形式（エリート活字で4.5インチ幅）にタイプされる．この行の数で発話の長さが測定される．文字数で数えることができる日本語と違い，英語ではこれが実際的な手法と考えられる．

　手法2：コーディングシステムの構築——複数の研究者が協力して実際のプロトコルと理論的枠組みを照らしあわせながら，コードを繰りかえし修正・改良した．つまり，理論上設定されたコーディングシステムでまずは試行してみて，協力研究者間で解釈がわかれて分類できなかったデータがあった場合はコーディングシステムのほうを修正し，コーディングをやりなおすというプロセスを繰りかえすことになる．このプロセスを経て，現実的かつ有効なシステムを得ることができたとベラックらは述べている．

　手法3：コーディング——ベラックらは，教師と生徒の言語的な行為の単位を教授学的ムーヴ（pedagogical moves）と呼び，これを機能の面から「構造づけること structuring」「誘引すること soliciting」「応答すること responding」「反応すること reacting」の4つにわけた．つぎにムーヴを意味の面から「題材的意味 substantive meanings」：学習内容に関わるもの，「題材－論理的意味 substantive-logical meanings」：学習内容を取り扱う認知過程に関わるもの，「指導的意味 instructional meanings」：学習作業や教室の手続きに関わるもの，「指導－論理的意味 instructional-logical meanings」：評価や指示に関わるものの4つに分類した．

　結果的に，授業中の教師や生徒の発言は8つのコードを函数のように入れて表記された．8つのコードとは①話し手，②教授学的ムーヴの型，③題材的意味，④題材－論理的意味，⑤は③および④の行数，⑥指導的意味，⑦指導－論理的意味，⑧は⑥および⑦の行数である．例えば，「T/STR/IMX/XRL/4/

T:　I think you put the most important thing last,

but that's true. The branch office in a foreign T/REA/FOD/-/-/STA/QAL/1

country, which involves the exportation of Amer-

ican capital, is so often done to avoid paying

what? |————————— /22/14/4 T/SOL/FOD/XPL/3/-/-/-

P:　Taxes. |————————— P/RES/FOD/XPL/1/-/-/-

T:　What kind of taxes? |————————— /23 /14/2 T/SOL/FOD/FAC/1/-/-/-

P:　Import. |————————— P/RES/FOD/FAC/1/-/-/-

T:　Hm? |————————— /24 /14 /2 T/SOL/FOD/-/-/ACV/RPT/1

P:　Import. |————————— P/RES/FOD/-/-/ACV/RPT/1

T:　Why would a company open up a branch in England,

or Germany or France or Italy? |————————— /25 /21/70 T/SOL/FOD/XPL/2/-/-/-

P:　Corporation won't have to pay tax? |————————— P/RES/FOD/XPL/1/-/-/-

図1　プロトコルのコーディング例 (ベラック，1972, p. 309)

PRC/FAC/2」とは，①教師が，②構造的ムーヴで，③輸出入の問題を，④説明するのに，⑤4行を費やし，⑥授業の手続きについての，⑦事実を述べるのに，⑧2行を費やしている，ことを示している (ベラック，1972, p. 28).

　以上のように教師や生徒の発言は8つの函数のコードで表現され，比較分析や統計処理のデータへと縮約される.

(5) 分析の妥当性

　ベラックらの研究では，4人の研究者が2組のペアにわかれ，無作為に選ばれた同一の 25 ページのサンプルデータをコード化している. ペアの1人がコーディングし，もう1人がチェックする. ここで不一致があれば，協議して決定する. こうして得られた2組のコーディング結果を比較すると，教授学的ムーヴのコーディングも，4つの意味のコーディングも 84〜96% の範囲で一致したという. これをもって，このシステムは高い信頼性をもつとベラックらは結論づけている.

(6) 分析結果

　授業研究としては大規模なデータ収集と統計処理を行ったこの研究の成果は興味深い．15 のクラスで共通する一般性と，個々のクラスの特徴が同時に浮かびあがってくるのが特徴である．例えば，教授学的ムーヴの 4 分類のひとつ「誘因的ムーヴ SOL」がムーヴ全体に占める割合は教師によって様々だが，個々の教師についてみると 4 回の授業できわめて安定している——ある教師では 4 回の授業をとおして 46.0〜47.6% のあいだにあった——といった結果は興味深い．このほか，分析結果は，分析枠組みである「言語ゲーム」の「ルール」という表現でまとめられている．例えばベラックらがまとめた「一般的なルール」のひとつでは，「経済学の分野でのゲームならば，教師が，構造的ムーヴで題材的意味を開始し，それをめぐってゲームが展開される」ことや，「ゲームの題材的意味関係の薄いトピック（中略）が持ち込まれる度合は，教師の反応的ムーヴいかんによる」ことなどが述べられている．また，教授的ムーヴの連続である教授サイクルについて，「いったん起こされた教授サイクルは同じ性質のサイクルを次から次へと生じさせていく傾向にある」という「慣性の法則」は，教師主導から生徒主導へと授業を転換させようと考えている実践者には示唆深いであろう．

(7) 分析の特徴

　非常に細かい規則によるコーディングシステムに時間と労力がかけられている．逆に，コーディング後は個々の発言内容が言及されることはなく，数量的分析のみの段階へと移行する．これは最初にみたように，ベラックらの関心が「ルール」や「型」にあったことと対応している．そこでは教授内容は捨象され，コーディングされた行為のパターンが分析されている．換言すれば，社会科という科目とか国際貿易という授業の主題は，ここでは問題にされないということである．高校の授業として安定した構造をベラックらは示そうとしたものであり，内容や課題に特有の事象は研究の対象にはなっていない．

　しかし，高校生にとってやや高度な内容の授業であったために，安定的な授業がどの教室でも展開された可能性も考えられる．ベラックらの目的とは離れることになるが，同じ教師・生徒が対象でもほかのテキストを用いたときとの比較や，小学校・中学校の授業との比較といった研究も考えられるかもしれな

い.

　もうひとつ，事前事後のテストを行っているところも興味深い. ベラックら
の研究の中心はコミュニケーションのルールにあったが，他方で生徒の経験の
質を調べる意図でテストも行われているのである. 認知面および情意面でのテ
ストを行い，事前と事後を比較することによって 15 クラスの授業の効果を測
定したところ，ベラックらの結論によれば，目立った差は認められなかったと
されている. どちらかといえば講義型の高校の授業であったがゆえと考えるべ
きか，あるいは事前事後のテスト内容の問題とみるべきか，解釈がわかれると
ころであろう.

　最後に確認したいことは，ベラックらの研究は一定数以上のデータに基づく
統計的分析であるという点である. プロトコルから縮約したコードによって授
業の構造を示すというこの研究の手法は，1 から数例のデータではあまり意味
をなさないことはここまでの検討から明らかであろう (cf. 佐藤，1996, p. 92).

3　隠された構造の分節化

　1970 年代から 80 年代にかけては，社会学的な手法を取り入れた授業研究が
躍進した時代である. そのなかでもメハン (Mehan, 1979) が試みた「構成的エ
スノグラフィー」(constitutive ethnography) の手法は，I–R–E (導入—応
答—評価) という卓越した分析枠組みを提示したことによって大きなインパク
トを授業研究に与えた. この I–R–E の枠組みは現在の授業研究でも広く援用
されているが，いまいちどメハンの研究に立ち戻り，それが何を探究するため
の枠組みだったのかを検討しながら，構成的エスノグラフィーの方法論的意義
を考えてみよう.

(1)　分析枠組み

　メハンは伝統的な質問紙などによる大規模調査の教育研究を評して，学校が
「ブラックボックス」になっていると述べた. 学校教育のインプット (入学し
た生徒の学力，授業プラン，設備投資など) とアウトプット (生徒の成績の向
上など) を測定・分析するだけであって，学校のなかで授業がどのように行わ
れ，子どもたちはどのように学んでいるのかをみてこなかったことを指摘した

のである.

　また，ベラックあるいはフランダースなどの統計的な相互作用研究について
も，メハンには不満が残った．メハンによれば，これらの研究では偶発的なで
きごとがみすごされがちであり，教室のできごと（event）の組織化における
生徒の貢献を極小に見積もっていると考えられた.

　一方，メハンは自らの研究をいわゆるフィールド研究（conventional field
studies）からも区別した．メハンによれば，フィールド研究ではわずかな例
しか示せず，典型性・代表性を決定することが難しく，モデル化したときや要
約したときにその解釈の再現性に乏しいとされている.

　こうした問題意識にたって，メハンは独自に「構成的エスノグラフィー」と
いう方法論を生みだした．この方法論の前提にあるのは，社会的な構造は相互
作用的に達成されるという分析枠組みである．例えば相互作用研究が「教師の
主導」とカウントした発問・応答の場面でも，生徒の側が適切にその構造を認
識し，対応してはじめてそれは成り立っているとメハンは考えた．もちろん，
生徒は応答以上のものをやっていることも少なくなく，さらに非言語行為（生
徒が手を挙げる，教師がそっちを向いてうなずく）も含めてこうした相互作用
は観察される必要をメハンは強調している．このようにミクロな応答を厚く記
述するエスノグラフィーであると同時に，その応答が構成的に達成している相
互作用のパターンを考察するのが，「構成的エスノグラフィー」なのである.
この後段の部分に注目するならば，メハンは相互作用研究を批判しつつもその
思想を継承している部分があることがわかるだろう.

(2) 分析対象

　メハンの研究では，小学校1〜3年生の合同クラスが対象となった．観察は
まず学期始まりの第1週は毎日1時間目に行われ，その後は1カ月に1時間ず
つ学年の後半まで行われた．この対象が選ばれたのは，上述の分析枠組みと無
関係ではない．低学年の子どもたちがはじめて学校にきて学校文化にしだいに
慣れていく過程とはすなわち，学校ではどのようにふるまうのかという応答の
ルールを子どもたちが学んでいく過程であり，そこでこそメハンが観察したい
相互作用が顕在化すると考えられたからである．また，1時間目というのは，
教室のディスコースがインフォーマルからフォーマルへと変化する場面であり，

そこで教師―生徒の相互交渉が典型的に現れることが期待されたからである.

(3) データ収集法

　メハンは観察記録で主にビデオカメラを用いた. ビデオで撮影したあと, そこから音声部分を取りだしてオーディオテープをつくり, それをもとにトランスクリプトを作成するのがメハンの研究の標準的な手順である. その後ビデオをみて, 必要であれば非言語行為のデータを付加することが行われた. この非言語行為のデータは, ベラックらの研究にはなかったものである. ビデオ機器が広まりだした時代だから可能になったことでもあるが, 同時にそれは上述したようにメハンの研究の焦点とも関わっていることでもある. 後者は前者を要請し, 前者は後者を実現する関係にある. このような研究とテクノロジーの関係は, 現在でもコンピュータやインターネットなどにおいて展開しているだろう.

(4) 分析手法

　手法1：仮説的記述――上述の収集法によって得られたプロトコルデータは, あらかじめ想定されたスキーム（枠組み・図式）に沿って記述された. このスキームにはふたつの作業仮説が含まれていた. ひとつは「I–R–E」と略して呼ばれるようになった対話の構造で, 教室のディスコースが基本的に「導入 initiation・応答 reply・評価 evaluation」という3項関係で進んでいるという仮説である. もうひとつは, その進展が「順番配置」(turn-allocation) の交渉によって行われているという仮説である. 例えば「I–R–E」に関してはつぎのような例が挙げられている.

導入	応答	評価
4：39 T：では, これは誰の？	子どもたち：ヴェロニカの.	T：そう, みんな知ってたね.
4：45 T：えっと, これは誰の名前？	L：メルセデス.	T：メルセデス, そうだね.

(Mehan, 1979, p. 52)

こうして, プロトコルデータはまず仮説に基づいたスキームに沿って記述された.

手法2：スキームの再帰的検討——上の作業を観察初期のデータで行って仮の
スキームを策定したのち，メハンは観察後期のデータでもそのスキームが成立
するかどうかをチェックした．その結果，教室のディスコースには「話題群」
（topically related set）があることや，「I-R-E」が積みあげられた場面が集
合的にメタレベルの「I-R-E」を構成しているという階層構造をもつことが見
いだされた．そこでこんどは，そうした仮説を組みこんでスキームを再構成し，
再びプロトコルを記述しなおすことが行われた．この過程を経ることで，記述
はより精密に，また実践に適合するものへと修正されたのである．

(5) 分析の妥当性

　メハンは自らの方法論について妥当性の検討も行っている．「他の研究者は
われわれと同じコーパス（ひとまとまりのプロトコルデータ）を用いて同じ構
造を同定できるだろうか」，「同様の相互作用モデルを他の教室でも見いだすこ
とができるだろうか，あるいは同じクラスでも他の教師が教えたらどうなる
か」とメハンは問いをたてた．前者は「再現可能性」の問題であり，後者は
「一般化可能性」の問題である．

　まず「再現可能性」について，メハンは以下のような方法を提案した．別個
の研究者にまず，片方でメハンの記述の一部を渡し，もう一方で他の部分のコ
ーパスを渡す．これを与えられた研究者は，独自にコーパスから記述を作成し
モデル化を試みる．そうしてできたモデルの一致率で「再現可能性」が検証で
きるかもしれないというのがメハンの提案である．

　つぎに「一般化可能性」についてメハンは，「構成的エスノグラフィー」が
統計的蓋然性になじまないことを述べたうえで，「ゆるやか」（informal）な
「一般化可能性」を見積もることができると述べている．それはつまり，何ら
かの意味で人びとが行っていることは継続的かつ階層的な組織化と見なせると
いうことであり，メハンが提出したモデルはその枠組み内で再帰的に修正可能
であるということである．授業研究としてメハンが意図したのは，確定的な唯
一のインプット—アウトプットモデルの構築ではなく，ある解釈枠組みによる
エスノグラフィックな記述による接近であるので，上述の「ゆるやか」な「一
般化可能性」で十分であると考えられるのである．

(6) 分析結果

　メハンの分析は教室特有のディスコース構造を明らかにしたとともに，その可能性をも示唆している．先導と応答の2項からなる通常の対話と異なり，教室は「I–R–E」の3項によって成り立っていた．それによって，教室のディスコースは安定した秩序と自由な創造性という，相反するふたつの要素を同時にもつことができていた．つまり，「I–R–E」にのっとることは，教室のディスコースに安定性をもたらすとともに，「応答」や「評価」の場面が教師—生徒間の相互交渉で行われることによって，即興的な展開も準備することができるのである．「I–R–E」とは，教室の特殊性の表現であるとともに，教室の可能性の表現とみることが，メハンの分析の正当な評価ではないだろうか．

(7) 分析の特徴

　メハンの研究の背景には，構造主義の思想を色濃く感じることができる．例えば，「I–R–E」に関して，「導入＝I」と「応答＝R」がペアとなってひとつの「I」をなし，それに対する「R」の位置に「評価＝E」があるという見かたもそのひとつである．

(Mehan, 1979,　p. 54)

　また，あるひとつのタイプの「I–R」の連鎖に対して函数「E」がとりうる値が分岐するというつぎのモデルにもそれは現れている．

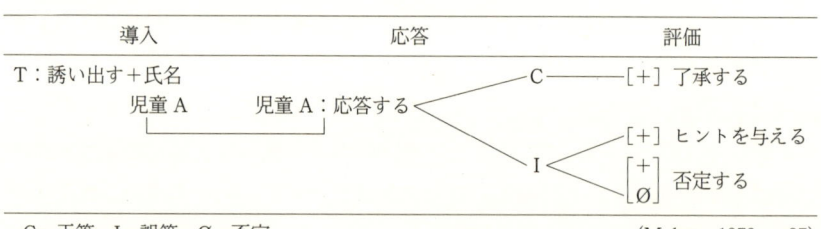

C＝正答，I＝誤答，Ø＝否定　　　　　　　　　　　　(Mehan, 1979, p. 87)

こうした点から考えれば，メハンが繰りかえしチョムスキーに言及しているのも，当然のことであろう．メハン自身も「構成的エスノグラフィー」がある種の文化人類学的手法であることを明示しているように，この研究の企図は，教室という文化に隠された構造を明らかにすることであった．メハンの言葉を借

りれば，「参加者の誰もが『知っている』けれども分節化できなかったこと」(Mehan, 1979, p. 173) を明らかにすることが，「構成的エスノグラフィー」の目的なのである．メハンの研究の斬新さと説得力には，こうした背景となる理論の強さが加わっているからであるともいえよう．

4　実践課題の顕在化

日本の授業研究にはいくつもの系譜をみることができるが，学校現場で広く支持されたもののひとつとして，奈良女子高等師範附属小学校から名古屋大学で精力的に活動した重松鷹泰の研究をここでは検討する．ベラックらの言語ゲームやメハンの構成的エスノグラフィーなどとは異なり，重松は一定の理論枠組みを採用することはなかった．また，分析の対象となった授業はあらゆる学年のあらゆる科目であった．現実の授業の内部から分析の課題を立ちあげる重松の手法は，ベラックらやメハンにはみられない，日本の授業研究の伝統のある部分をよく代表しているといえよう．しかし同時に，授業の構造への注目など共通する部分も存在していることが興味深い．以下，授業分析の方法論と事例の両者が収められている重松の著書『授業分析の方法』(重松, 1961) に即しながら，重松の分析の成果と志向を検討しよう．

(1) 分析枠組み

「授業分析は，授業そのものの改善を図ることを狙うというよりも，授業改善に貢献すべき教育理論そのものを強靭な真に実践を指導する力を持ったものにしようとする狙いを持つ」(p. 16) とされている．そのためには「実践や研究の積み重ねを，可能にする」必要があり，これを重松は「教育の科学化」と呼んでいる．このようなメタレベルの目的が共通している一方で，個々の研究の具体的な目的は，分析対象と同様に多岐にわたっている．例えば『授業分析の方法』に収録された4つの分析事例の章につけられている副題をみると，「討論とその根底について」・「ズレに着目して」・「すじ書について」・「間合いの取り方」とされており，領域として学習論から指導論まで多様な問題関心のもとに研究されていることがわかる．詳しくは分析手法のところで述べるが，授業記録から浮かびあがるその授業固有の問題が分析の焦点として設定されて

いると考えたほうがよいのかもしれない.

　そうした個別具体への志向があるとともに，一貫した思想も重松の研究に認めることができる．重松は授業研究の状況を「理論と実践の統一を強調しながら，その分裂から脱出できずにいる」ととらえ，その原因は，「授業という実践の構造的な動きが明らかにされていないためである」(p. 15) と考えた．だから，「理論と授業の実践とを明確な即応関係におき，実践を理論によって方向付けるとともに，理論を実践によって検討し，両者の接近を実現していくためには，授業という実践の構造的な動きを追究しなければならないのである」(pp. 15–16) と述べ，実践に即しつつしかも「構造」を追うことで授業の理論的な探求が可能になると考えたのである．それが重松にとっての「科学化」であった．ベラックらの「言語ゲーム」やメハンの「I–R–E」とは質を異にするが，重松もまた授業の「構造」を想定していたことは注目すべきである.

(2) 分析の対象

　重松の授業研究の分析対象は小学校の授業が中心であるが，学年や科目に限定はない．例えば『授業分析の方法』に収録されている事例をみても，4年生の国語・2年の理科・3年の社会・6年の社会と多岐にわたっている．授業のなかから分析課題を立ちあがらせる重松の手法では，すべての授業が対象となるのも自然なことであろう.

(3) データ収集法

　重松らのグループの授業研究では，1人または2人以上が教室のなかでフィールドノート（「観察野帳」と呼ばれた）に観察記録をとるとともに，録音と写真による記録が行われた．まだビデオ機器は一般に用いられるものではなかった時代であるのはベラックらと共通しているが，なおかつ写真が利用されているのが興味深い．また，これらの記録時に「机列表」（観察者側からみた机の番号と子どもの氏名が書かれたもの）を用いることがあるのも重松らの研究の特徴であり，日本の授業研究の特徴でもある.

(4) 分析手法

手法1：記録の整理——ひとつまたは複数のフィールドノートと，録音や写真

の記録をつき合わせながら，「総合記録」と呼ばれる逐語記録のプロトコルが作成される．ただし，「総合記録」の内容は発言だけにとどまらず，板書や子どもたちの身体の動きや教室の雰囲気なども適宜挿入されることがある．また，特にその教室で注目される子どもは「抽出児」として表の列を設けることもある．『授業分析の方法』では，そうした記録形式のバージョンが3つ紹介されている（pp. 59-60）．

　この段階では，「それを読んだ場合に，まさにその授業をみているかのように，情況を描き出していることがまず必要」とされ，「誰かの主観によって結晶された文学的なもの」ではいけないとされている．つまり，「総合記録」とは，それをもとにしてつぎに各種の解釈や分析が行われる，そういう素材を作成する段階として想定されているのである．

　ところで，「総合記録」では，例えば生徒をCとかPといった記号でひとくくりにすることは避けるよう述べられているところが注目される．一般に「科学化」と呼ばれるときのイメージとは異なり，この重松の研究手法では固有名が重要視され，個々の子どもの変容が分析の中心に据えられている．こうした「総合記録」の作成に，おおよそ10数時間を費やす必要がある（謄写なども含みながら）と述べられている（p. 61）．

　重松によれば，以上の作業を行う途上で「観察者たちには，その授業でとりあげて考究しなければならない問題についての予測が生じてくる」という．「グラウンデッド・セオリー」や「KJ法」のようなシステムはないが，作業途中に浮かびあがってくる「問題」というのは興味深い．この方法論によって重松の研究は具体的な実践や現場感覚に根ざした分析が可能になっていると考えられる．一方，ルールやシステムをもたない直感主義は，研究の一般性や妥当性にある程度の犠牲を強いていることも確かではある．

　手法2：「分節」――「総合記録」が作成されると，つぎに「分節」が決定される．重松にとっては，ここからが分析の最初の段階であるいう．ここで「分節」とは，「授業の流れの中における一単位」であり，「教師の指導意図と子どもたちの追究のし方（問題意識）との両面から考えて」決定するものとされている．また，「分節」の下位区分として「小節」があるともされている．

　しかし，この区切りの決定に関する手続き的なものはとくに指定されておらず，「区切り方や区切った根拠は人によってかなりくいちがう」ので「十分に

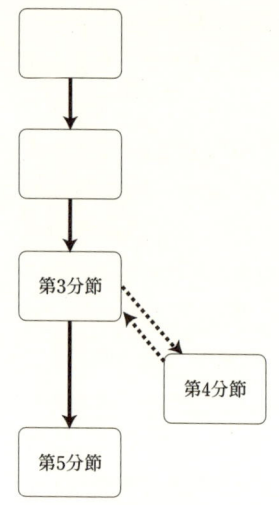

第3分節

第4分節

第5分節

(重松, 1961, p. 65)

討議される必要がある」とも述べられている．ベラックらがカテゴリーわけを厳密なシステムによって行い，一致率の検定までしていたこととくらべると特徴的である．

手法3：「**授業の構造**」──つぎに，「分節」は授業の流れを勘案して並べられ，授業の「構造」を示すことに用いられる．例えばつぎのような「構造」が例として挙げられているのだが，ここでは第3分節と第5分節の流れが「主流」で，第3分節と第4分節の流れが「わき道」と呼ばれている．ただしここでも，「主流」と「わき道」の区別を判定するシステムは特に用意されていない．

手法4：「**問題**」**の設定**──ここまでの作業を通じて，観察者にはさまざまな問題がでてくるので，それを討議し，何をその授業の分析の「問題」とするかが決定される．つまり，形式上は，授業に先立って「問題」すなわち分析の枠組みは存在していないことになる．

手法5：「**分節**」**の選択**──「問題」が決定されると，つぎに集中して分析する「分節」が選択される．これを「中核的な分節」と呼び，他の分節はこの分節との関連から分析される．ここでも「中核的な分節」の決定に関するシステムはない．

手法6：**解　釈**──「中核的な分節」を中心に，子どもたちや教師の発言は観察者のストーリーによって説明される．例えば理科の授業でしゃぼん玉を扱った授業の分析事例に，つぎのようなものがある．「高橋さんのやり方に対して杉山さんが『下に泡がぶら下がったらだめや』と発言しているのに対しては相手にならず，教師がストローの大きさを問題にしながら，念のため『小さくても大きいのができる？』とたしかめたのに対して，『うん大きなんできるよ』と私語している．森君としてはゆっくりふくことを重視しているからである．」(p.146)

このように，発言相互の連関，あるいは発言と行為の連関が解釈されることが，重松の授業分析の重要な部分を占めている．こうした解釈をとおして，例えば「教師と子どもとのズレがどのようにして生まれるかどのような形態をと

るか，について，若干の見通し」を得ることができるのである.

(5) 分析の妥当性

　ここまでの検討からもわかるように，重松の分析において妥当性は重要な問題とは考えられていないといってよいだろう. 少なくともベラックらのような狭い意味での妥当性は考慮されていないし，またそれが可能な分析手法でもない. 分析に関わる妥当性の基準は独自に設けていたのかもしれないが，ここで直接それを検証することは困難である.

(6) 分析の結果

　以上に記した手法からもうかがえるように，重松の分析では現実の個別の授業に問題意識の多くが向けられており，分析の結果も，先に各章の副題でみたように個々の分析ごとにさまざまである. また，分析手法6でみたように，分析の結果は解釈的記述という外見をもっている. その限りでは重松の分析はつねに事例研究でありつづけるもので，法則の定立は直接の目的とはならないし，仮説の検証というスタイルもとらない. ただ，こうした解釈の積み重ねによって，ある視点を確立したり，理論の基盤を形成したりすることを目的としているのであり，それが重松にとっての教育研究の「科学化」であった.

(7) 分析の特徴

　現場との協同という文脈を抜きにして，いま授業研究者がそのまま重松の手法を採用することは難しいかもしれない. この手法は，特に校内研究会のような場面で有効であろうと考えられる.

　一方，アカデミズム志向の研究であれば，「分節」という授業の切り方を援用することで，観察対象となった授業間の質的差異を際立たせる手法（秋田・市川・鈴木, 2003）が考えられるかもしれない. また，数量的分析と組みあわせる（柴田, 2002）などの方法で，重松の遺産が生かされる方向も期待されるだろう.

5　ディスコース分析における〈構造〉

　ここまでみてきたディスコース分析の3つの系譜では，いずれも何らかの意味での構造が分析の焦点となっていた．これはなぜだろうか．

　例えばこんなことを考えてみよう．誰かが握りこぶしをぬっと突きだしたとき，どんな解釈があるだろうか．それを「石だ」という解釈があったり「おまんじゅうだ」という解釈があったりしたとして，いったいそこで妥当性はどのように争われるのだろうか．結論からいえば，この争いに決着はつかない．「100人が独立に解釈したところ，○○％の人が『おまんじゅう』だと解釈しました」という，一致率に関する妥当性の形式的主張もあるかもしれないが，それがどれほど説得的かなのかについては疑問が残る．「石だ」，「いや，おまんじゅうだ」という争いは永遠に続くだろう．

　しかし，ここにV字の2本指と，開いた手のひらという観察データを加えて，「石とハサミと紙から成るルールによるゲームです」と解釈したとき，様相は一変する．「その解釈はどのような条件でも成り立つのか？」「もし一方が親指1本を差しだしたらどうなるのか？」「2人ではなく3人のときは，ルールは変化するのか，しないのか？」という疑問が生まれ，研究のコミュニティが動きだす．「石」という解釈は，「ルール」という構造のうえで成り立つ（あるいは成り立たないという嫌疑の対象となる）ことができる．

　この例からわかるように，解釈というディスコース分析に必須の段階において，構造は決定的な役割を果たす．構造をもった解釈によってはじめてその研究はアカデミズムの俎上に載せられ，妥当性の検討も含めて議論の対象となる．いわゆる自然科学のような再現可能性や追試といった方法論をもたないディスコース分析の研究では，解釈に安定性と妥当性を与えるために，構造は不可欠の要素といえるだろう．

6　これからのディスコース分析

　ベラックや重松から数えて50年近くになろうとする授業のディスコース分析には，これからどのような展開が要請されているのだろうか．その方向性を

考えながら，新しい分析概念を検討してみよう．

　現在の談話研究の成果を概観した秋田（2002）は，「学習を目的とする授業場面での談話において，どのような談話が学習をいかに深めるのかという談話と学習の関連を実証的に分析した研究はまだ多くはない．教育実践としての授業における集団での談話と学習の過程を検討していくことは，今後に期待される課題といえるだろう」（p. 190）と述べている．この指摘に従うならば，授業研究における談話すなわちディスコースの研究は，学習のプロセスに即して，学習内容との連関を意識しながらディスコース構造の分析を進める必要があるだろう．

　これまで，独特のルールをもつ教室のディスコース構造は，メハンの「I–R–E」を代表としてさまざまにモデル化されてきた．今後は，①そうした構造はどのように維持されたり変化させられたりするのか，②そのプロセスのなかで子どもたちの学習はどのように成立しているのかを問う研究が求められている．このふたつの方向性に有力な道具だてと期待されるのが，「会話フロア」（conversational floor）と「アプロプリエーション」（appropriation）という概念である．

(1)「会話フロア」

　「会話フロア」とは，「話し手が発言権を維持し，聞き手がそれを承認している際に形成されている会話の権利と義務の関係を指している」概念である（金田，2000）．もともとは，イタリア系アメリカ人家庭の夕食場面を観察したシュルツら（Shultz, Florio, & Erickson, 1982）が見いだしたもので，次のページに示すような4つのタイプに分類されていた．シュルツらはこれを用いることで，家庭と学校の会話の様相の差異を表現し，学校のディスコースに乗れない子どもたちの困難を描いた．

　この概念は，例えばメハンが「順番配置」と呼んだ時系列の社会的相互作用を，空間的に再構成する媒介として有効であろう．つまり，その瞬間ごとに「導入」する権利が誰に所有されているかを，「会話フロア」によって記述することができるのである．

　さらに「会話フロア」によって「先導」の移行が記述可能になると，移行場面での談話内容を比較検討することによって，何がその移行を決定しているの

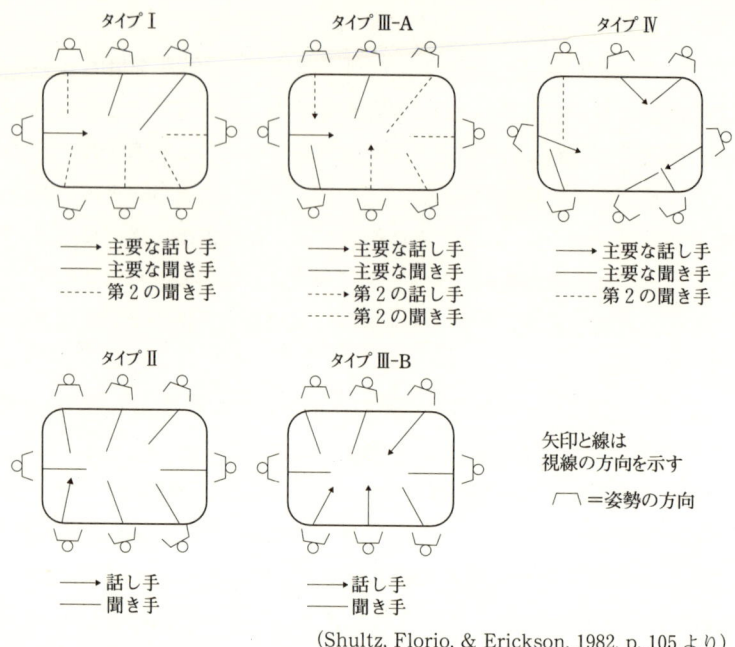

(Shultz, Florio, & Erickson, 1982, p. 105 より)

かを記述することも射程に入ってくる.

　例えば小学校 4 年の社会科の授業を観察した金田 (2001) は，教師が子どもたちのつぶやきをモニターしながら，意図的に「会話フロア」を多層化している様子を記述している．そこでは，子どもたちはメインのフロアとサブのフロアを往来し，個々の問いが全体の課題に広がるような瞬間が生まれていた．学習の深まりと広がりを追求するために教室内の役割関係を編みなおすという，教師の即興的な方略が，「会話フロア」の概念によって明らかにされたのである．こうした分析は，I-R-E の枠組みの可能性をさらに広げることであろう.

(2)「アプロプリエーション」

　ヴィゴツキーの心理学を基盤とする社会文化的アプローチには，共同体の参加者が言葉（心理的道具）を分有しながら使用し，それを発達させていくプロセスを学習と見なす視点がある．その分有と使用による学習の記述概念が「アプロプリエーション」（領用）である．この概念を用いて，教室で語られている言葉の深化から子どもたちの学習の進展を記述することが試みられている.

図2 「アプロプリエーション」ゆたかな授業風景

　例えば筆者が観察したある小学校の理科の授業では，人体の血液循環について子どもたちが話しあうなかにつぎのような発言があった（以下，引用文中の氏名は仮名）．

> 雅俊：…心臓からはじまるどっきんどっきんというのはその，ポンプの役割をしていると思うんだけど（神崎先生「うん」），心臓だけの力じゃ，たぶん全部行かないと思うから，こんな足の先まで，だから，途中のその<u>中継地点</u>として（神崎先生「うん」とやや強くうなずいて），こんどはこっちの脈で，こっちの力で動かしているんだと思います．
> ⇩
> 沙織：さっき言ったように，（このあと少し口ごもるが，言い直すようにはっきりと）血液の中の栄養を運んでいる何かが栄養をあげて，いらないものをもらったら，そのそこ（黒板に書いてある「中継地点」を指して）に書いてある私が言った<u>中継地点</u>で，その血液の中の，さっきあったいらないものを<u>中継地点</u>の何かにタッチして，それで，またそれが別のところに……

　ここで雅俊は，「中継地点」という半ば抽象的な言葉を用いながら，血液循環の中途に何らかの器官が必要であることを主張している．この「中継地点」は，その後ほかの子どもたちにも「アプロプリエート」（領用）されながら，意味内容が増えていった．例えば上記の沙織は，血液中の老廃物交換にあずかる器官の存在を「中継地点」に託して述べている．この「中継地点」のように，子どもたちは自分たちの実感に根ざしながらなおかつ抽象的な科学の理論を語

る言葉をもち，それをお互いに利用しあっている．こうした「アプロプリエーション」という形式で科学的な思考を深めていくプロセスは，ほかの多くの授業でも認められるだろう．

　さらに，「アプロプリエーション」は「間接話法」(Wertsch & Toma, 1995; 村瀬，2000) を典型とする言葉の借用 (Wertsch, 1998; ワーチ，2002) によって成り立っているので，誰から誰への借用が行われているのか，あるいは行われていないのかを追うことによって，その教室のディスコース構造の特徴を記述することができる．

　例えば，ある小・中学校の理科の授業を比較した酒井・金田・村瀬 (2002) は，つぎのような小学校6年の理科授業の事例を報告している．

　A教諭：酸素が多かったというふうに自分たちは判断しましたと，そういう報告ですねえ．はい，ありがとうございます．じゃ，別の方法というのありますか．はい，どうぞ．

　これは，燃焼により酸素が減ることを確かめる実験について子どもたちから発表を聞いたあとの教師の応答である．この教師は，生徒の主体性を尊重し，教師の権威をできるだけ排除しようとする授業信念をもっていた．そのため，生徒の発言を評価する言辞をできるだけ避け，上のように直接話法によって聴きとることに専念している．しかし，そのために生徒の経験は「報告」というカプセルに閉じ込められてしまい，生徒どうしの発言と発言のあいだで意味の交渉を行う機会が失われてしまうという結果を生んでいた．こうしたディスコース構造では，「アプロプリエーション」によって認識を深めることが困難となり，生徒の「主体的な学習」という教師の授業意図がかえって実現しにくくなるという問題が指摘されている．

　このように，「アプロプリエーション」の概念は，ディスコースの構造を示しつつ個々の学習の展開を追跡する分析に力を発揮すると考えられる．

●さらに学びたい人のために●

　教室での学習を協同構成活動とみなすならば，社会文化的アプローチの研究は上述の「アプロプリエーション」をはじめとして多くの示唆を授業研究に与えてくれます．たとえばこの分野の最先端で事例も豊富な石黒広昭（編著）(2004)『社会文化的アプローチの実際──学習活動の理解と変革のエスノグラフィー』は，刺激的かつ学ぶと

ころの多い1冊になっているでしょう．そのほかディスコース分析の古典からレビュー論文までは，コラム「ディスコース分析を学ぶために」を参照してください．

参考文献

秋田喜代美（2002）教室における談話．稲垣佳世子・鈴木宏昭・亀田達也（編著）認知過程研究――知識の獲得とその利用　放送大学教育振興会，pp. 180-191.

秋田喜代美・市川洋子・鈴木宏明（2003）授業における話し合い場面の記憶――参加スタイルと記憶．東京大学大学院教育学研究科紀要，42, 257-273.

Bellack, A. A., Kliebard, H. M., Hyman, R. T., & Smith, F. L. Jr. (1966) *The Language of the Classroom.* New York: Teachers College Press.（木原健太郎・加藤幸次訳（1972）授業コミュニケーションの分析　黎明書房.）

Flanders, N. A. (1970) *Analyzing Teaching Behavior.* Reading, MA : Addison-Wesley.

石黒広昭（編著）(2004) 社会文化的アプローチの実際――学習活動の理解と変革のエスノグラフィー　北大路書房.

金田裕子（2000）教室の参加構造に関する研究の展開．教育学研究，67(2), 201-208.

金田裕子（2001）協同的な学習の参加構造における教師の役割：社会科討論場面における対話的・多層的な会話フロアの組織．日本教師教育学会年報，10, 92-103.

Mehan, H. (1979) *Learning Lessons.* Cambridge, MA: Harvard University Press.

村瀬公胤（2000）教室における科学的認識の構成過程――ドライバーの「文化的道具」を中心に．教育方法学研究，25, 29-37.

酒井　朗・金田裕子・村瀬公胤（2002）教師のビリーフと教授行為との関連からみた授業の教育臨床学――小・中学校における理科の授業の比較分析にもとづいて．お茶の水女子大学人文科学紀要，55, pp. 167-191.

佐藤　学（1996）教育方法学　岩波書店.

柴田好章（2002）授業分析における量的手法と質的手法の統合に関する研究　風間書房.

重松鷹泰（1961）授業分析の方法　明治図書出版.

Shultz, J. J., Florio, S., & Erickson, F. (1982) Where's the floor?: Aspects of the cultural organization of social relationships in communication at home and in school. In P. Gilmore & A. A. Glatthorn (eds.), *Children in and out of School: Ethnography and Education.* Washington, D. C.: Center for Applied Linguistics. pp. 88-123.

Wertsch, J. V. (1998) *Mind as Action.* New York: Oxford University Press.（佐藤公治他訳（2002）行為としての心　北大路書房.）

Wertsch, J. V. & Toma, C. (1995) Discourse and learning in the classroom: A sociocultural approach. In L. P. Steffe & J. Gale (eds.), *Constructivism in Education.* Hillsdale, NJ: Lawrence Erlbaum. pp. 159-174.

コラム——ディスコース分析を学ぶために

村瀬公胤

　教育におけるディスコース分析研究は，社会言語学や社会文化的アプローチによる研究を背景にこれからさらに増えていくだろう．そのなかにおいて，本文で紹介した Mehan (1979) は古典となりつつあるが，学ぶべきところも多々ある．先行研究の整理と自らの研究の位置づけかた，研究手続きの叙述スタイル，妥当性の考察の明快さなど，バランスのとれた見本として読むことができるだろう．

　また，メハンの共同研究者であるキャズデンにも数多くの著作があり，こちらもぜひ読んでおきたい．とくに Cazden (1988) は代表作として多くの研究者に読まれてきたが，最近これに加筆した第 2 版 (Cazden, 2001) が出版された．この 2001 年の第 2 版では，1988 年版の内容に新たに加えた部分も少なくなく，興味深いものとなっている．とくに眼をひくのは，本文で紹介したアプロプリエーションの概念など社会文化的アプローチの理論がおおいに取りいれられている部分である．また，1993 年の Wells の提起を受けて I–R–E の E（評価）のステップに F（フィードバック）を重ねあわせているところも注目に値する．これらの新しい知見を組みこんだ 2001 年の第 2 版は，今後のディスコース分析研究の基本的なテキストの 1 冊と考えてよいだろう．

　キャズデンのこの 10 年あまりの変化が表しているように，ディスコース分析の理論は 1990 年代に大きく変化をとげた．その変化に貢献した主な研究を概観するには，以下の 2 冊がよいだろう．

　まず Forman ら (1993) は，80 年代からの北米におけるヴィゴツキーの再評価を背景とする学習・発達研究の大きな流れの集大成である．編著者計 35 名による 14 の章と 3 つのコメンタリーには，理論研究も事例研究も含まれ，研究対象も教室の内外におよんでいる．一流の研究者たちが研究の広さとおもしろさをみせてくれるこの 1 冊は，社会文化的アプローチを学ぶには最良のテキストといえる．

　つぎに Hicks（1996）もまたうえと同じく社会文化的アプローチの流れに位置しているものだが，本章の対象である教室内のディスコースに焦点を当てて編まれているのが特徴である．分析事例が豊富に載せられており，ディスコース分析の方法論を学ぶには欠かせない1冊である．

　一方，国内の研究に目を転じてみるならば，まず秋田（1998）が有益な文献として挙げられるだろう．これは教育心理学を中心としたディスコース研究の網羅的かつ詳細なレビューであり，この分野の文献が一覧できるとともに，国内（および国外）の研究動向を知ることができる．

　また，同時期に出版された平山（1997）では，各教科の授業に即したディスコース分析の事例をみることができる．理科，国語，算数・数学，道徳といった教科の授業がさまざまな手法で分析されており，おおいに参考になる1冊であろう．

秋田喜代美（1998）談話．児童心理学の進歩　1998年版　金子書房，pp. 53–77.

Cazden, C. B. (1988) *Classroom Discourse: The Language of Teaching and Learning*. Portsmouth, NH: Heinemann.

Cazden, C. B. (2001) *Classroom Discourse: The Language of Teaching and Learning*, 2nd ed. Portsmouth, NH: Heinemann.

Forman, E. A., Minick, N., & Stone, C. A. (eds.) (1993) *Contexts for Learning: Sociocultural Dynamics in Children's Development*. New York: Oxford University Press.

Hicks, D. (ed.) (1996) *Discourse, Learning, and Schooling*. Cambridge University Press.

平山満義（編）(1997) 質的研究法による授業研究——教育学／教育工学／心理学からのアプローチ　北大路書房.

Mehan, H. (1979) *Learning Lessons: Social Organization in the Classroom*. Cambridge, MA: Harvard University Press.

4章・エスノグラフィー
私と世界との対話

志水宏吉

1 エスノグラフィーの考えかた

(1) エスノグラフィーとは何か

翻訳としてのエスノグラフィー：「エスノグラフィー」は，英語では「ethnography」である．「ethno」という語は，ご存知のように，「民族の」「人種の」を表す接頭語である．また，「graphy」は，「～を書いたもの，描いたもの，記録したもの」を意味する接尾語である．そこで，「ethnography」は，「民族誌」としばしば訳されることになる．

　もともとエスノグラフィー（以下，文脈に応じて「エスノ」と省略する）とは，人類学の領域で生みだされ，発展してきたものである．西洋の大学の学者（白人男性であることがもっぱらだった）が，南太平洋上の孤島やアフリカ大陸の高地にでかけていって，現地の人びとと生活をともにするなかで，彼らの言語や風俗習慣になじんでいく．やがて国に帰ったその研究者は，そのフィールドワークの成果を論文にまとめ，「〇〇族の文化」を描いたエスノとして発表したのである．

　私たちが現在行うエスノでは，そのような「全くの異文化」を扱うことはまれである．「小学校の教室」であることもあれば，「学童クラブ」であることもあるだろうが，ほとんどの場合，その対象となるのは，いくぶんかは調査者にとってなじみのある場だといってよい．海外の学校などでフィールドワークをする場合でも，そこで展開される光景は多かれ少なかれなじみのあるものであり，たとえ話されている言語が理解できない場合でも，おおよその察しはつく．ただし，いくら察しはつくとはいっても，それが正しいかどうかの確証はない．さらに，見た目は似通っていても，その中身はずいぶんと異なっているということは，いくらでもありうる．日本の教室と韓国の教室は似ているが，そこで

行われている教育の実際とその背後にある教育の論理には大きな隔たりがある
かもしれないのである.

　ヴァン＝マーネンは,『フィールドワークの物語』(ヴァン＝マーネン, 1999)
というタイトルの興味ぶかい著作のなかで,「エスノグラフィーは, 二つの世
界, 二つの意味体系の間に位置している」(p. 24) と指摘している. ここで指
摘されているのは, エスノグラフィーは, 当事者の文化を観察者の文化体系の
なかに翻訳することであるという視点である. 見知らぬ〇〇族の生活様式の場
合は, その「翻訳」は大胆で野心的なものになるだろう. かたや, お隣の国・
韓国の教室の場合は,「翻訳」のしかたは, より細心かつ周到なものでなけれ
ばならない. いずれにしても, エスノは, ある「異文化」を, 自らが属する文
化を共有する人びと (＝読者) に理解可能なかたちで提示しようとする営為に
ほかならない.

　ふたつの世界の旅人として：最も単純に定義するなら, エスノグラフィーとは,
「フィールドワークに基づく文化の記述」ということになる. そのとき,「私」
は,「フィールドワーカー」と「書き手」というふたつの役割をもつことにな
る.

　まず「私」は, その「異文化」の世界にフィールドワーカーとして入ってい
かねばならない. そして, その地で生活する人びととのかかわりのなかから,
彼らが有する文化のありように対する理解を深めていく. エスノの中心には,
「参与観察」(participant observation, (3) 以下で後述) があるといわれるゆ
えんである. 多くの論者が指摘するように (佐藤, 1992；志水, 1998；箕浦,
1999), その過程のなかで,「私」と人びととのかかわり, そして「私」にとっ
ての「異文化」のみえかた, さらには, しばしば「私」自身のありようそれ自
体が, 時の経過とともに変化していくことになる. いずれにせよ,「私」にと
っての「異文化」のみえかたが安定してきたとき, フィールドワークは後半戦
を迎えることになる.

　やがて「私」は, 対象とする「異文化」を,「自文化」を有する人びとにど
のように提示すればよいかを考えはじめる. フィールドワーカーが, 書き手と
しての相貌を帯びはじめるのである. 書き手としての「私」は, どのように書
こうかと思案しはじめるのだが, その際に, 読み手を「仲間の研究者」ととる
か, あるいは「一般の人びと」ととるかで, おのずと書きかたは変わってくる

であろう．前者の場合は，より理論的に書かねばならないし，後者の場合なら，もっぱらわかりやすさを旨としなければならない．すなわち，「自文化」をどう設定するかによって，書かれるエスノの内実も変化してしかるべきなのである．

　エスノグラファーとしての「私」は，峠に立つ旅人のようなものである．その峠からは，ふたつの世界がみえる．フィールドワーカーとしてみる異文化の世界と，書き手として対面する自文化の世界．そのふたつの世界の風景は峠のところで接しているが，お互い同士は視界を遮られており，「別世界」を構成している．翻訳家であるエスノグラファーは，ふたつの世界を自由に行き来する旅人でもあるのだ．

　二重の解釈学：エスノの中心的な営為は，「当事者がそのなかで生活している文化を，彼らの主観的意味づけに即して記述すること」にある．決定的に重要なことは，彼らの文化に，そとからの枠組みをあてはめることではなく，内側の視点から生き生きと描きだすことにある．

　第 I 部 4 章でもふれたが，〈エティック〉(etic) と〈イーミック〉(emic) という用語がある．これは，言語学の領域で生みだされた術語であるが，今日では，研究者の，研究対象に対するスタンスの違いを位置づけるために広い範囲で用いられている言葉である．まず〈エティック〉な研究であるが，これは，「研究者があらかじめつくった枠組みを研究対象にあてはめて考察・検討する」タイプの研究をさす．一方，〈イーミック〉な研究とは，「現地で集めた材料から，ボトムアップ的にカテゴリーなり枠組みなりを作りあげる」タイプの研究をさす．前者がトップダウン型・"天下り式"のスタイルであるのに対して，後者は"たたきあげ式"と表現してよいであろう（佐藤，1992）．

　昆虫採集を例にとるなら，集めた昆虫を既存の図鑑によって整理していくのが〈エティック〉な視点，集まった昆虫のまとまりから独自の体系をつくっていこうとするのが〈イーミック〉な視点ということになろう．どちらのスタンスが本質的に優れている，といった問題設定はここでは必要ない．問題関心や研究対象の特徴に応じてどちらかのスタイルを採用すればよいのだが，ここでのポイントは，エスノグラフィックな研究は，その特性からして〈イーミック〉でしかありえないということである．言い換えるなら，当事者の視点からスタートしない研究は，およそエスノと呼ぶことはできないのである．

　とはいうものの，当事者の世界を描きだすことができれば，それで事たりるかといえば，決してそうではない．それで十分と見なされるのは，ある種のルポの世界であり，"突撃取材"の世界である．エスノにおいては，「当事者の主観的世界を，歴史・社会的なコンテクストに適切に位置づける」という作業が不可欠となる．「彼らは，○○という考えかたをもっている．それは，△△という歴史・社会的な状況のもとにあるからだ」という語り口がのぞまれるのである．ギデンズはそれを，「二重の解釈学」という言葉で呼んでいる（ギデンズ，2000）．優れた社会科学的研究であるためには，エスノは，「二重の解釈学」の基盤のうえに構成されていなければならない．

(2) 様々なエスノグラフィー

　包括的なエスノグラフィーと個別的なエスノグラフィー：欧米の研究では，「マクロなエスノグラフィー」と「ミクロ（マイクロ）なエスノグラフィー」という区別がなされることがある．前者（マクロ）は，ある部族社会なりある社会集団なりの生活の諸側面から，文化を巨視的に描きだそうとするのに対して，後者（ミクロあるいはマイクロ）は，親子の相互行為といったものに注目して微視的に当該文化を描きだそうとするものである．当然のごとく，前者は主として人類学者・社会学者，後者は心理学者のしごととなる．また，教育の領域に限っていうなら，そのふたつのタイプの中間に位置する「ミドルレンジのエスノグラフィー」とでも呼ぶべきものが，現状では多く産みだされている．これは，特定の学校なり，特定の教室なりを対象としたエスノである．

　それと関連して，ここで私が「包括的なエスノグラフィー」と「個別的なエスノグラフィー」と名づける，異なるタイプのエスノの存在を指摘できる．前者は，ある集団なり組織なりの「文化の全体像」を，後者は，「文化の特定の側面」を描こうとするものである．例えば，小学校を扱うミドルレンジのエスノの場合でも，「変革期にある日本の小学校文化」の特性を描きだそうとする包括的エスノもあれば，「教師の評価活動」や「総合的学習」などに焦点を当てた個別的エスノもある．

　かつてのローレンの『日本の高校』（ローレン，1988）やカミングスの『ニッポンの学校』（カミングス，1981），あるいは私自身が著した『よみがえれ公立中学』（志水・徳田，1991）や『学校文化の比較社会学』（志水，2002）は，包括的

エスノを目指したものだといえるが，今日ではむしろ，様々な教育の場を扱った個別的エスノが続々と生産される状況が続いている．私自身は，エスノは基本的に包括性や全体性を志向すべき（「文化」の全体像を提示すべき）だと考えているが，かといって，個別的エスノの意義を否定するものではない．個別的な事例研究の蓄積が，やがて「大きな絵」とでもいうべき，ある文化の一般的記述につながるだろうと思うからである．

　いろいろな書き方：エスノグラフィーの書きかたには，実に様々なバリエーションがある．

　かつて私は，様々なエスノグラフィーを「科学的エスノ」「職人的エスノ」「実験的エスノ」の3つの見出しのもとに整理したことがある（志水，1996）．第一のタイプは，客観性や妥当性といった「科学的」基準を重視したもの，第二のタイプは，著者の「職人芸」的な技能や才覚に基づいて作成されたもの，そして第三のタイプは，近年の科学観の刷新に基づく様々な実験的試みを総称したものである．

　エスノの基本的性格については，佐藤郁哉の「文学と科学にまたがる性格をもつ文章」（佐藤，1992, p. 45）という知られた定式化がある．これは，私自身の実感にも近い．エスノの作成には，みたものを的確に，かつ印象的に読者に伝えるための文学的センスがやはり不可欠である．しかしながら，他方，私たちは論文としてエスノを作成するかぎりにおいて，各種の科学的な基準や体裁と無縁ではありえない．いきおい私たちが書くエスノは，文学と科学の性質をあわせもつハイブリッドな書きものとならざるをえない．

　それと同時に，エスノは，筆者の個人的な経験に由来するものである一方で，当該文化を俯瞰できるような超越的な視点をも有していなければならない．個人的体験のレベルに自閉していては，その書きものは日記や体験録と同一のものとなってしまうし，逆に抽象的普遍化の傾向が行きすぎれば，書かれたものは非人格的で味気のない行政的文書のようになってしまう．その意味でエスノは，具体と抽象の絶妙なバランスのなかで成立すべき書きものだということもできる．

　先にふれたヴァン＝マーネンは，こうしたエスノグラフィーというジャンルの特徴をふまえたうえで，「写実的物語」「告白体の物語」「印象派の物語」という3つのタイプを提示している（ヴァン＝マーネン，1999, 3-5章）．「写実的物

語」（realist tales）とは，ある文化を三人称的観点から，誠実かつ細部にわたるかたちで描きだそうとするものである．それとは対照的に，「告白体の物語」（confessional tales）とは，著者の一人称性が強く打ちだされた，内省と感情移入を特徴とする書きものであり，著者がフィールドに受けいれられ，自己変容をとげていくプロセスが重視される．また，最後の「印象派の物語」（impressionist tales）は，同じく「私」という一人称性を重視するが，劇的な回想や喚起力のある言葉の使用によって，伝達すべき文化を読者に強く印象づけようとする動機を強くもつ．

　このようにエスノは，様々な書きかたのバリエーションを有しており，そこには単一の正統的な書きかたなどない，ということを理解していただけよう．エスノに着手しようとしている皆さんは，自らが追究する問題の性質と，想定される読者層との関係で，自らのエスノのスタイルを選択していただきたい．

2　エスノグラフィーの方法

　ここで，具体的な手法の問題へと論を進めていくことにしよう．図1は，一般的なエスノの進め方を図示したものである．

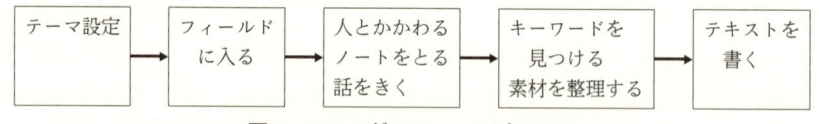

図1　エスノグラフィーのプロセス

　図1の流れにそって，図のなかにある8つのトピックについて，基本的な事項を論じていこう．

(1) テーマ設定

　第Ⅰ部の4章でもふれたように，私が教育研究に携わるようになったきっかけは，大学の学部学生時代に，自分の学校体験の意味を改めて考えてみたいと思ったことにあった．特に，中学校という世界が，私にとっては“謎”であった．むろん，私自身もかつては中学生であったから，中学校の世界はなじみがないわけではない．しかし，20代後半になり，教育社会学という学問のメガネをつけた私は，「うちなる異文化」としての公立中学校の教育の実相に迫り

たいと考えたわけであった.

　当時の私には, 中学校をみたいという, 「やむにやまれぬ」気持ちがあったように思う. そのころのわが国の教育研究の世界には, まだフィールドワークやエスノグラフィーという考えかたが導入されていなかったため, 私は, 自分がやりはじめたことを明確にそれとは認識していなかっただろう. ともかく「中学校のなかで, 教育作用と選抜作用とが, どのようにリンクしているのか」という疑問が, 私の頭のなかで大きく渦巻いていた. その問いに促されるように, 私は中学校の世界に飛びこんだのであった.

　こうした自らの経験を振り返ったとき, 「問い」(=リサーチ・クエスチョン) というものの決定的な重要性に気づかされる. すなわち「何のためにフィールドに入るのか?」, 「どういう問いに答えるためにエスノをやるのか?」ということが, はっきりしていなければならないのである. 逆に, 明確な問題意識があるなら, 極端にいえば, そのフィールドワークの成功は, 半分は約束されたようなものである.

　では, どうすれば, 明確な問題意識, 適切なリサーチ・クエスチョンをもつことができるのか. 差しあたり指摘することができるのは, 以下の2点である. 第一に, 自分自身の「こだわり」に気づくこと. 第二に, できるかぎり広い範囲の先行研究にあたること.

　自分自身のこだわりに気づくこと. 教育研究を志す人の多くは, 個人的な教育体験をベースにして自己の問題関心を育んでいる. というか, 個人的な経験に根ざさないような問題関心は, 果たして長続きするのだろうかという疑問が私にはある. 人は「こだわり」があるからこそ, 調査・研究に着手できるし, 長期にわたるフィールドワークを継続することができる. 別に何の「こだわり」もないという人は, フィールドワークに入るべきではない. 「しんどい」だけだからである. 自分の心の声に耳を傾けてみよう. 教育のどこに問題があると思うのか, 何を知りたいと思っているのかを明確にしてみよう.

　先行研究にあたることは, 自分の「こだわり」を, 学問上の明確な問題意識や適切なリサーチ・クエスチョンに彫琢していくうえで, 大きな役割を果たす. 先行研究のレビューは, 学問の世界において, 何が, どのように問題とされてきたかを, はっきりと解きあかしてくれる. 本や論文を読むことで, 人は, 自分自身の経験や「こだわり」に, コンテクストを付与することができる. 「あ

あ，私の経験は，こういう意味をもっていたのか．こんなふうに解釈すること
ができるのか.」このような思いを抱いたことがある人は多いのではないだろ
うか.

　いま一度いうなら，「納得できる問い」をもつこと．それができない人は，
エスノグラフィーをすべきではない．また，したとしても，決して満足のいく
成果を得ることはできないだろう.

(2) フィールドに入る

　問いがたったら，今度は，フィールドを決めなければならない．私の場合は，
最初の中学校の場合をふくめ，かなりの調査で，人づてに紹介された学校を対
象校としてきた経緯がある.

　原理的にいうなら，自分の問いにとって最適だと思われる対象をあらかじめ
選択するのが最上であることは疑いがない．量的調査においては，「ランダム
サンプリング」（無作為抽出）という方法が理想的な標本抽出法とされている
が，エスノグラフィーでは，「理論的サンプリング」という考えかたが重視さ
れる．これは，「理論を産出するために行うデータ収集のプロセス」（グレイザ
ー＆ストラウス，1996, p. 64）とされる．簡単にいうなら「たたきあげ式」に作
りあげられつつある「枠組み（＝理論）の妥当性を高めるような事例を選択し，
さらなるデータを集める」というやりかたのことである．具体的にいうなら，
あるエスノグラフィックな研究において女子高校生の生徒文化の類型が提出さ
れたとすると，それとは異なる特性を有する別の高校を選定し，その類型の妥
当性を検証しようとする営為がそれにあたる.

　しかしながら，実際にはそのような理論的観点からみた場合の理想的事例を
見いだすことは，それほど簡単ではない．さらに，候補となる事例が見つかっ
た場合でも，そこからOKがでて，首尾よくフィールドに入ることができる
という幸運に恵まれることも，そう多くない．端的にいって，なかなか「受け
いれ」を認めてもらえないのである．基本的に，「現場」側の好意という僥倖
に恵まれて，私たちはフィールド・エントリー（フィールドに入ること）を果
たすことができると考えるのがよいだろう．そこで，エスノを書くに際しては，
自分の事例の「理論的位置づけ」をあとから工夫することになるのだが，それ
については本章の3節で改めて振り返ることにしたい.

　さて，フィールドに入るに際しては，その時点で，調査の目的と具体的な調査活動，および結果の公表のしかた（卒論を書く，学会で発表するなど）等について，先方にはっきりと了解をとっておくことがのぞましい．欧米では書面を交わすことが一般的なようであるが，近年では私も，学生・院生たちには，書面を携えてお願いにいくようにすべきだと指導している．

　というのも，かつてつぎのような「事件」を経験したことがあるからである．障害児教育に関心のある学生が，ボランティアで肢体不自由児の介護を，統合教育を推し進めようとしている小学校で行っていた．やがて彼女が修士論文を書く段になって，その子どもの教室体験をクラス担任や級友や介助者である自分とのかかわりをふくめて書くことにした．そのこと自体については学校側の了解を得たのであるが，実際に修論ができあがった時点で，学校・担任サイドからこのような内容のものを修論として提出することは認められないというクレームがついたのである．先方の主張は，彼女は介助者として学校に入ったのだから，その経験を論文にするというのは約束違反であるというものであった．それほど過激な内容が書かれていたとは思わないが，多少とも批判的なトーンを帯びた論文の中身をみて，先方は態度を硬化させたのであった．

　何度かの話しあいによってその一件は何とか落着したが，このような事例は近年では枚挙にいとまがない．フィールドワークに基づく研究の流行は，私たちにこの種の倫理的問題を突きつけるようになってきている．

(3) 人とかかわる

　具体的に「現場」でフィールドワークをはじめたら，おそらく最も気をつかうのが，フィールドの人びととどのような関係を結んでいくかという問題である．私自身の経験でも，フィールドワークの最初の数回，あるいは最初の数カ月というのが，最も気疲れし，最も長く感じられる時期である．フィールドの人びととの関係づくりを総称して，英語圏では「フィールド・リレーションズ」ということがある．一般的にいって，これがうまくいくとフィールドワークが楽しく，充実したものとなる．逆に，よいフィールド・リレーションズがなかなか構築できないとすれば，そのストレスがフィールドワークの継続自体を脅かすほどのものになる場合もでてくる．

　このテーマは，臨床心理学等の分野で「ラポール形成」という言葉で語られ

表1　フィールドワーカーの役割のタイプ

完全なる 参加者	観察者としての 参加者	参加者としての 観察者	完全なる 観察者
	＝参与観察者		

<--->

（佐藤，1992，p. 133 より）

るものと同種のものといってよいが，社会学的なフィールドワークの場合は，とりわけ「キー・インフォーマント」との関係が重要である，と私には思える．キー・インフォーマントとは，文字どおり「鍵となる情報提供者」のことである．それは，フィールドに入る際に鍵となる人物（例えば校長や生徒指導主任）といった「ゲートキーパー」と称される人びとと同一の場合もあれば，異なる場合もある．私の場合は，これまでのフィールドワークでは，必ず「信頼できるキー・インフォーマント」と呼びうる人物を得ることができた．その人物が，こちらの意向に沿った段取りやスケジューリングをしてくれ，必要な情報や資料を提供してくれたのである．その人たちがいなければ，私の数冊の書物は産みだされることはなかっただろうと思われる．

　もう一点，フィールドワーカーとして解決しなければならない問題は，「参与（参加）の度合いをどうするか」という問題である．フィールドワークの中核には，「参与観察」という営為があることはすでに繰り返し述べた．佐藤は，フィールドワーカーの役割タイプを，表1のように整理し，参与観察者としての適切な役割は，左から2番目の「観察者としての参加者」であると指摘している（佐藤，1992）．

　まず，一番右の「完全なる観察者」という役割については，私たちはあまり考慮しなくてよいだろう．教育の場では，いまやほとんど成立しない状況だからである．右から2番目の「参加者としての観察者」は，一度か数度「現場」を訪れ，インタビューやアンケートを実施するタイプのサーベイ型調査における研究者の役割をさす．教育社会学者としては十分にありうる選択肢であり，この役割を軽視するわけにはいかない．一方，最も左の「完全なる参加者」というのは，例えば，現職の教師が通常の職務を 100％ こなしながら，なおかつ「研究者」の目を保ったうえで，自分の教育実践についてのエスノを書くといった状況を思いうかべていただければよい．これは，「実践者のエスノ」(Hammersley, 1992, Chap. 8) と呼ばれるジャンルを構成している．そうしたなかで左から2番目の，佐藤のいう「観察者としての参加者」という役割は，きわめて広範囲にわたるものである．

　一般的に，教育現場では，フィールドワーカーにも「参加者」としての役割が期待されがちである．そこで「参与」するわけであるが，あまりにその度合いが強くなりすぎると，「観察」を中心とした研究者としての本来の仕事がおろそかになりがちとなる．他方で，「観察」に徹しようとすればするほど，「現場」の人びととの「距離感」を縮めることができず，いつまでたっても彼らの「真実」がみえてこないといういらだちがフィールドワーカーの心を支配することになる．参与と観察のバランスをいかにとるかという問題は，個々のフィールドワーカーが個別的・実践的に解決しなければならない重要な課題である．

(4) ノートをとる

　参与観察の中心にあるのは，「ノートをとる」という活動である．佐藤は，「フィールドにおいて見聞きしたことについてのメモや記録の集積」（佐藤，1992, p. 180）を「フィールドノーツ」と複数形で表し，実際にそのノーツを書き記す帳面（＝「フィールドノート」）と区別しているが，ここでは，両者の意味をあわせて「ノートをとる」という表現を使いたい．ノートのとりかたについては，すでにいくつかの詳細なガイドブックがあるので，詳しくはそちらを参照願いたい（エマーソン他，1998；佐藤，2002）．ここでは，私の具体的なやりかたをお目にかけておこう．

　図2に示したものがそれである．まず上が，私がフィールド（学校現場）で常に携行しているA5判のフィールドノートからの1ページである．汚い字で恐縮だが，幸いなことに小学生の子どもたちにはほとんど判読不能なため，何を書いているか悟られにくいという副次的なメリット（！）がある．それを，自宅や研究室に帰ってパソコン上で浄書したものが下のものである．この例では，上と下の情報量（文字数）にそれほど差がないが，それは，このノーツをパソコンに起こしたのが数日後であったことに起因すると思われる．経過した時間が少なければ少ないほど，当然ながらパソコン上に記録できる情報の量（教師や子どもの具体的な発話やそのときの状況をふくむ）は多くなる．その意味で，この私の例は，よい見本ということはできないように思う．また，こ

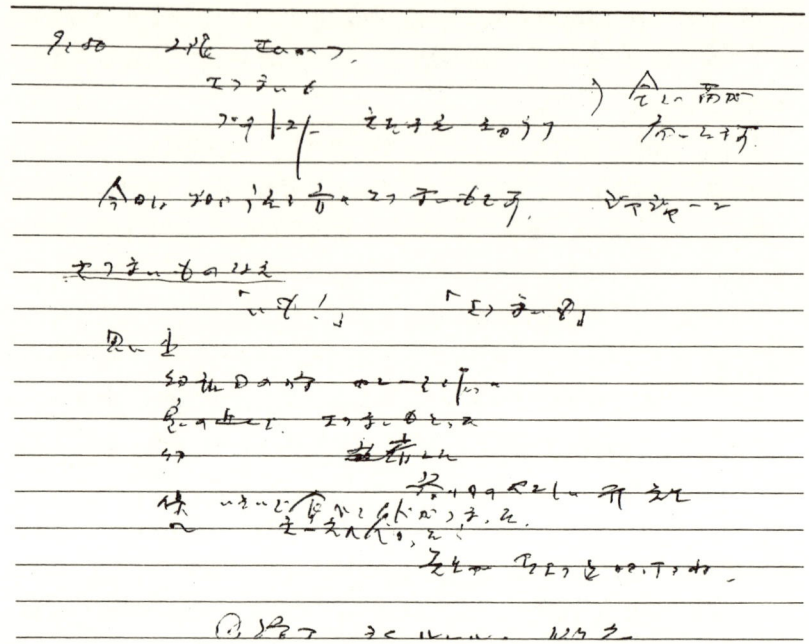

　9：50　2時間め、生活。「さつまいも、プチトマト、枝豆、きゅうり」、すべて
の苗が届いています。今日は、畑に植える方のさつまいもをもってきました。ジャジャー
ン！」と言って、段ボールのなかから苗をひとつ取りだす。「さつまいものなえ」と板
書。子どもたちに、さつまいもの思い出を語ってもらう。
　　「幼稚園のとき、カレーをつくった」
　　「家の近くで、さつまいもをとった」
　　「保育所のとき、食べてノドがつまった」

　　＊Ｉ先生の語り口はたいへんやさしい。それとともに、話す・聞くルールの徹底が
　　　図られている。「話していいですか」「はい！」「きいてください」「はい！」

　　「５月２３日にじゃがいもほりとタマネギほりの両方ができます。」「やった！」と
小躍りする男子。どこかの農園に出かけるようだ。「なえって何」という声がとぶ。
「ええこと聞いてくれたね。なえと種の違いは何かなあ」　ある女子「なえは先からはっ
ぱが出てる。種は何もない。植えるだけ。」　　「そう、いもはたねからは植えません。
たねから育てるのはむずかしいんです。」
　　「では、どういうふうに植えたらいいと思いますか。一番、全部土のなか、２番、立
てて植える、三番、斜めに植える。」　　ほとんどの子が正解の３に手をあげる。

図2　フィールドノートの例

の例にもあるように，私は，ノーツに自分が見聞きしたこと以外にも，折りに
ふれ，感じたことや疑問点も記載することにしている．

　フィールドワークのテキストには，「フィールドノーツは必ずその日のうち
にまとめるべし」とか，「少なくともフィールドに居た時間と同じだけの時間
をフィールド記録の整理に費やすべし」といったアドバイスが載っている．理
想的にはそうなのであるが，実際問題として，それらは大変難しい要求事項で
ある．私の場合は「いつとは決めないが，できるだけ早い機会にパソコンに打
ちこむこと」，および「フィールドで使った時間の半分程度はノート整理に使
うこと」を努力目標として，現在でもフィールドワークを続けている．そうで
ないと，そうして作成したパソコン上の記録が，論文を書く際のデータとして
使用できないということを経験的に知っているからである．逆に，私のまわり
の学生たちのなかには「ノートは網羅的にとるべし」（藤田，1998）という教え
に忠実にしたがって，フィールドにいる時間の2倍ほどの時間をかけてノート
を整理するというものもいる．そうした人に対しては，私は「あまりに根をつ
めすぎなくてもいいよ」とアドバイスすることにしている．そのような状況が
続けば，フィールドワークが「難行苦行」の類のものになってしまうことは必
定であると思われるからである．「ミイラとりがミイラに」のように，「ノート
とりがミイラに」（!?）なってしまっては困るからである．

(5) 話をきく

　人の話をきくことは，観察することと並んで，参与観察法の中心的な活動を
なしている．実際に，「観察」と「聞きとり」は，フィールドワークの両輪を
なすものと考えてよいだろう．

　その「聞きとり」には，大まかにわけて「フォーマルなインタビュー」と
「インフォーマルな会話」の2種がある．まず，フォーマルなインタビューと
は，いわゆる聞きとり調査で行うものと同種のものと考えてよい．フィールド
ワークのプロセスのなかで，調査者は必ずといっていいほど，その場を構成す
る人びとと改まったかたちで一対一での話がしたいと思うようになるだろう．
観察の過程のなかで，聞いてみたいと思うことが山ほどでてくるわけだが，通
常の時間の流れのなかでは，改まってそれを当事者に問いなおすというかたち
にはなりにくいからである．

　第Ⅰ部4章の最後でふれた大阪府松原市の布忍小学校が私の現在の主要なフィールドなのであるが，2003年の夏に，全教職員対象の聞きとり調査をすることを思いついた．めざましい成果をあげているその小学校の実践の鍵は，組織・チームとして動く教師集団のありかたにあると思い至った私は，その点に関する一人ひとりの思いを系統的にきいてみたいと考えたのであった．幸いに小学校側は私の願いを聞き届けてくれ，夏休みに総勢で30名ほどにわたる教職員の聞きとり調査を実施することができた．私にとってもそうした悉皆的な聞きとり調査ははじめての経験であったが，そこで得た情報は『公立小学校の挑戦』（志水，2003）という小さな本を書く際に欠くべからざるデータを提供してくれたのであった．

　他方，インフォーマルな会話の重要性も指摘しすぎることはない．フィールドノーツをまとめるとき，私は自分の目で観察したものと同じくらい，自分の耳できいたことを大事にするようにしている．とりわけ，休み時間や廊下での立ち話といった状況でポロッとでてくる話が，その場の構造を理解するうえでの貴重なデータとなることが多い．私の経験では，フォーマルなインタビューが終わり，録音していたテープがとまったあとに，最も重要な洞察を与えてくれるような「こぼれ話」が飛びだすことがよくある．そんなときには，すかさずノートのページの隅に，走り書きを残すべきである．

　話をきくということに関して，いまひとつ重要なポイントがある．それは，過度にひとりの話に依存しないということである．先に述べたキー・インフォーマントが調査者にとって最も重要な情報源になることは確かなのだが，ふたつの意味で，キー・インフォーマントに過度に依存するのは危険である．第一に，キー・インフォーマントは当事者のうちのひとりであり，当然ながらその人物はその人物なりの場のとらえかたをしている．したがって，その話を「全体」として鵜呑みにするのは，たとえその人物がいかに重要な位置を占めていたとしても，偏りがあるといわざるをえない．第二に，その場には，キー・インフォーマントとは立場を異にする人物なり勢力なりが存在するとみたほうが自然であり，あまりにキー・インフォーマントに肩入れすると，他のソースからの情報が入ってこないということになりがちである．フィールドワークの常ではあるが，こうした点についての配慮は欠かしてはならないと思う．要するに，様々な「証言」のウラをとること．これを心がけたいものである．

(6) キーワードを見つける

　この項目とつぎの項目のふたつは，量的方法における「分析」に相当する部分だと考えてもらってよいだろう．量的方法の場合であれば，理論的枠組みと仮説さえしっかりしていれば，この分析の部分は，定められた手順にしたがって，なかば自動的に進めることができる．しかし，エスノグラフィーなどの質的方法の場合は，事態はそのように簡単ではない．量的方法のように，分析のプロトコルが定まっているわけではないからである．とはいえ，「定石」のようなものがないわけでもない．

　そうした定石のなかで，最も知られたものが「グラウンデッド・セオリー」の考えかたである（グレイザー＆ストラウス，1996；木下，1999）．「データ対話型理論」と訳されることもあるこの考えかたの特徴は，先にみた〈イーミック〉という視点の延長線上にある．簡単に解説してみよう．

　「グラウンデッド・セオリー」とは，「データに根ざした理論」ということで，数学などにみられるような論理演繹的に導きだされる理論とは対照的な性質をもつものである．提唱者であるグレイザーらは，「分析者があくまで現象に関わることがらをデータとして読みとり変換し，そのデータとの相互作用から理論を産みだす」（グレイザー＆ストラウス，1996, xi）いう考えかたを基本にすえていた．そうして産みだされる理論は「現実の特定領域に関わりのある人びとにもわかりやすく実際的にも役立つという特徴をもっている」（同上）とされた．この考えかたが最初に取りいれられたのが，看護や福祉といった応用科学的分野だったことは象徴的である．

　いずれにしても，「グラウンデッド・セオリー」のベースにあるのが，「カテゴリー」とその「諸特性」というものである．「カテゴリー」とは，「分析者が，考察の対象となる現象を概念レベルで把握するために，現象もしくはその一部に名前をつけたもの」であり，「諸特性」とは，「あるカテゴリーが指し示す内容を，例えばその強度や頻度あるいは特定の性質といったレベルなどで説明するもの」（同上，vii）とされている．しかし，これでは何のことかわからない．先ほどの昆虫採集の例に戻るなら，集めた昆虫を分類するための基本的な軸となるものが「カテゴリー」である．例えば，「翅の枚数」や「カラのあるなし」など．「特性」とは，「翅が2対／1対／ない」などの特徴と考えてよい．

　自らの研究を例にとって考えてみると，最初の中学校のフィールドワークを

したとき，ほどなくキーワードとして浮かんできたのが「指導」という言葉で
あった．中学校現場で最も耳にする言葉が，この「指導」であった．中学校内
のすべての活動が，「教育」というエティックな用語というよりは，この「指
導」というイーミックな言葉で，確かな意味を付与されているように見うけら
れた．私は，フィールドワークの中期には，すでに「指導」という語を手がか
りにして，中学校のエスノグラフィーをまとめようと心を決めていたように思
う．

(7) 素材を整理する

　話を続けよう．「指導」という語に着目したとき，中学校の教育活動は，「学
習指導」「生徒指導」「進路指導」という３つの大きなサブカテゴリーのもとに
位置づけることができる，ということがほどなく了解された．そこで私は，集
めた膨大な資料を，それぞれのラベルをつけた３つのボックスファイルに詰め
替える作業をし，さらには，フィールドノーツの記載やインタビューのテープ
起こしをしたものを，ラインマーカーなどで３色に色分けする作業を行った．
そのように集まった素材＝データを整理することで，分析作業の目鼻をつけ，
分析報告の骨格を定めていったのであった．

　この作業は，皆さんが行うすべてのフィールドワークにも適用可能である．
私は，ある期間フィールドワークを継続した学生に対しては，作成したフィー
ルドノーツの束をじっくり読み返してみることをアドバイスする．分析の軸と
なる「カテゴリー」，すなわち「キーワード」を発見するためである．問題意
識がはっきりしていれば，そしてかりに紆余曲折はあるにせよフィールドワー
クが実質的なものであったとしたなら，きっと適切なカテゴリーが見いだされ
るはずである．そうなれば，しめたものである．あとは，そのカテゴリーなり，
サブカテゴリーなりを念頭におきながら，「焦点化された観察」を展開すれば
よいからである（箕浦，1999）．うまいぐあいに，この時期になると，フィール
ドにおける自分の地位・役割も一定程度安定したものとなり，心の余裕のよう
なものもできる．観察や聞きとりもピンポイントで必要な部分に迫れるように
なり，ある意味で効率よくフィールドワークをすることができるようになる．

　つぎの図３は，レイガンというアメリカの社会学者が提示している，社会科
学の一般的モデルである（Ragin, 1994）．この図式の眼目は，「社会理論」から

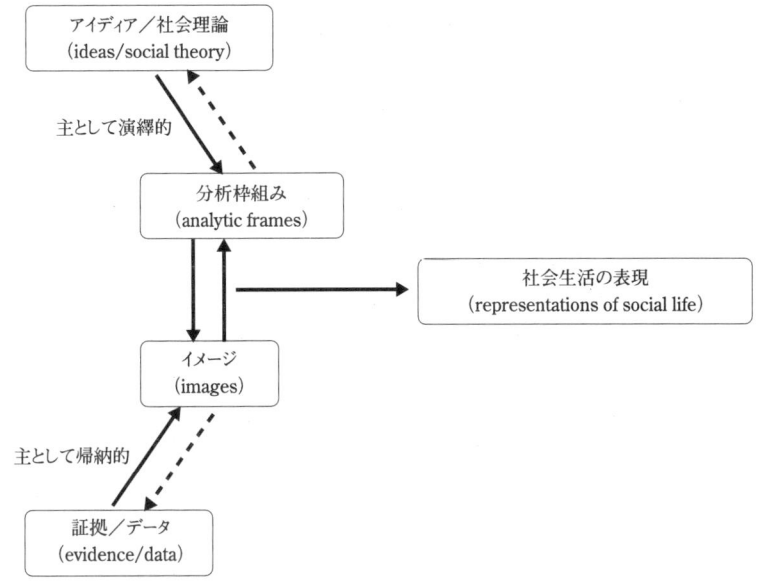

図3　社会科学の一般的モデル（Ragin, 1994, p. 57）

得られる「分析枠組み」と，「データ」から導きだされる「イメージ」をつき
あわせることによって，「社会生活の表現」としての社会科学的研究，本章の
主題との関連でいうなら「エスノグラフィー」が成立するということにある．
この図式は，私の実感にも至極フィットするものであるが，とりわけここで強
調しておきたいのが，「証拠／データ」から「イメージ」への矢印の部分である．

　自分の獲得したデータの山から，特定の「イメージ」を形成すること．それ
が，エスノの成否の鍵を握るのである．どういうことか．先ほどの「カテゴリ
ー」という語を用いて説明するなら，つぎのようになる．すなわち，見いださ
れた（おそらく複数の）カテゴリーとその諸特性を組みあわせることによって，
当該文化に対する統一的なイメージを作りあげること．これが，エスノの“き
も”であるといっても過言ではない．「イメージ」とは，簡単にいうなら「全
体像」のことである．「いろいろあるけど，要するにこういうことである」と
いうまとめがいえるようになったとき，エスノはいよいよ「書く」という最終
局面を迎えることになる．

　付け加えておくと，学生たちを指導していて，いつまでたっても彼ないし彼
女が「イメージ」をもつことができないでいる，ということがしばしば起こる．

「何度ノーツを読みかえしても，どうまとめたらよいかわからないんです…….」これは，明らかに黄信号である．そもそもの問題意識が希薄なのかもしれない．あるいは，勉強不足のために分析枠組みが不十分なせいかもしれない．さらには，文字どおりデータの山にうずもれてしまっている，という場合もありうる．この場合は，データからカテゴリーを引き出す力が欠落している可能性が高い．エスノを試みることは万人に開かれているが，エスノをまとめる力は，必ずしも万人に備わっているわけでもないようである．

(8) テキストを書く

　エスノの最終段階は，テキストを書く段階である．かりに素材が同じであっても，文章の目的や発表する媒体やオーディエンス（読者・聴衆）の特性によって，記述のスタイルは様々でありうる．言い換えるなら，同じフィールドワークに基づいても，例えばヴァン＝マーネンがいうところの３つの異なるスタイル——「写実的な物語」「告白者の物語」「印象主義者の物語」——の書きものを作成することは十分に可能なのである．

　とはいうものの，学生の皆さんにとっては，エスノは卒論や修士論文などの学位論文，あるいは学術誌への投稿論文として作成することがもっぱらであり，主たるオーディエンスも，大学の教員を中心とした研究者コミュニティの先輩であることが圧倒的に多い．したがって，学術論文としての体裁を整えたものが要請されることになるわけだが，その結果として，学生たちの書くエスノは，図３の上半分の部分が強調された，いわば「頭でっかち」のエスノであることが多くなる．枠組みはたいそうにみえるが，データというか，具体的記述の部分が弱いエスノである．

　逆に，「思い」先行型の人物が書いたエスノの場合は，えてして図３の下半分のみが強調された"下ぶくれ"の，または"頭のない"エスノになりがちである．これは，具体的記述に満ちあふれ，メッセージ性ははっきりしているものの，理論的志向性が弱く，もっぱら歴史的記録としての意義しかもちえないような種類のエスノである．

　レイガンの図が示唆するように，私は，ほかのジャンルの社会科学的研究と全く同様に，エスノにも理論的なコンテクストが必要不可欠だと考えている．本質的に事例研究であるエスノにも，先行研究との接合がしっかりと図られな

ければならない．他方で，エスノの真骨頂は，イーミックな当事者の主観的意
味世界を生き生きと描きだすことにある．それがなければ，エスノは，絵に描
いた餅にすぎないしろものとなる．文学的ないいかたをすれば，エスノには記
述の豊かさと深さが求められるのである．

　社会学者の厚東洋輔は，その著『社会認識と想像力』（厚東，1991）のなかで，
つぎのような興味深い一節を残している．

> 文化の全体像は，当事者にとって予め与えられているものではない．私たちは，多く
> の場合，自分自身の動機を知っているし，個々の行為の目的，それにあてはめるべき
> 規則については精通している．しかし，こうした個々の行為が寄り集まって，どのよ
> うに全体的制度を形づくるかということを知っているわけではない．こうした問題は，
> 当事者の知っていることの地平をこえている．（中略）文化の全体像とは，研究者が
> フィールドのなかで得られた証拠や目撃を，文脈を考慮に入れながら批判的な解釈を
> 積み重ね，こうした断片的データを次第次第に統合化していくなかで，その終局で浮
> かび上がってくる一つの有意味なパターンである．当事者の行う「説明」は，「正解」
> ではなく，批判的に検討されるべきひとつのデータにすぎない．「全体」は当事者の
> 頭のなかにはない．当事者は「全体」のなかに住んでいるにすぎない．全体像は，当
> 事者から聞き出すものではなく，研究者が構成すべきものなのである．（pp. 193-
> 194）

　この言葉に私が付け加えるべきことは，何もない．「当事者は『全体』のな
かに住んでいるにすぎない．全体像は，当事者から聞き出すものではなく，研
究者が構成すべきものなのである」という厚東の指摘を，エスノに携わる，私
たちすべてが肝に銘じなければならない．「文化の全体像」を描く営為が成功
するかどうかは，すべて私たち一人ひとりの洞察力と筆力にかかっている．エ
スノに比較的長くかかわってきた私には，そのように感じられる．

3　エスノグラフィーの意義と課題

　本章のまとめとして本節で指摘しておきたいことは，特定の研究スタイルと
してのエスノがもつ意義と，それに付随するいくつかの課題である．
　研究スタイルおよび研究手法としてのエスノの学問的彫琢に一貫して携わっ
てきたハマースレイは，エスノの価値は「妥当性」（validity）と「適切性」（rel-
evance）というふたつの基準で判定すべきだという視点を提示している．「妥

当性」とは，通常の科学的基準に準じるもので，「そのエスノの主張がどの程度確たる根拠・証拠に基づいて述べられているか」という点に関する基準である．また，「適切性」とは，「その研究すなわちエスノがどのような公的な関心に基づいて行われているか」という点についての基準である (Hammersley, 1992, Chap. 4). すなわち，その研究が，「何のため，誰のため」になされたものなのかが問われるというのである．彼の議論のユニークさは，この後者の視点を重視しているところにある．そこで，エスノの意義と課題を，「研究者コミュニティのなかで」と「現場との関係で」というふたつの側面から，簡単に整理してみたい．

(1) 研究者コミュニティのなかで

研究者コミュニティ内部でのエスノの意義，すなわち学問としてのエスノの価値は，ひとことでいうなら，従来の「実証的方法」，すなわち量的な研究法や統計的手法を用いた研究の潮流の関心・分析力が及ばない領域に迫った，ということに求められよう．エスノは，当事者の主観的意味世界にわけいることを通じて，人びとが生きる「文化」の諸相に肉薄することができた．これは，従来の「科学的」方法がよくなしえなかったところである．

しかしながら，これはいってみれば「守備範囲」の違いのようなものであり，自らを文学や文芸批評といったジャンルに同一化するのでないかぎり，エスノは従来の「科学的基準」との折りあいをどうつけるかという現実的な問題に直面することになる．エスノグラフィックな論文を書くときにも，「妥当性」の基準は厳然とそこに存在するのである．

この問題に対して，ハマースレイは，「もっともらしさ」(plausibility) と「本当らしさ」(credibility) という視点を提示する (Hammersley, 1992, p. 70). あるエスノの主張が，私たちが現在所有している知識からみて十分にもっともらしいと感じられるとき，その主張は妥当なものと判断されてよい．また，研究が行われた状況からみて，その主張が正確であると認められるとき，そのエスノは信じるに足ると見なすことができる．厳格に科学的基準に即して研究を行っている実証主義者からすると，こうした指摘はかなり「主観的」で，何とも心もとないものにみえるかもしれないが，長らくエスノに携わってきた私のようなものには，この「もっともらしさ」と「本当らしさ」という視点は十分

に説得力のあるものだと思われる.

　もう一点，科学的基準との関係で押さえておかなければならないポイントは，「事例の位置づけをどうするか」という問題である．エスノは，通例ひとつ，多くても2〜3の場や集団を取りあげるにすぎない．「ひとつ（あるいは数個）の事例を深く掘り下げることによって，当該文化についての普遍的な洞察を得る」ことを試みるのが，エスノの特徴なのである．したがって，扱われている事例がどのような特性をもっているのか，果たしてそれは「代表的」あるいは「典型的」な事例だといえるのかといった問いが，しばしばエスノに突きつけられることになる.

　これについては，つぎのように考えるのが妥当であろう．すなわち，基本的にエスノは「事例研究」である．事例研究は，多くの事例を「広く浅く」把握する統計的方法とは異なり，ひとつ（ないしは数個）の事例を「深く」把握しようとするのであるから，統計的サンプリングとはおのずと異なる事例選定の基準を有しているはずである．グレイザーとストラウス（1996）は，それを「理論的サンプリング」と呼んでいる．肝心なのは，どのような理論的視点からそ（れら）の事例が選定されるかを位置づけることである．そうすることによって，その事例研究の意義が正当化されうるのである.

(2) 現場との関係で

　「臨床社会学」を提唱する野口裕二は，臨床社会学者は「二足のわらじ」をはく存在であるというユニークな性格づけを行っている（野口・大村，2001）．「二足のわらじ」とは，「研究者の世界」と「現場の世界」をいったりきたりしなければならない状態の比喩であり，これは，私たちエスノグラファーにもぴったりとあてはまる言葉である．教育現場をフィールドとする私たちは，「研究者コミュニティ」というオーディエンスと同等の重みをもつ「現場の人びと」というオーディエンスを有している.

　かつての学校社会学はそうではなかった．主たるオーディエンスはあくまでも「研究者」であり，「現場」は，研究の対象ではあれ，研究のパートナーでもなければ，オーディエンスでもなかった．しかしながら，エスノを代表とする各種の質的方法に対する関心の高まりとともに，今日研究者の世界と現場の世界とはこれまでになく近づいている．もとより，こうした「接近」は，単に

> 1)「セラピスト」型
> 2)「コンサルタント」型
> 3)「コラボレイター」型
> 4)「インフォーマント」型
> 5)「ボランティア」型

図4　現場研究における研究者役割のタイプ（志水, 2002, p. 44）

研究方法の展開のみに由来するものではあるまい．様々な教育問題の噴出，実践的研究に対する社会的要請などの要因が，そこには間違いなくかかわっていよう．いずれにしても，研究者の世界と現場との距離は短くなり，教育研究は，研究者コミュニティのみを相手にしていればよかった時代から，教育現場をもオーディエンスとするような時代への移り変わりのなかにある．まさに，教育研究の「適切性」が，いま問われているのである．

　そのような状況のもとでクローズアップされるのが，「研究者が現場でいかなるスタンスをとるか，どのような役割を担うか」という，古くて新しい問題である．これについて，かつて筆者は，上の図で示したような「研究者のタイポロジー」を提示したことがある（志水, 2002）．内容についてはここでは繰りかえさない．この図が示す最大のポイントは，現場における教育者の役割はきわめて多様でありうるということである．

　エスノのつとめは，「文化を書く」ことにあると第1節で述べた．しかし今日では，この「書く」という行為についても，「何のために，誰のために書くのか」という問いが，個々の研究者に鋭く突きつけられる状況となっている．あなたは，何のために，そして誰のために，エスノを書こうとしているのか．自分のためか，教師のためか，子どもたちのためか，あるいは，一般読者のためか，はたまた論文審査にあたる教授のためか……．

　本章のサブタイトルに示したように，エスノは，「自己を取りまく世界」と「自己」の対話の一形式である．それは，かなりの時間と労力がかかる「旅」のようなものである．何のための「旅」なのか．その旅の「道連れ」は，一体誰なのか．納得のいく答えは，おそらく簡単にはでてこないだろう．私自身の経験では，それを問いつづけることこそが，エスノの本質であるような気がしてならない．

●もっと学びたい人のために●

A. ギデンズ（松尾精文他訳）（2000 ［1987］）『**社会学の新しい方法規準――理解社会学の共感的批判**』而立書房――M. ウェーバーの理解社会学の方法を，現代社会学の泰斗が，斬新な視点から再構成している.

M. Hammersley（1992）***What's Wrong with Ethnography?: Methodological Explorations***. London, New York : Routledge――著者はイギリスの教育社会学者. エスノグラフィーの方法論的可能性を，多様な観点から厳密に議論した労作.

志水宏吉（2002）『**学校文化の比較社会学――日本とイギリスの中等教育**』東京大学出版会――日本の中学校とイギリスのコンプリヘンシブ・スクールの学校文化を，フィールドワークによって得た一次的なデータをもとに比較した著作.

参考文献

Cassell, J. (1980) Ethical principles for conducting fieldwork. *American Anthropologist*, 82(1), 28-41.

クリフォード，J.・マーカス，G.（春日直樹他訳）(1996 ［1986］) 文化を書く 紀伊國屋書店.

カミングス，W.（友田泰正訳）(1981) ニッポンの学校――観察してわかったその優秀性 サイマル出版会. (Cummings, W. (1980) *Education and Equality in Japan*. Princeton, NJ : Princeton University Press.)

エマーソン，R.・フレッツ，R.・ショウ，L.（佐藤郁哉他訳）(1998 ［1995］) 方法としてのフィールドノート 新曜社.

藤田英典 (1998) 現象学的エスノグラフィー. 志水宏吉（編）教育のエスノグラフィー 嵯峨野書院, pp. 49-78.

ギアーツ，C.（森泉弘次訳）(1996 ［1988］) 文化の読み方／書き方 岩波書店.

ギデンズ，A.（松尾精文他訳）(2000 ［1987］) 社会学の新しい方法規準――理解社会学の共感的批判 而立書房. (Giddens, A. (1993) *New Rules of Sociological Method*. Stanford University Press.)

グレイザー，B. G.・ストラウス，A. L.（後藤隆他訳）(1996 ［1967］) データ対話型理論の発見 新曜社.

Hammersley, M. (1992) *What's Wrong with Ethnography?: Methodological Explorations*. London, New York : Routledge.

Hammersley, M. & Atkinson, P. (1983) *Ethnography: Principles in Practice*. Tavistock.

本多勝一 (1983) ルポルタージュの方法 朝日新聞社（朝日文庫）.

木下康仁 (1999) グラウンディッド・セオリー・アプローチ――質的実証研究の再生 弘文堂.

北澤 毅・古賀正義 (1997) 〈社会〉を読み解く技法 福村出版.

古賀正義 (2001) 〈教えること〉のエスノグラフィー――「教育困難校」の構築過程

金子書房.

古賀正義（2004）学校のエスノグラフィー——事例研究から見た高校教育の内側　嵯峨野書院.

厚東洋輔（1991）社会認識と想像力　ハーベスト社.

箕浦康子（1999）フィールドワークの技法と実際——マイクロ・エスノグラフィー入門　ミネルヴァ書房.

中野　卓・桜井　厚（1995）ライフヒストリーの社会学　弘文堂.

野口裕二・大村英昭（2001）臨床社会学の実践　有斐閣.

大村英昭（2000）臨床社会学を学ぶ人のために　世界思想社.

Pole, C. & Morrison, M. (2003) *Ethnography for Education.* Open University Press.

プラマー，K.（原田勝弘他訳）（1991［1983］）生活記録の社会学　光生館.

Ragin, C. C. & Becker, H. S. (1992) *What is a Case?: Exploring the Foundations of Social Enquiry.* Cambridge University Press.

Ragin, C. C. (1994) *Constructing Social Research.* Pine.

ローレン，T.（友田泰正訳）（1988）日本の高校——その成功と代償　サイマル出版会.（*Japan's High School.* University of California Press.）

桜井　厚（2002）インタビューの社会学——ライフストーリーの聞き方　弘文堂.

佐藤郁哉（1992）フィールドワーク——書を持って街に出よう　新曜社.

佐藤郁哉（2002）フィールドワークの技法——問いを育てる，仮説をきたえる　新曜社.

シュッツ，A.（森川眞規雄他訳）（1980）現象学的社会学　紀伊國屋書店.

志水宏吉（1996）教育研究におけるエスノグラフィーの可能性.　志水宏吉（編）教育のエスノグラフィー　嵯峨野書院，pp. 1-30.

志水宏吉（編）（1998）教育のエスノグラフィー——学校現場のいま　嵯峨野書院.

志水宏吉（2002）学校文化の比較社会学——日本とイギリスの中等教育　東京大学出版会.

志水宏吉（2002）学校を「臨床」する.　近藤邦夫・志水宏吉（編）学校臨床学への招待　嵯峨野書院，pp. 15-50.

志水宏吉（2003）公立小学校の挑戦——力のある学校とは　岩波書店（岩波ブックレット）.

志水宏吉・徳田耕三（1991）よみがえれ公立中学——尼崎市立「南」中学校のエスノグラフィー　有信堂高文社.

ヴァン＝マーネン，J.（森川渉訳）（1999［1988］）フィールドワークの物語——エスノグラフィーの文章作法　現代書館.

5章・学校でのアクション・リサーチ
学校との協働生成的研究

秋田喜代美

研究方法が方法論としてひとり歩きして語られ，技能の教育として研究の進めかたの手順だけが学習されることがある．しかしその研究方法が生まれ，展開してきた背景には，何をなぜ問うのかという，研究者の思想が生まれる必然的な時代背景や社会・文化的背景がある．そこに研究者がその方法によって何をめざしたのかというリサーチ・クエスチョンがある．

アクション・リサーチはどのような背景から生まれたのだろうか．また教育の場を研究する方法としてどのような特徴をもっているのだろうか．そしてどのような点に留意することで，教育のアクション・リサーチとして質の高い研究を行うことができるのだろうか．アクション・リサーチというメソドロジーをめぐる考えかたと研究法を，本章では考えていく．

1 アクション・リサーチを支える思想

(1) クルト・レヴィンの発想

A・根にあるリサーチ・クエスチョン：「書物以外のものを生みださない研究は満足なものとはいえない」（レヴィン，1954, p. 271），「よい理論ほど実際に役にたつものはない．……理論というものはまえもって体系的に詳述されるようなものではなく，むしろしばしばデータの展開につれて発展し精密化してゆくものです」（マロー，1972, pp. 223-224）．このふたつの引用は，アクション・リサーチを最初に考案したアメリカの社会心理学者クルト・レヴィン（Kurt Lewin, 1890-1947）の言葉である（図1）．これらに表れているように，机上の空論ではなく，実際の場に根づき，さらにその場を変革していく研究，研究の進展とともにデータからさらに理論を生成展開し，実際の社会変革を生みだす研究を志向して，方法としてのアクション・リサーチは生まれた．

図1　クルト・レヴィン

「臨床家のフロイト，実験家のレヴィン——このふたりは心理学時代を築いた歴史のなかで，ほかの誰よりも特にその名の残るふたりの人物である．というのも，このふたりの対照的な，しかも互いに相補うところの洞察があってこそ，はじめて現実の人間と現実の社会とに適用される科学になったからである（トールマン）.」（マロー，1972）

精神分析理論で著名なフロイトは，人の行動を意識面だけではなく無意識に作用する心理的欲求（リビドー）に注目し，過去の対人的成育史から生まれる内面の力学から読みとこうとした．

　一方，レヴィンは，行動は人と人を取りまく環境の関数である，人と環境とは相互に関連しあっている変数であるという考えかたを「場の理論」（field theory）として提唱した．ここでいう環境とは，人が主観的に経験している心理的な環境のことを指している．それを彼は「生活空間」（psychological space）という語で呼んでいる．この「生活空間」としての場の考えかたは，その後の，人の発達における環境システムのありかたや機能を考えていく研究の流れの源となっている（ブロンフェンブレンナー，1996）．レヴィンは，行動は「現在ここに」現存する場の力動によっていると考え，人の生活空間にどのような力が働いているのかに注目した．そして集団のなかで生きる人の心理を，組織や集団との関係のなかで記述し，集団内での緊張や葛藤という力動的関係から集団と個人の行動の関係をとらえようとし，グループ・ダイナミックスの理論を考えていった．アクション・リサーチは，集団との関係を場の力学でとらえることから個人の心理的行動を説明するという発想から生まれてきた研究方法である．

　レヴィンはユダヤ系ドイツ人であり，1930年代のナチス・ドイツ時代にドイツからアメリカに渡っている．その当時のアメリカは経済不況であったため，余分な労力を排除し，産業能率の向上だけを考え科学的に人を管理するフレデリック・ウィンスロウ・テイラーが唱えた「テイラー主義」の経営管理システムが流行していた．このシステムでは，生産性や効率を増やすことだけに眼が向きやすい．そのため働く人びとが使う技術は過度の専門化や単調化を生み，人間の能力やありかたが見失われていった時代であった．集団のなかでの偏見

に悩む人や，組織のなかで単純作業によって生きがいを見失う人びとが，どのようにしてその困難や葛藤状況を変えていくことができるのかという問いから，レヴィンは工場での集団の凝集性の研究やリーダーシップの研究，集団における偏見の生成研究をはじめた．そして彼はそこから行動を人と環境との相互関連，緊張関係や葛藤の力動のなかでとらえる研究を行っていった．アクション・リサーチという語がはじめて記された論文は「アクション・リサーチと少数者の諸問題」(1946) と題する論文である．この論文では様々な集団での少数者に目をむけ，多数者と少数者の集団の相互関係をワークショップという方法をとおして変化できないかという考えから，アクション・リサーチという研究方法の提案がなされている．

「人間関係に変化をおこさせる決定要因を発見することが研究の目的であり，その目的は科学者としての役割と民主主義社会の一員として仕事や生活様式の改善につとめるべき責任とを統合する科学者の理想である」と述べているように，レヴィンは心理学の研究者であるが，その背景としては，一人ひとりが自らのもてる能力を発揮して生きがいを見いだし，より民主的な集団，市民社会を構築することをめざしていた．この思想を背景としてアクション・リサーチの考えかたは生まれてきている．

> レヴィンは一度もジョン・デューイに会ったことがなかったけれども，ドイツ生まれの心理学者レヴィンとアメリカ生まれの哲学者デューイとのあいだには精神的な共通性がありました．ふたりとも民主政治の運営に関して深い関心をもっていました．……もしデューイを民主政治の傑出した哲学者と名づけることができるとすれば，レヴィンは確かに，心理学者のなかでの，民主政治の理論家であり，また研究者だったのです——ゴードン・オルポート．(マロー，1972)

B・ガリレオ的方法としてのアクション・リサーチ：上記のような問題意識から，レヴィンは「アクション・リサーチは社会行動の諸形式の生ずる条件とその結果との比較研究であり，社会行動へと導いていく理論である」と述べている(レヴィン，1954)．ではそのためにどのような方法が考えられたのだろうか．

アクション・リサーチには，方法として3点の特徴がある (秋田，2003)．

第1は，研究目的と対象である．レヴィンは，研究目的にはふたつの型があるとしている．ひとつは「集団生活の一般法則の研究」という型であり，これをアリストテレス的方法と呼んでいる．できるだけ多くの類似事例を調べ，予

測可能な同じ現象が秩序正しく反復することを見いだして一般法則を導きだす
方法である.

　もうひとつの型は,「特殊（特定）の状況についての診断研究」という型で
ある. レヴィンがガリレオ的方法と呼ぶ, 単一事例研究による研究方法である.
一般法則を解明する研究では「法則性とは「もし……ならば」という関係, 仮
説的条件と仮説的結果との結びつきなので, このような法則は局所的に, 特定
のとき, 特定のところにおいてどのような条件が存在しているのかを告げるも
のではないし, 法則とは局所についてなさるべき診断の仕事を行ったり, 法則
を変化させる戦略を決定するものにはならない」と述べ, 特定の状況について
詳細に検討し関与する事例研究を唱えている.

> 多数の事例の平均から単一事例へと移らなくてはならない. 単一事例でも全体的な具
> 体的事態とその固有の性質との双方が理解されさえすれば単一の事例でも十分に法則
> 性の根拠になりうる. 具体的な単一事例を記述するためにはその顕型と元型の双方の
> 観点からなされなくてはならない. つまりある事象がどのくらい頻繁に生起するかは
> 決め手にならないのであり, 所与の時点に作用する内的な力（要求）と外的な力（環
> 境）を含むすべての力を正確に記述することが決め手になる. 単一の具体的事例をそ
> の全体性の観点で知ることの方が多くの事例を一ないし少数の観点で知ることよりも
> 有効である. 平均的な子どもと平均された事態は単なる形式化されたものにすぎず,
> 社会的なダイナミックスを研究するのに不要である.（レヴィン, 1954, p. 198）

　この文にみられるように, 第1の特徴である診断のための事例研究という目
的と関連するのだが, 第2の特徴は, ある状況において「場の理論」に基づいて
どのような力がそこに働いているのかを連続的力動的な変化をとおしてとらえ
ていく変化実験をするという発想である. 統制群と実験群といった群間比較で
はなく, 単一事例を時間的変化をとおし連続してとらえる方法という特徴であ
る. 診断と呼んでも医者の場合と同じで, 問題状況を判断するだけではなく, そ
こからどのように対処, 変化させるかが重要である.「計画―実行―評価」のサ
イクルを繰りかえす, 螺旋的な過程をとおして, 診断した事態を改善していく.

　この連続変化のサイクルによる研究という特徴を模式化したのが図2である.
変化への着想から, 変化の対象となるような問題となる事実を見いだし, その
解決変化にむけて具体的な介入の手順を計画し, 実際に実行する. そして何が
どのように変わったかを評価し, その結果からさらに計画をたてて実行し, 評
価するとつぎのサイクルへと移行していくという循環的過程を観察記録し, そ

こから具体的なその場に働く理論を考えようとする方法である.

では，この変化実験で変化させる主体となるのは誰なのか，研究者のポジショニング（位置どり）が，アクション・リサーチの第3の特徴である.

> 社会科学者はコンサルタントまたはガイドとしての仕事をしているのだから，高度の技術的能力を用いて問題を処理することができる立場にある. 仕事自体は市民が自分の手で行うべきものなのである. どんな集団でも自分の病気は自分自身の診断と処置によって治療にあたらなければならない.（レヴィン，1954, p. 394)

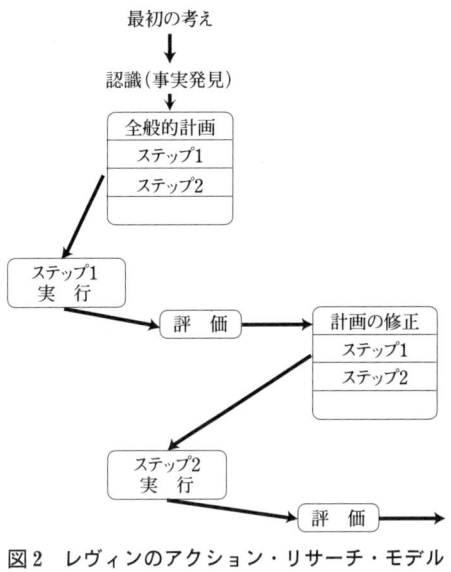

図2　レヴィンのアクション・リサーチ・モデル
(Kemmis, 1980 の解釈による. Elliot, 1991)

レヴィンはその場に生きている人が参加し変化の担い手となること，そのための道標を提出し変化できる力を育てることを研究者の役割と位置づけている.「自分たちの発掘した事実ならば，真剣に考えてくれる」「地域社会の必要に適合しないような研究の結果は支持されないし利用されないから，いつも地域社会の関心を考慮しなければならない. また地域社会がその問題をどう評価するかに応じて適切な表現をしなければならない」とする. この点が，ほかの多くの研究方法とは異なる点である. 当事者の参加を啓発し，事実の発見が実践活動に結びついていくことを求めている. 研究者が研究論文執筆を最優先するような研究ではなく，関与する場の人のニーズにあった研究成果を生みだすこと，変化のサイクルをとおして，集団が個々人の寄せ集めの状態から，まとまりのある「われわれ」にいたる過程と，そこで一人ひとりが変化させる力をもっていくことが方法として志向されている. この集団相互関係を処理する技能の改善をもたらす方法として，ワークショップが強力な道具のひとつになるとレヴィンは指摘する.「行為（action）―研究（research）―訓練（training）」（変化のための技能の訓練）の3活動が相互に作用しあって，アクション・リサー

チが実施される.

　①場の力学に基づく単一事例の診断，②螺旋的に「計画―実行―評価」をと
おして連続して変化を追う，③その場の人の主体的参加という3点の特徴が，
アクション・リサーチのはじまりにおいてレヴィンのなかにあったメソドロジ
ーの思想的特徴であるといえるだろう.

(2) 教育研究としてのアクション・リサーチ

　A・教師自らの手によるカリキュラム開発研究：レヴィンは生涯1冊も概説書的
なテキストを執筆しなかった. けれども，幅広い領域で数多くの理念的，実証
的な研究論文を執筆してきた. それらは社会環境の変革や対人関係，産業組織
の組織改善，人格・自己の形成，集団力学などの研究分野に対して多くの影響
を与えてきた. レヴィンは教育自体を研究の中心分野としていたわけではない.
しかしアクション・リサーチを唱えたときから教育にも関心をむけ，社会諸科
学を集団相互の関係という点からとらえようとしてきていた.

> 集団相互関係を改善するという試みは，広範囲にわたる多様な課題に当面せねばなら
> ない. それは自他の集団に関する態度やステレオタイプの問題，少年期や青年期にお
> ける態度や行為の発達の問題，住宅問題，コミュニティの法律的構造の変化を取り扱
> い，また地位やカーストの問題，経済的差別の問題，政治的リーダーシップの問題な
> ど，コミュニティ生活の多くの面におけるリーダーシップの問題を取り扱う. それは
> 家族，クラブ，あるいは友人集団のような小さな社会体制を取り扱い，また学校や学
> 校システムのような大きい社会体制，近隣，コミュニティ，州，国というような大き
> さの社会体制，および国際問題を取り扱う.（レヴィン，1954，p. 272)

　レヴィンのいたアメリカでは1940～50年代に，教育領域有固有の研究方法
としてのアクション・リサーチは，コロンビア大学の Stephan Corey らによ
って，教師や校長たちとの「共同的アクション・リサーチ運動」として展開さ
れた. しかし，それは一般法則を求め厳密な科学を志向する教育科学化運動の
流れのなかで消失していった（Elliot, 1991). 教育研究としてのアクション・リ
サーチの理念や方法が形成されたのは，1960年代後半から70年代のイギリス
における中等教育学校のカリキュラム改革運動のなかであり，その運動に関わ
った Stenhouse (1975) や Elliot (1991) らによってその理念が形成されてきてい
る. アクション・リサーチは心理学研究として社会心理学研究や，産業心理学

へと展開していった．けれども教育研究においては厳密な変数統制による科学性を重視した当時の時代背景を反映して教育心理学の手法として展開されることはなかった．教師教育やカリキュラム研究のなかで教師の専門性の議論とともに，教育実践研究の手法としてその歩みをたどっている（Stenhouse, 1975; Elliot, 1991; Zeichner, 2001）．

　1960年代イギリスの行政によるトップダウンのカリキュラム改革と，教師の人事考査や説明責任（accountability）を求める動きに抗して，教師主導のカリキュラム改革を支える理論として，アクション・リサーチが実施された．教師たちのインサイダーの研究として，教師自らが開発したカリキュラムを評価していく方法として，アクション・リサーチが使用され，「ヒューマニスティック・カリキュラムプロジェクト」と呼ばれる運動が展開された．

　このヒューマニスティック・カリキュラムプロジェクトの特徴は，アクション・リサーチによる「反省的な教育実践」というひとつの概念のなかに，授業の具体的な改善と教師の生涯発達，カリキュラム開発と評価，教育研究の実施と省察を統合し，実現しようとして生まれてきた点である．教育研究と授業改善の分離は，授業とカリキュラム開発の分離につながるととらえ，分離でなく統合連続するものとして授業をとおしてカリキュラム開発を行い，研究し，省察することが前提とされた．教師の感じる問題，生徒たちが学習するのに抵抗したり拒否したりするカリキュラム上の問題を授業実践をとおしてとりあげ変革するカリキュラム改革の手法として，アクション・リサーチが教育の場においては生まれてきた．「授業改善―カリキュラム開発―教師の専門性の発達―学校改革」という様々な課題の網の目をつなぐ教育研究法としてアクション・リサーチは生まれてきている．

　このカリキュラムの改善法をめぐって，学校の教職員間で議論が起こった．そのことによって，学習や教授，評価のありかたにつき，これまで行われてきたことが根本的に吟味され，自由で開放的な同僚間の談話をとおしてそれらが解決されていった．カリキュラム変革は，教職員集団全体が同僚への説明責任という文脈のなかで実証的に行われるべきであるという考えによって実施されている．そこに「研究者としての教師」（teacher as researcher）というとらえかたが生まれた．教師個人がひとりだけで行う研究というイメージではなく，学校全体が，あるいは大学の研究者と学校や教師が協働して研究を行うという

共同生成的なアクション・リサーチが生まれていった．授業はすでに決まった
カリキュラムを実施することではなく，カリキュラムや授業を形成（becom-
ing）する過程としてとらえること，学習は受動的に意味を再生産することで
はなく積極的に生成していくものだという認識論が，ステンハウスらの教育研
究としてのアクション・リサーチの基礎概念となっている（Stenhouse, 1975）．
この考えかたによって，教育実践研究としてのアクション・リサーチが教師た
ちに受けいれられ根づいていったのである．

　外部研究者が1時間の授業の教育方法や教材，教師やカリキュラムを対象と
して行うようなそとからの研究ではなく，教師たちとともに，あるいは，教師
たちの手によって，教師自身が直面している問題状況に実際に応えようとする
内側からはじめられる研究である点が，教育におけるアクション・リサーチの
特徴である．教育の実践者である教師の資質向上によって，実践を改善するこ
とをめざして行われてきた．それは実践者が直面している具体的で雑然とした
複雑な現実を認め，ともに探究していく方法である．理論的抽象化によって事
例を単純化しようとしたり，事例の特定変数だけに光をあてた一般化理論を生
みだすものではない．特定の文脈において実践のなかで機能する理論，実践の
理論を，実践をとおして変化生成しながらとらえていく学校教育研究の手法と
して，教育研究としてのアクション・リサーチは展開してきた（McNiff, 1988）．

　この観点から，レヴィンのアクション・リサーチ・モデルを教育研究として
さらに展開修正したのが図3である．図2と図3を比べると，最初の全般的な
アイディア（『何が問題か』）も変化していく点が異なっている．ひとつのサイ
クルが終わって行う評価は，最初のアイディアが解決されたかどうかだけでは
なく，新たな事実の発見と分析とを同時に含む．つまり活動の螺旋のなかで新
たな考えの発見と修正が常に繰りかえされる．授業やその結果として生まれる
カリキュラムについては，実際の個々の授業で教師や研究者がこのサイクルを
繰りかえすことで，日々の実践から新たなことを発見していくと考えられてい
る．

　アクション・リサーチは現実の文脈のなかで起きていることに応答的であり，
教師が専門的実践を行う際に自明と思っていることを探究者として確かめるの
を援助する方法として，また教育研究の方法として教師たちに意義を見いださ
れていった．教師自らが意思決定と権限をもち，アクション・リサーチを行う

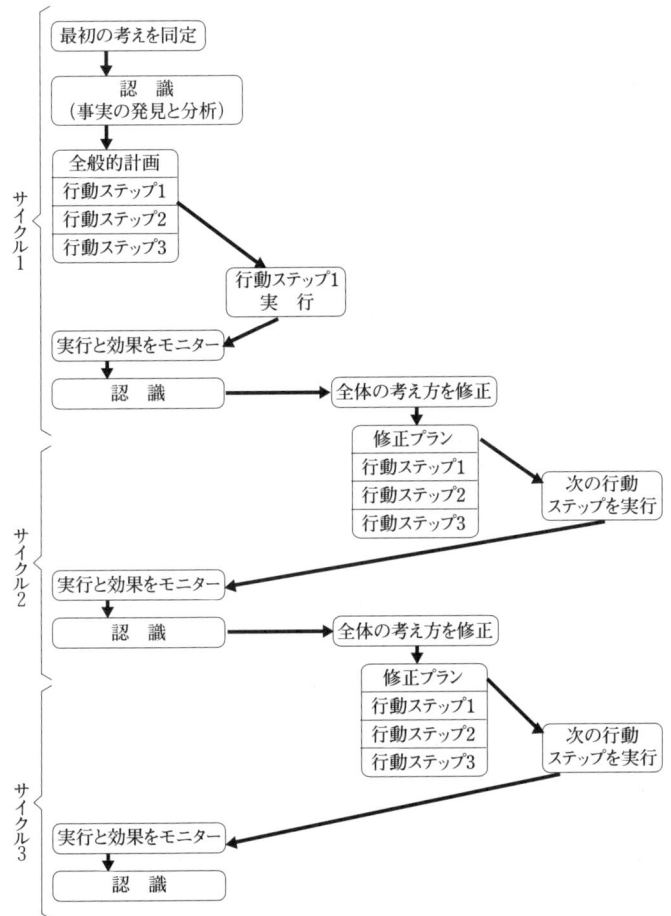

図3 レヴィンのアクション・リサーチ・モデル修正版（Elliot, 1991）

ことで，得られた知識は生徒や教師，管理職などを日常のとらわれから解放
し，学習や指導，政策立案をうながすものとなっていくと考えられたのであっ
た.

　教師自らが探究する研究，あるいは教育が実際に行われる実践の場に外部研
究者もともに参加し探究する研究，先生や子どもや親「について，に関して，
を対象として」(on) 研究するのではなく，その人たち「と共に」(with)，そ
の人たちの「ために，ための」(for) 研究をしていきたいと考える人にとって

表1　アクション・リサーチと他の研究パラダイムの特徴の相違

パラダイム	実証的	解釈的	批判的
方法	科学的	説明的（解釈学的）社会的探究	アクション・リサーチ
技法	実験，調査	社会的状況の観察	批判的ディスコース
探究するもの	因果的説明，一般的法則	意味理解	変化，解放
研究者の位置どり	中立的観察者	社会的状況の中に入る	参加・変化の行為主体
適用可能な領域	ランダムサンプリングをとおして一般化を求める	事例を越えた一般化は困難なこともある	変化の効果は参加者たちに限定される
研究協力者への影響	実験で操作されたり統計的に一定に保たれる変数	自然なセッティングで研究される	変化し解放されることが目的となる
実証（検証）	仮説検証	もっともらしい説明	参加者の中での同意

(Kember, 2000)

のひとつの研究の方法として，教育のアクション・リサーチを位置づけることができる．

　B・アクション・リサーチの特質と形式：これまでレヴィンやステンハウスの理念をとおして紹介してきたアクション・リサーチの特徴を，ほかの研究と比べて考えてみよう．教育実践の場で行う研究は3種類の研究パラダイムにわけて考えることもできる（表1）．

　実証主義は，調査や短期的な実験的介入研究により，ある特定の側面について一般化可能な仮説検証を行う方法である．また解釈的研究は参与的なエスノグラフィー研究によって，記述説明していく方法である．これに対して，アクション・リサーチは，変化や変化によってその行動主体の意識の変革が図られる特徴がある．変化を図るということは現状に対して何らかの批判的見解をもって変革するということが前提にある．これは，レヴィンやステンハウスが行ってきたアクション・リサーチの理念を表した説明となっている．場にいる「私」は，傍観するだけではなくその場で何ができるのかが問われる研究パラダイムということができる．

　ただし，教育におけるアクション・リサーチ自体も，教材，教育方法，学級，

表2　アクション・リサーチの形式分類

区別する基準	合意形成型 合理的管理を追究　←　アクション・リサーチの型			葛藤解決型 構造変化を追究
	［実験的］	［組織的］	［専門的］	［エンパワー］
1 教育に立脚している	・再教育 ・社会科学的理論や管理的な考え方を基にして社会に変化を促し合意形成をめざす ・活動とそれによる成果の関係について推論を立て，集団力動の原因となる要因を見つけだす ・社会科学的視点をもち，研究者中心	・再教育／訓練 ・運用面の工夫や組織の変化によって合意形成をめざす ・変化に対する抵抗を乗り越えて，管理者と従業員との間の力関係を再構築する ・管理的な視点をもち，依頼者中心	・業務の再検討 ・専門職個人の資質に注目しながら，業務の改善をめざす ・専門職集団に力を与えて，患者や依頼者の代理として主張できるようにする ・実務担当者中心	・意識向上 ・利用者主導型に力関係を変えることにより，個別性に対応できる構造に変革することをめざす ・抑圧されている集団に権限を与える ・利用者や実務担当者中心
2 集団に焦点をあてる人たち	・測定をするために研究者が選んだ限定的な集団について原因と効果との関係を推測する ・研究にかかわる構成員が固定されている	・検討作業をするための作業部会や管理者と従業員との混成集団 ・研究にかかわる構成員が選出される	・専門職や多様な専門職集団 構成員の線引きは相談して決める ・研究にかかわる構成員は変動する	・集団が自主的に構成員を選ぶ場合もあれば，自然発生的に集団が作られることもある 構成員を限定するかどうかは集団内の相談によって決まる ・研究にかかわる構成員は流動的
3 問題に焦点をあてている	・社会科学理論に現実の社会問題をあてはめてみることで課題が浮かびあがってくる ・社会科学に関連した問題や管理面で重要な問題 ・成果は社会科学的に判定される	・問題点は各集団の力関係で決まる従業員の意見も聞く ・管理上の問題や社会科学に関連した問題 ・成果は研究活動の主催者（sponsors）により判定される	・問題点は専門職によって決められる利用者の意見も聞く ・専門家の業務や経験から問題が明らかになる ・成果は専門職の協議により判定される	・あまり力を持たない集団から問題が呈示されて話し合われる ・集団の構成員の業務や経験を通して問題が明らかになる ・成果として予想され，受け入れられる範囲を協議により定める
4 介入により変化を促す	・社会科学における理論を検証し，また理論を生みだすために実験的な介入をする ・研究に関連した問題を解決する	・あらかじめ設定されている目標に向けて，組織的に直接的な介入をする ・管理面に関連した問題を解決する	・あらかじめ設定されている目標に向けて，専門職が主導しながら，その過程に合わせて介入する ・研究に基づいた業務の実践や専門職の強化に関連した問題を解決する	・ボトムアップ変化を促す活動であり，目標はあらかじめ設定されておらず，その過程に合わせて介入する ・変化の過程を通して問題点を探り，その問題や解決策に対する理解を深めていく

（つづく）

表2（つづき）

	実験的	組織的	専門的	エンパワー
5 改善の障害をめざし，取りくむ	・制御しながら成果を得る 改善目標について合意を形成する	・具体的な成果を得る 改善目標について合意を形成する	・専門職と利用者の代表が合意した改善目標をめざす	・目標とする成果を協議して設定し，多元的な改善をめざす 既得権に配慮する
6 循環的な経過をたどる	・研究的側面が優位 ・一般化できる因果関係を見つけだす ・時間の制約がある 目標達成に焦点を絞る	・活動と研究が緊張関係にある 活動面が優位 ・問題に特異的な因果関係を見つけだす．その一部は一般化できる ・個々に独立した循環 合理主義的 逐次的	・活動と研究が緊張関係にある 研究面が優位 ・問題に特異的な因果関係を見つけ出す．その一部は一般化できる ・螺旋状の循環 日和見的 力動的	・活動面が優位 ・出来事の経過の変化 変化に対するさまざまな影響を認識する ・範囲を限定しない 経過次第で方向が変わっていく
7 研究協力形態における関係性や	・実験者と被験者 ・外部からの専門研究者と研究資金 ・役割の分担	・コンサルタントと研究者 被験者と参加者 ・外部からコンサルタントを雇う．金を出せば口も出す ・役割の分担	・実務担当者や研究者と協力者 ・外部の力と内部の力双方あるいはどちらか一方によって進む ・役割の融合	・実務担当者でもある研究者と共同研究者，そして研究活動とともに変化する人 ・外部の力と内部の力双方，あるいはどちらか一方によって進む ・役割の共有

（ポープ＆メイズ，2001）

　教員集団，学校，地域など，様々な対象の範囲やめざす次元がありえる．よって，集団や社会の変化・個人の意識的解放だけを求めるわけではない．また表1の3種類のパラダイムの境界も研究手法の実際や過程からみると，必ずしも明確な分類というわけではない．

　教育に限定した分類ではないが，表2はアクション・リサーチに幅があることを示している．Hart & Bond（1995）は，表2のようにアクション・リサーチの形式として「実験的」「組織的」「専門的」「エンパワー」の4つにわけ，ひとつの研究がどれかに必ずあてはまるものではなく，同じ研究を別の面の基準からみるとほかの分類に入ることもあると述べている．教師の潜在的力を引きだすエンパワーメント自体が目的となる研究から，研究者と教師が共通の問題意識をもって，ある特定の側面について探究を行う研究もありえる．研究す

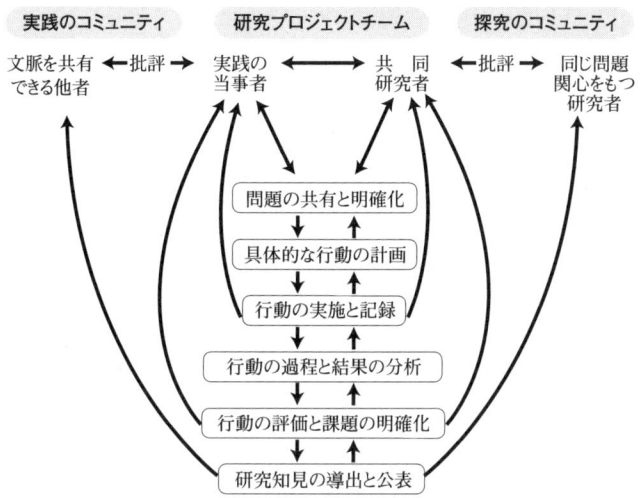

図4　共同生成的なアクション・リサーチ (Greenwood & Levin, 1998)

る人と実践する人との関係や，研究と実践活動のウェイトによって幅がある．

　ただし，アクション・リサーチは研究の方法であり，学校にいっている（例えば校内研修に関わっている）という実践行為だけではない．研究としてほかの人からも研究知見の点で信頼が得られ，妥当な結論を導くための手順と技法を学ぶ必要がある．そこで，この点を次節では述べていく．

2　アクション・リサーチの実施手順

(1)　共同生成的なアクション・リサーチの過程

　アクション・リサーチには，単独研究，共同研究，集団での大きな地域プロジェクト研究などがある．ここでは外部研究者，あるいは学校で別の教師がある授業者とともに行う共同生成的なアクション・リサーチの過程を考えてみよう．

　ひとつのサイクルを終えるのに図4の過程が生じ，螺旋的に研究が展開していくことになる（Greenwood & Levin, 1998; 秋田・市川, 2001）．

　①まずは相互にラポール（信頼関係）をつくり，問題や考えを共有すること

が必要である．そのためには何回も研究前に会って率直に語りあえる関係を作っておくことが大切である．研究をしたいという気もちはあるが，何について研究しているかが研究者や授業者においてはっきりしていない場合には，まずは問うに値するトピックをみつけることが必要である．大きく漠然とした問いでは具体的な行動や変化の評価を行うことができない．何も変えられないと思うような事態ではアクション・リサーチはできない．まず問題にしたいトピックがみつかったらその問題についての情報を収集し，できるだけ具体的に明確にすることが必要である．そして実際に現在その点から何が起こっているのかを調べ事実を集めることが大切である．まずは可能なかぎり詳細に記述してみる．それによって問題の性質が明らかになる．この事実が豊富であると，つぎの計画も具体的にたてることができる．この過程のなかで，授業者や研究者に現実の事実のなかから発見があることが多いのが，この研究方法のおもしろみといえるだろう（秋田・市川・鈴木，2001）．

　②具体的な行動ステップの計画をたてて，その行動を実施することになる．行動としてどのような行動がありえるか，複数の方法を考えたうえで，そのなかから最も適切と考えられる方法について具体的に計画をたてる．この計画をたてるときに，変化によって研究協力者に倫理的にみて不利益になるようなことはないか，研究協力者にあらかじめインフォームドコンセントをとるという倫理面への配慮が重要である（本書の付録「アメリカ教育学会倫理基準」を参照）．

(2) データ収集の技法

　③外部研究者の役割は，共有化した問題をとらえるのに適切な観点でデータが収集できるかどうかになる．そのときにその場にいる集団，様々な個人相互の関係に生じる変化についてのデータを収集することになる．

　データ収集にあたっては，データ収集のために場にどのように参加するのか（Experiencing），いつ探究のためのデータを収集したり面接したりするのか（Enquiring），またどのような記録のとりかたをして確かめるのか（Examining）という「3E」を意識するとよい．第一に場に参加するときの入りかたは研究により異なる．積極的に参加すればその場の情報がより詳しくとれるとは必ずしもいえない．基本的にその場の活動を邪魔しないありかたを研究者が学ぶということが，自然なデータ収集のためには不可欠である（ポープ＆メイズ，

2001).

　第2に，アクションの事中観察だけでは得られないデータは，事前や事後に面接や質問紙，テストなどによってとらえることが必要になる．特に長期的な関与の効果などをとらえるときには，時期による変化をとらえるために，いつどのようなデータを集めるとよいかという時期や間隔の見とおしをもって考えることが必要だろう．

　第3としては，そのためにどのような種類の記録を集めておくかである．例えばある学級での生徒との関係をとらえるときに，そのときの座席はいつ席替えがあったのかを書きこんである座席表や，1日の時間の流れや時刻などをビデオ記録とともにノーツや学校が作ったシート等から記しておくことは，そのデータを解釈するうえでの参考になる．記録にビデオが使用されることが多くなっているが，その分析には膨大な労力が必要となる．どこに焦点を絞るかを考えて記録をとることが大切なのである（コラム「フィールドへの参加とビデオを用いた研究」参照）．

(3) データ収集と解釈における妥当性

　研究においては，その研究方法がどれぐらい妥当なものか，導き出された知見が信頼できるかが重要である．せっかく研究しても，数多くの解釈可能性がでて判断できなければ，アクションによる変化をとらえたことにはなりえない．研究としての信頼性をいうためには，「トライアンギュレーション」（測量でいう三角法）という方法を意識するとよい．4種類のトライアンギュレーションが考えられる（Denzin, 1985）．

　1）データのトライアンギュレーション――異なる時間や空間，人を含むデータを収集する．

　2）研究者のトライアンギュレーション――様々な研究者がクロスチェックを相互にできるよう研究を組む．

　3）理論的トライアンギュレーション――観察を支える理論のために複数の理論をもちこみ解釈を考える．

　4）方法論的トライアンギュレーション――探究に複数の方法論を用いる．

　データとして，例えば教師があるカリキュラムや教授方法の有効性について研究を行うときには，ある方法が望ましいと考えている教師側からのデータ収

集だけであると望ましい方向に回答のバイアス（偏り）が生じる危険性がある．そこで生徒へのインタビューや調査の実施，客観的にビデオで相互作用を撮影し分析するといった3視点からのデータや面接，観察，質問紙などを組みあわせ研究することによって，その研究の信頼性やどこまでの範囲でいえることかを検討できるようになる．またある研究者と教師がふたりで共同研究をすると，暗黙に研究者優位の関係ができることもある．その際学生や別の研究者が一緒に参加分析することでこの点をとらえなおすことができたり，その研究者の理論とは別の解釈可能性が発見できたりする（秋田・市川・鈴木，2001）．

　筆者ら（秋田・恒吉・村瀬・杉澤，2004）は，T市において1年半授業研究の変革に参加してその効果を検討するアクション・リサーチを実施した．授業研究会によって教師の研修での行動と授業の行動が変わったと，教師や関与した指導主事や研究者はその変化を認めていた．けれども実際に関与した教師や研究者の主観的な事後評価だけでは説得的なデータとはいえない．そのときにその研修がどのような過程であったのかを教師に質問紙調査すると同時に，研修過程をビデオに収め，またアクションの効果をみるために，教師の研修については知らない生徒たちに対しても授業への参加について質問紙調査を行った．その結果，アクション・リサーチとして授業研究の変革を行ったモデル校では，研修のやりかたを変えたことで実際に生徒の授業行動に変化がみられたことが示唆された．異なる視点からのデータをトライアンギュレーションとしてとっておくことや，参加者だけではなく別の視点で研究者が参加することが，その結果について説得性の高い知見を得ることを助けるのである．

(4) 行動の過程と結果の分析から課題の明確化へ

　④アクション・リサーチは分析結果から行った行動を分析評価することによって行為者の省察が行われる点が，ほかの研究と大きく異なる点である．「有効性」「実用性」「受容性」の3つの観点から結果を解釈できることが大切である．「有効性」とは，このアクションがどれぐらい役立つか，どれぐらいの時間保持されるのか，付随的にどのような影響がほかに生じたか，効果だけではなく否定的な効果はなかったかをとらえることになる．「実用性」は実行可能性である．アクション・リサーチはその場に根ざした研究であるので，コストパフォーマンスや時間等現場の制約から考えて，そのアクションがほかの類似

場面でも実行可能でなければ，意味をもたないだろう．「受容性」はアクションを行った人だけではなく，場を共有している，あるいは類似の場の人にもそのアクションはどれぐらい受けいれられるか，またほかの学習者に対しても受けいれられる可能性があるかという観点である．

　外部研究者のデータ分析結果とアクションを行った者の内観を照らしあわせてみることによって，予想とずれが起きたときには，さらにそこからつぎの行動が計画されることになる．

　アクション・リサーチは継続的なサイクルをもっている．繰りかえしのサイクルの途中でもその知見を，実践者と外部研究者とがそれぞれ，文脈を共有する教師や研究者に公開していくことが大切である．文脈や経験を共有できる他者に研究結果を公表し，得られた知見の制約条件を特定していくことが妥当な知見を導きだすのに重要である．計画から実施までは実践者と研究者内の環だけで進められる．しかしそこに，さらに一歩ひろげて類似の文脈や問題関心を共有する研究者たち，実践者たちに公表し，二重の環を作っていくことで，新たな課題や実践に制約を与えている要因などに目をむけることができる．一重の環から二重の環へと開かれていくことで，また新たな課題が生まれてくる．実践のなかの理論を主張したアージリスとショーン（Argyris & Schön, 1974）は，この環の二重性がアクションとしての技術論に陥ることなく，専門家が反省的な実践家になっていくのに重要であるとしている．

3　教育のアクション・リサーチにおける記録と研究の評価

　前述のように実践過程でのデータ収集から分析，解釈と結果を導きだすのにどれだけ多様な指標や分析から可能な解釈可能性を考慮に入れて知見を導いているのか，同じデータを分析したときにどの程度同じ結論にいたるかという内的な一貫性としての信頼性がアクション・リサーチでは重要である．そのためにアクション・リサーチ法を使った論文では，①目的の記述において一般的な研究動向だけではなく，その場での問題の背景や場の特徴を述べ，②方法の記述において，アクション・リサーチのサイクルをどのように用い，様々な指標をどのようにして収集したのか，自分の推測・解釈を確かめるためにどのように行ってきたかを詳しく記し，③過程や結果では，事実と意味づけや解釈を区

別し書きわけ，④考察では，先行研究とその研究の文脈の相違から考えられる知見の限定性や，実践の事実だけではなく理論的な布置からの考察，また実践者や研究に関わった者自体の気づきや学習の過程にも言及することが望ましい．

　これらは様々な分野でのアクション・リサーチに共通した点である．特に教育のアクション・リサーチでは，教育研究を行う研究者だけではなく，教育実践の専門家である教師が自らの実践を同僚とともに研究することで，専門性の開発を図ることが，前述したように大きな意味をもち歴史的に評価されてきた（Winter, 2002; Kember, 2000; 2003）．教育では，医者や裁判官などの何が症例や判例かというような事例の定義自体が曖昧である．そこで何についてどのような記述を含んだ事例がつぎの探究や専門性開発のためのアクション・リサーチのために望ましいかを考えることも，教育研究としての質の高さを評価するうえで必要である．

　教師教育分野で教師の事例研究のありかたを問うてきた教育心理学者，リー・シュルマン（Shulman, 2004）は，授業は不確実であり予測不可能であるので，事例研究において，予測不可能なできごとがどのように生じたかに注意した状況記述の重要性を指摘している．①どのような計画や目的がフォーマルにあるいは暗黙に存在していたのかという教師の「意図」，②その意図や計画がどのようなできごとで妨げられたのかという「偶然性」，③予想外のできごとに対して授業では単純な答えはないので，不確実性や驚きに直面してどのような判断を下したかという「判断」，そして④その判断の結果から何が学ばれ，課題となったかという「省察」の4側面が記述されることで，ほかの人もその人の過程を代理経験することができて一緒に参加し，その事態を協働で分析省察することができるというのである．実践者の主観的な一次的経験が，事例として記述探究されることで，抽象化が起きる．そしてさらにその事例から二次的な経験として，ほかの共同研究者のあいだでその事例が共有され代理的に経験される．この代理的な経験の共有からその経験のなかに意味や価値を見いだしていく探究のコミュニティや文化ができていくこと，このような教師間あるいは教師と研究者のつながりの形成も，教育のアクション・リサーチの評価においては重要な研究評価の視点のひとつとなるだろう．

　またアクション・リサーチは研究協力者が暮らしている場において事例研究として行うことが多い．よって生徒や保護者等の協力者に同意を得ていたとし

ても，その場にいる人たちのプライバシーの保護に細心の注意を払って，その人たちに事前に分析・公表すること，それによってその公表が新たな対話を生み，さらなる関係をそこに作りだしていくことが重要である．実践者たちの声と研究に関わる多様な人びとの「著者性」を保証すること（Brown & Jones, 2001；Zeihener, 2001）が，その場の問題の解決・改善とエンパワーメントをめざした研究，レヴィンが求めた民主的な市民社会を作る研究とそのメソドロジーを作りだしていくといえるだろう．

●もっと学びたい人のために●

横溝紳一郎（2000）**『日本語教師のためのアクション・リサーチ』凡人社**——アクション・リサーチの研究の流れや，海外における様々なハンドブックの内容などがわかりやすく日本語で整理して紹介されている．日本語教育だけではなく，アクション・リサーチのやりかたを具体的に学ぼうという人が，入門書として読むのに適している．

佐野正之（**編**）（2000）**『アクション・リサーチのすすめ——新しい英語授業研究』**大修館書店——英語教育での具体的な授業改善のアクション・リサーチの方法について，著者自身の研究も含め紹介されている．アクション・リサーチの入門の1冊として読みやすくてよいだろう．

参考文献

秋田喜代美（2001）教室におけるアクション・リサーチ．やまだようこ・南　博文・サトウタツヤ（編）現場カタログ心理学　金子書房．

秋田喜代美（2003）実践研究の発展——アクション・リサーチ．南風原朝和・市川伸一・下山晴彦（編）心理学研究法　放送大学教育振興会．

秋田喜代美（2004）質的研究における理論的意義．無藤　隆・やまだようこ他（編）質的心理学入門　新曜社．

秋田喜代美・市川伸一（2001）発達・教育における実践研究．南風原朝和・市川伸一・下山晴彦（編）心理学研究法入門　東京大学出版会．

秋田喜代美・市川洋子・鈴木宏明（2001）アクション・リサーチによる学級内関係性の形成過程．東京大学教育学研究科紀要，40, 151-169.

秋田喜代美・恒吉僚子，村瀬公胤・杉澤武俊（2004）「学力を支える学者環境」基礎学力システムの再構築　中間レヴュー．東京大学大学院教育学研究科基礎学力研究開発センター．

Argyris, C. & Schön, D.（1974）*Theory in Practice: Increasing Professional Effectiveness*. San Francisco, CA: Jossey-Bass.

ブロンフェンブレンナー，U.（磯貝芳郎・福富護訳）（1996）人間発達の生態学——発

達心理学への挑戦　川島書店.

Brown, T. & Jones, L. (2001) *Action Research and Postmodernism : Congruence and Critique*. Buckingham: Open University Press.

Denzin, N. K. (1985) Triangulation. In T. Husen & P. Postlethwaite (eds.), *International Encyclopedia of Educational Research*, 9, 5293–5295. Oxford : Pergamon.

Elliot, J. (1991) *Action Research for Educational Change*. Milton Keynes, CA : Open University Press.

Greenwood, D. J. & Levin, M. (1998) *Introduction to Action Research: Social Research for Social Change*. Thousand Oaks, CA: Sage.

Hart, E. & Bond, M. (1995) *Action Research and Social Care : A Guide to Practice*. Buckingham: Open University Press.

Kember, D. (2000) *Action Learning and Action Research : Improving the Quality of Teaching & Learning*. London: Kegan Pole, Sage.

Kember, D. (2003) Action research: Educational tools and the improvement of practice. *Educational Action Research*, 10(1), 83–103.

レヴィン, K. (末永俊郎訳) (1954) 社会的葛藤の解決――グループダイナミックス論文集　東京創元社.

マロー, A. J. (望月　衛・宇津木保訳) (1972) KURT LEWIN――その生涯と業績　誠信書房.

McNiff, J. (1988) *Action Research: Principles and Practice*. London: Routledge.

三隅二不二 (1974) アクション・リサーチ. 続　有恒・高瀬常男 (編) 心理学研究法13――実践研究　東京大学出版会.

大野木裕明 (1997) アクション・リサーチ法の理論と技法. 中澤潤他 (編) 心理学マニュアル――観察法　北大路書房.

ポープ, C. & メイズ, N. (大滝純司監訳) (2001) [7章]　アクション・リサーチで質的方法を使う. 質的研究実践ガイド――保健・医療サービス向上のために　医学書院, pp. 62–73.

Reason, P. & Bradbury, H. (eds.) (2001) *Handbook of Action Research: Participative Inquiry & Practice*. London: Sage.

リチャーズ, J. C.・ロックハート, C. (新里眞男訳) (2000) 英語教育のアクション・リサーチ　研究社出版.

Shulman, L. (2004) *The Wisdom of Practice: Essays on Teaching, Learning, and Learning to Teach*. San Francisco: Jossey-Bass.

Stenhouse, L. (1975) *An Introduction to Curriculum Research and Development*. London: Heinemann.

Witner, R. (2002) Truth or fiction: Problem of validity and authenticity in narratives of action research. *Educational Action Researcher*, 10(1), 143–154.

Zeichner, K. (2001) Educational action research. In, P. Reason & H. Bradbury (eds.) *Handbook of Action Research: Participative Inquiry & Practice.* London: Sage.

コラム——フィールドへの参加とビデオを用いた研究

秋田喜代美

　教育のフィールドに参加する際に，ビデオを撮影し記録する研究も増えてきている．またさらにそのビデオを用いて研究をしたり，共同でのアクション・リサーチも行われてきている．デジタルビデオカメラの小型化やビデオからの文字記録等テープおこしや解析のソフトも開発され（荒川，2005），研究のための便利な道具となってきている．ビデオは，少数サンプルでの質的研究として，あるいはそこからビジュアル・エスノグラフィーを作成する場合にも（Goldman-Segall, 1999; Tobin, 1989），また授業場面等の国際比較研究など大規模サンプルでの量的調査研究にも使用が可能な媒体である（Stigler et al., 2000; Wragg, 1999）．この意味では質的研究にも量的研究にも，そして研究者単独，実践者単独だけではなく，両者の共同使用（斉藤，2003）にも可能な道具という特徴をもっている．ただしだれがどのようなかたちで使用するケースにおいても良質の研究を行うには，ビデオという研究媒体の特質を理解し使用することが重要である（石黒，2001）．

　そこで，①データ収集としてのビデオ撮影，②再生視聴によるデータの分析と解釈，③他者との共同視聴と対話という研究過程に沿って，ここではビデオを用いた教育研究における留意点を考えてみよう．

①データ収集としてのビデオ撮影

　フィールドノーツやインタビューによるその場での文字記録にくらべて，ビデオは撮影者にとっても意識や記憶できていない瞬時のときの積みかさねとして，力動的な時系列データが得られること，また各場面においてある空間的な広がりをもって視聴覚データをとらえられるという情報の豊富さ，冗長性が大きな特質である．この意味で，点の記録ではなく面を記録してくれる媒体といえるだろう．そしてそれは日常の教育の場のそとではなく，内側からの眼で，特定の学校や保育，教育場面を記述できる媒体で

ある．具体的で豊富な一次的資料であるので，数量化も質的記述も，撮影後の分析において可能となるという意味で，撮影後に余地をもった記録方法だともいえるだろう．

しかし撮影者の撮影技能や撮影の視点が映像に反映する点はつねにつきまとう．カメラがどこに置かれていたか，レンズのショット（広角か望遠か）や，記録した角度，撮影者と被撮影者との関係など，カメラのなかで撮影者がとらえた出来事がフィルムの視点となる点で，ある制約や限界をもっている．またカメラで撮影しているということ自体がその場にいる先生や生徒に与える影響も否めない．場の雰囲気全体や身体をとおしてその場にいる人がとらえられる感覚情報すべてがビデオに収められるわけではない．けれども，ビデオが豊富な情報をもつ記録媒体であるがゆえに，ほかの方法にくらべてこの点が忘れられがちである．自分が何に注意して写したかを自覚し，撮影直後にノートなどに別途記録しておくことが，その後の分析や解釈のために有用である．またビデオ撮影に夢中になると，せっかく教育が生起する場にいながらレンズのなかに映っているものごとだけに集中し，場全体の雰囲気を撮影者自身が感知しそこなう可能性や，レンズのアングル以外でおきている出来事を見うしなうことがあること，先生や生徒との距離がある関係や影響をその場に作りだしていることをときに見うしないがちである危険性ももっている．特に記録しはじめた当初にはビデオが子どもたちに与える影響は大きく，反対に慣れが生じるほど撮影者側に撮影の制約が忘れられがちである．つねに状況を自省的にとらえることが，データ収集において重要なことといえるだろう．

②再生・視聴によるデータ分析と解釈

ビデオデータの特質は，オリジナルな出来事により近いかたちで，身近に感じながら何度でも再生し見なおすことができることにある．この点でビデオは複雑な教室の相互作用過程などを記録し，会話分析や評定をする量的な調査や分析で使用するときに，その場に立ち会っていなかった複数の分析者も同時に何度もみることができる点でも，信頼性の高い分析をすることができるという特質をもっている．

またビデオデータの特徴は，①でも述べたように，様々な情報を含んだ

複雑性と漠然性（曖昧性）にある．言葉に置きかえて翻訳してもしきれない内容に，繰りかえし接近することで，予期しない考えや別の分析カテゴリーを発見する可能性をもたらすことができる．つまり撮影時には気づかなかった多様な視点からとらえなおすことや，その場における様々な人が織りなす言語行為，非言語行為の連関から多層的な解釈が可能となる魅力をもっている．しかしまたそれは分析に時間がかかること，撮影してもビデオを読み解く理論や枠組み，瞬時に場をとらえる実践的感覚をもたないと，研究を作成していくために扱いにくく，とらえにくいデータであるともいえる．

　ギアーツ（Geertz, 1983）は，ある文化を読み解くために「厚い記述」の必要性を述べた．厚い記述と薄い記述の違いは，細部の出来事に関して，

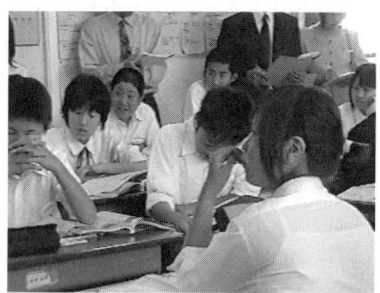

中学校での授業中の 1 シーンである．中央男子生徒の発言によって後方の男子，女子生徒，向いあった女子生徒が興味をもって考えはじめた様子がコマ送りから見える．また中学には珍しいコの字型座席配置であることも映像によってわかる（2004 年，熱海市立多賀中学校）．

幾層も層（multi-layered）をもってとらえ，意図や意味をそこから引きだすことができる記述，意味の構造の記述ができているか否かである．何度も片目を閉じたり開いたりしている行為を文脈からウィンクと記述したり，鉛筆で点や線を引いているという行為からある課題をなしとげるために取り組んでいると記述することによってその行為に意味が与えられる．行為者の意図が文脈のなかで記述されることで意味が与えられる．この意味で，ビデオは，豊富かつ複合的な記録ゆえに，様々な次元からある出来事を解釈し意味の構築を可能にしてくれる媒体である．ただし研究者がその対象についてより深く豊かに理解できる視点や概念を提示できるかどうかが，よい分析や解釈を産みだすかどうかに関わっているのである．この点はほかの研究方法と共通性をもっている．つまり撮影時だけではなく撮影後のビデオ鑑識眼（Goldman-Segall, 1999）も問われてくるといえるだろう．

③他者との共同視聴と対話

　ビデオは，なまのデータに近い状況を記録しているため，みる人に教育場面での複雑な状況のメンタルピクチャー（心象）を形成することができる．したがって，ビデオデータは撮影した研究者あるいは教師単独の視点での分析だけではなく，撮影後に研究協力者の先生，あるいはほかの様々な研究者や教師，生徒，保護者等との共同視聴によって，新たな解釈を生成していける余地があり，開かれている点に特徴がある．学際的な分析も可能であるので，さらに多様な視点や意味の新たな層を見いだしていくことを可能にする．実践と研究，研究領域間の媒介を容易にする記録媒体である．

　ほかの研究方法では，分析結果や解釈に使われる研究者の言語や記号が専門用語になりがちであるために，他分野の研究者や教師には研究結果の意味することを理解して対話することが難しいという問題が起こりやすい．これに対してビデオは，具体的にメンタルピクチャーとしてのイメージを映像が提供し共有できる．そのため，多様な観察者が授業を語るのにその場で共通に使用する言語を生みだしたり，また相互に使用する言葉の意味をそのイメージを仲立ちにして互いが理解し共有できるという特徴をもっている．特に教育現場では，研究者と研究協力者である教師や子どもの関

係は，「見るものと見られるもの，語るものと語られるもの」というかたちで，協力者は研究結果において自分の声を奪われ，研究者の枠組みで語られる関係で終わりになりがちである．しかしビデオの共同視聴によって，研究におけるオーサーシップ（著者性）と同時に，そのビデオを読むリーダーシップ（読者性）が改めて重視され，両者の関係は変化することになる（Tobin, 1989）．それによって研究者にはみえなかった，隠されたレベルでの意味を明らかにすることができる．そして，著者である研究者自身の認識が問われ開かれていき，対等で多声的な共同研究が可能となっていく（Ashida et al., 2004；野口他，2005）．

　斉藤（2003）が指摘するように，「ビデオ媒体の共同視聴は，言葉による相互交渉を伴うことによって，単に物理的な場の共有ではなく，幾度もの意味づけやその交渉の反復が可能な相互テクスト的媒介過程として，参加者相互の視点のずれや共通性の発見といった視点の理解を促し，その媒介過程自体の共有体験を保障する．映像と言葉によるテクスト化で二重表象化する」(p. 34)．ビデオ視聴をとおしての対話には，映像に写されたそのままの事実を語ることから，その知覚を超え推論のレベルまでを含めて語ること，映像から喚起された現場の記憶を語ること，そこからさらにその現実とは離れ，自己が関連した他の記憶を語ることまでが含まれていくのである．この意味で，ビデオによる研究は，データをとって解釈して論文にまとめ完結する"線形的"に進む研究のかたちだけではなく，そこから新たな対話と研究の生成を可能にするといえる．もちろん，ほかの記録方法でもこの対話は可能であるが，映像がそれをより容易にするといえるだろう．そしてそのことが研究者と研究協力者という関係もまた，新たな役割，共同研究者であり，共同で実践を作るコ（共同）・アクションリサーチャーへと変化させていく．

　ビデオは容易に集められても分析に時間がかかるために，撮っても分析されずに放置される危険性や，特定事例のインパクトからある文化への一般化の誤謬を生みやすいという危険性をもつ．その一方で，研究者単独では見いだせない層を共同視聴による対話によって新たに見いだし研究の視野を拓いていく可能性や，教育のフィールドとの新たな関係性を生みだす可能性も含んでいる．そしてこの方向性を決めるのは研究者の教育のフィ

ールドに対する敬意や，みずみずしい驚きを含む実践的な身体感覚ではな
いだろうか．テクノロジーへの理解と実践の場への感覚が適切で新たな研
究テクノロジーの使用方法を生みだしていく．ビデオはそのことをもっと
もよく伝えてくれる研究の道具といえるだろう．

荒川　歩（2005）映像データの質的分析の可能性——mivurix（ミブリックス）
　　による指折り行動の分析から．質的心理学研究，4, 66–74.

Ashida, H., Kadota, R., Suzuki, J., Akita, K., Oda, Y., & Noguchi, T. (2004) Jap-
　　anese kindergarten teachers' belief on intellectual and social develop-
　　ment. *International Journal of Early Childhood Education*, 10, 29–41.

Geertz, C. (1983) *The Interpretation of Cultures*. New York : Basic Books.
　　（吉田禎他訳（1987）文化の解釈学 I, II　岩波書店.）

Goldman-Segall, R. (1999) *Points of Viewing Children's Thinking : A Digital
　　Ethnographer's Journey*. Mahwah, NJ : LEA.

石黒広昭（編）（2001）AV 機器を用いたフィールドリサーチ　新曜社.

野口隆子・小田　豊・芦田　宏・門田理世・鈴木正敏・秋田喜代美（2005）保育
　　者の持つ "良い保育者" イメージに関するビジュアルエスノグラフィー．質的
　　心理学研究，4, 152–164.

斉藤こずゑ（2003）撮影現場—映像—共同視聴の会話——発達研究におけるビデ
　　オ映像の間テクスト性．国学院大学文学部紀要，20–55.

Stigler, J. W., Gallimore, R., & Hiebert, J. (2000) Using video surveys to com-
　　pare classrooms and teaching across cultures : Examples and lesson from
　　the TIMSS Video studies. *Educational Psychologists*, 35(2), 87–100.

Tobin, J. (1989) Visual anthropology and multivocal ethnography : A dia-
　　logical approach to Japanese preschool class size. *Dialectical Anthro-
　　pology*, 13, 178–187.

Wragg, E. C. (1999) *An Introduction to Classroom Observation*. New York :
　　Routledge Falmer.

6章 ライフストーリー研究
インタビューで語りをとらえる方法

やまだようこ

「人びとが，自分たちの人生にとって意味あることを，その人たち自身のことばで語ること」，その語りを聞くことは，予想した心理測定尺度や企てた実験による研究よりも，はるかに価値あることだと，私たちには思われた．(Josselson, R. & Lieblich, A. (1993) *The Narrative Study of Lives* 創刊の序文)

1 ライフストーリー研究とは

　教育のいとなみには，「自己の経験を他者に語る」，「他者の経験を聞いて理解し自己の文脈に意味づける」というコミュニケーションのプロセスが深くかかわっている．教室という限られた伝達場面においても，「語る・聞く」というコミュニケーション・プロセスは大変重要である．さらに，その時間・空間の軸をずっと大きく長く広くして教育を考えてみよう．生涯発達心理学や生涯教育の視点にたつと，そのコミュニケーション・プロセスは，人生全体にわたって，ときには世代をいくつも超えて行われていることに気づかされるであろう．教育とは，前の世代（親や教師など）が，自己の経験から得た知恵や技術や願望を教え伝え，後の世代（子世代や孫世代）がそれらを学び受けついで，自己の経験の糧として生かしていく，長い時間をかけた世代間コミュニケーションのプロセスでもある．

　ライフストーリー研究とは，人間が生きている人生の物語・生の物語・いのちの物語・生活の物語を，「語り」をもとに研究する学問である．したがって，幾世代にもわたって綿々と先祖代々語り伝えられてきたような長い時間軸のコミュニケーションを扱えることが大きな長所である．また，ライフストーリー研究では「今朝起こったできごと」を語るというような短いライフを扱うことも，もちろん可能である．

　ライフ（life）には，「人生」「生涯」「生」「いのち」「生活」そのすべての意味があるので，どの側面に焦点をあてるかによって，具体的な研究内容は異なる．ある人の生涯全体を生まれてから現在までの経験を時間軸にそって聞く研究もあれば，「転機」「卒業」「事故」など特定のイベントを中心に聞く研究も，「私」「教師」など特定の対象に焦点化して語りを聞く研究もある．語られた内容やストーリーよりも，語りかたや語り口，語り手と聞き手の相互行為に焦点をあてる研究もある．

　ライフストーリー研究者は，「人が自己の経験をどのように組織化し意味づけて他者に語るか」に，大きな関心をよせている．語られたストーリーの内容だけではなく，そのストーリーのつくられかた，語りかたや語り口，他者との相互行為のありかたなど，「物語」と「語り」は切り離すことができないと考えるからである．したがってライフストーリー研究は，ライフ・ナラティヴ研究と呼ばれることもある．

　ライフストーリー研究は，人が生きている経験や生きられた経験を，ナラティヴ（語り・物語）を通じて研究するという接近法，つまり「ナラティヴ・アプローチ」に大きな特徴をもつ．そこには，ナラティヴ・ターン（物語的転換）と呼ばれる大きな学問横断的に行われつつある認識論的・方法論的変化の潮流がベースにある．

　ライフストーリー研究とは，単に特定の研究対象や研究技法をさす言葉ではない．そこには，ナラティヴ（語り・物語）を通して世界や人間をみていくという新しい世界観や人間観，つまり〈ものの見かた〉が含まれている．また，世界や人間と交わる向かいかた（身交いかた）やアプローチのしかた，つまり〈方法論〉が含まれている．したがって，この研究法を学べば，研究だけに役立つのではなく，人生を生きるプロセスにおいて，自分自身やほかの人びとや周りの環境を主体的に生成的に変えていく知恵としての〈ものの見かた〉や〈方法論〉を学ぶことができるだろう．

　この章では，ライフストーリー研究の方法を，特にインタビューによってナラティヴ（語り・物語）をどのように掬いとるかという方法を中心に語ってみたい．

2　ライフストーリー研究の特徴

(1)　意味づける行為としての物語

　ライフストーリー，つまり人生を物語るということは，その人が生きている経験を有機的に組織し，意味づける行為である．「意味」は，ライフストーリー研究のキーワードのひとつである．しかし，その「意味」の意味は，今まで考えられてきた意味とは異なっている．その「意味」は，かつて哲学や言語学で論じられたような言語記号のなかで意味表現（シニフィアン）と意味内容（シニフィエ）（ソシュール，1972）に分かれる意味とは違っている．また精神分析学や深層心理学で扱われてきたように，無意識の心の深層に「本当の意味」が隠されているという見かたとも違っている．

　ブルーナー（1999）の記念碑的な本は，『意味の行為』（原題，*Acts of Meaning*）と名づけられている．意味は，かつて考えられていたように，言語記号のなかにあるのでも，個人の内的世界のなかにあるのでもない．「意味」は，語り手と聞き手の相互行為のなかで共同作業として行われていく進行するプロセスとしての「意味づける行為」なのである．物語とは，この意味づける行為あるいは経験の有機化・組織化（オーガナイゼーション）のしかたのことである．

　「物語」の定義や見方は研究者によって異なる．リクール（1987-1990）は，物語論において，筋立ての構造的調和を強調した．調和は，「完結性」，「全体性」（はじめと中間と終わりをもつこと），「適度な大きさ」の3つによって性格づけられる．

　また，ロシア・フォルマリズムの伝統をひく物語類型，例えば，プロップ（1987）などが行った民話や昔話の分析では，「苦難」，「転回」（転機，エピファニー），「解決」（変身・克服）などの限られた要素によって筋（プロット）がつくられているといわれる．近代小説においても，「旅の出発」「苦難と忍耐」「争いへの参加」「目的の達成」「安住の地の建設」などの要素がみられる．プラマー（1998）は，きわめて現代的で先端的にみえる同性愛者のセクシュアル・ストーリーやカミングアウト・ストーリーも，「私はほかの人と違っていた」という旅の出発からはじまり，「苦難」「敵」「本当の自分がわかる」「カミングアウト」「安住の地に到着」という類似の筋で語られていると指摘してい

る．McAdams & de St. Aubin（1998）も，ライフストーリーを分析して，「回復の物語」や「転機の物語」などの類型をあげている．

(2) 生成するプロセスとしての物語

　ライフストーリー研究者は，「語る・聞く」行為がどのように行われていくか，意味づける行為の生成過程としての「プロセス」を重視していることも大きな特徴である．

　私は物語を「ふたつ以上の出来事をむすびつけて筋だてる行為」と定義している（やまだ，2000）．そのように定義するのは，物語を「はじめ」「終わり」という完結する構造をもつものや，物語作者によって意図的に制作されたものとしてとらえるよりも，数々のバージョンを重ねながら，常に語り直していくものとしてとらえ，人が人生を生きていくときの生成・変化プロセスをより重視するからである．

　日本語の「むすぶ」という概念は，異質のものを「結ぶ」（関係づける）とともに，「産ぶ」（産む）とも連関があり，新しい命を生みだすことでもある．個々の出来事は同じでも，それをどのようにむすびつけるかによって，物語が変わるのである．

　例えば，「幼いときに両親が亡くなった」という出来事は変えられないが，「だから，自分はひとりぼっちだ」という出来事（行為）とむすびつけるか，「だから，自分はひとりでやれる」という出来事（行為）とむすびつけるかによって，意味が大きく変わる．人は，個々の出来事が起こった事実そのものによって生きるというよりは，その出来事にどのような意味を与え，どのように有機的なむすびつきをつくるか，意味づける行為によって生きているのである．意味づけかた，むすびつけかたが変われば，物語が変えられるし，人生の意味も変わってくるはずである．

　同じ出来事であっても，何かが契機になったり，年齢を経たりすると，違う見かたでみられるようになる．それは物語が変わったのだといえよう．例えば私は最近，突然見知らぬ方から電話をもらった．その方は，幼児期に母親の虐待にあったことを電話でいきなり低い声で語られので，はじめは悩みの相談かと思ったが，そうではなかった．その方は，私が書いた『ことばの前のことば』（やまだ，1986）という本を読まれて，自分の幼いときの母親の記憶がひと

つ蘇り，それによって母親の見かたが変わって救われたといわれた．

> 「私には，母に叩かれて脅えたことばかりで，何もよい記憶がないのです．虐待のセラピー関係の本をたくさん読みましたが，読めば読むほど母を憎む気持ちばかり強くなって，ますます怒りがたまるばかりでした．先生の本も買ったものの，数年間は辛くてページを開くこともできませんでした．でも，読んでみるとまったく違いました．ふつうの子どものことが書いてありました．それで，私にもこんなことがあった……何かほっとするあたたかい風景が浮かんできました．私は，母が私に靴をはかせてくれるときに，そっと手をそえてくれたことを思いだしたのです．それをきっかけに，ああ，母もそうやって私に手をそえてくれたときもあったのだと思い直しました．その手の感触やあたたかい記憶が蘇って，どんなに救いになったことでしょう．何回も何回もそれを思い返しています．そのことがうれしくて，お忙しくて突然で失礼と思ったのですが，ひとことでも，先生にお礼をいいたくなりました．」

その方はいつもと違うタイプの本に出会って，自分の子どものころの経験の見かたや意味づけかたを変えた，つまり物語を変えたのだろう．私の本がそんなふうに役に立ったと聞いたのははじめてのことで，電話を切ったあとも不思議な感動にひたされた．その名前も知らない方が，その方の物語を私のところまで語り伝えてくださったことが奇跡のようで，その「声」と「ことばの力」のおかげで私も力をいただいた．それで，私もその経験を私流のバージョンで，ここで語り直すことにした．語りは，語りを共鳴させる．語りは，語りを次つぎに生む「ことばの力」をもつのである．

(3) ライフストーリー研究と，ライフヒストリー研究

ライフストーリー研究は，広い意味でナラティヴ（語り・物語）アプローチに基づいている．ナラティヴは，語る行為と語られた物語の両方をさす．日本語の「物語」という言葉はフィクションという狭い意味で使われるので誤解されやすいが，ここでいう「語り・物語」は，より広い意味であり，日常の言語行為すべてをさすといってもよいだろう．

ライフストーリー（人生の物語）研究は，ライフヒストリー（生活史）研究と混同されやすい．どう違うのですかとよく質問される．これらの研究やオーラルヒストリー（口承史）研究は，実際には重なっており，類似した研究が異なった名前で呼ばれることも多い（グッドソン，2001；トンプソン，2003）．しかし，おもに研究者の関心がどこにあるかということで区別される．

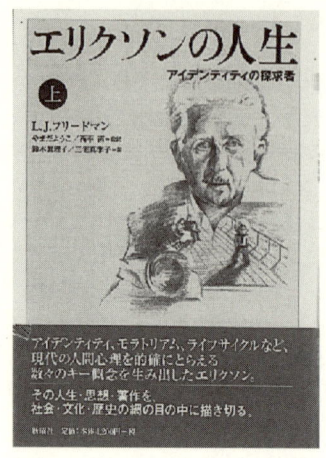

写真1 『エリクソンの人生』表紙
エリクソンの母が義父と結婚したと
きの子ども時代の想い出を描いたス
ケッチと，成人になったエリクソン
を二重にしたイラスト．（やまだ・
西平監訳，2003，新曜社刊）

ライフストーリー研究では，「語られた真実」に関心をもつのに対して，ライフヒストリー研究では，「歴史的真実」により関心をもつ（Mann, 1992）．ライフストーリー研究では，「語り」そのものにより関心をもち，どのように人生経験が構成されているか，どのように意味づけられているか，どのような語りがなされているかが中心に分析される．たとえ語られた内容が記憶の誤りで歴史的事実とずれていたとしても，その人の「語り・物語」としてはリアリティをもつと考えるのである．そもそも語りを，客観的に外在する「事実」の反映とみなすことも，主観的な心の世界の内的「事実」の投影とみなすこともしない．どちらの見かたも客観と主観の二元分割という見かたをひきずっているからである．したがって，リアリティとは何かということ自体も問われる．また，語りが生みだされる状況や文脈，調査者や調査対象者との関係性に注意が払われる．語りは，共同行為（joint action），共同制作，共同生成としてとらえられる（プラマー，1998；やまだ，2000）．

　ライフヒストリー研究では，個人史を扱う場合にも，大きな歴史の流れのなかでとらえた個人の歴史に関心をもち，それを調べる手段のひとつとしてインタビューや語りが用いられ，語られた内容の裏づけとして各種の資料や史的考証も重視する．最近の優れたライフヒストリー研究の実例としては，歴史の専門家が近親者のインタビューも含めて多様な資料を用い，入念な現地調査で発掘した新発見の資料も駆使して，20世紀を生きたひとりの学者の人生を再構成した『エリクソンの人生』（フリードマン，2003）などがある．

　なお個人の人生よりも，共同体やコミュニティの歴史，民衆史，社会史，政治史などに関心をもつ歴史研究では，オーラルヒストリー（口承史）研究という用語が好まれることもある．これは，従来の歴史研究が文書資料に頼りすぎてきたことの反省のうえに立って，口頭で語られた歴史に大きな価値があるこ

とを強調する用語である（トンプソン，2003）.

　桜井（2002）は，長年ライフヒストリーを研究してきたが，最近ライフストーリー研究へと「方法論的転回」をした．彼は，両者の違いをつぎのように説明している.

　　　第一に，かつて私は語り手の語りだけに注目していたので，インタビュアーとしての私たちは，……背景に退くかたちで編集していた．第二に，人びとの語りにはある特定のトピックがバラバラと登場するから，……かつてはひとつのトピックにまとめるように語りの順序を変更して，わかりやすい編集を心がけていたのである．これらは，現在のトランスクリプトでは様変わりしている．インタビュアーの質問は語り手の語りとおなじ位置づけがなされており，インタビューで語られたトピックの継起順序にそってトランスクリプトも作成されている.

　　　じつは，この変化はライフヒストリーからライフストーリーへと方法論の鍵概念が変化したこととも対応している．ライフヒストリーは，調査の対象である語り手に照準し，語り手の語りを調査者がさまざまな補助データで補ったり，時系列的に順序を入れ替えるなどの編集をへて再構成される．それに対し，ライフストーリーは口述の語りそのものの記 述を意味するだけでなく，調査者を調査の重要な対象であると位置づけているところが特徴なのである．（桜井，2002，pp. 8-9）

　　　方法論的に，ライフストーリーをライフヒストリーから分かつ点は，後者が対象者の現実のみを描いて調査者を見えない「神の目」の位置におくのに対して，調査者の存在を語り手とおなじ位置におくということである（桜井，2002, p. 61）.

（4）ナラティヴ（語り・物語）アプローチの特徴

　ライフストーリーは，人びとが歩んできた自分の人生についての語りであるが，伝記や自伝や一代記などをさすと誤解されがちである．しかし人生は，時間順序にそって語られるわけではない．時間順序にそった記述は，研究者の編集と再構成によっている．ライフストーリー研究では，時系列にそって物語るという形式を疑いもなく採用してきた「伝記」作者の語りかたや再構成のしかたをも問題にし，その語りかた自体を研究対象にしている．研究者や作者がどのようなナラティヴ（語り・物語）で語るかということにも，自覚的で反省的（reflective）な眼を向けるのである．また，インタビューや語りを用いていたとしても，マスコミで流布している「聞き書き」「実録」「ドキュメンタリー」

とは異なる．それらにも，興味深い事例はあるものの，ライフストーリー研究とは同一には扱えない．それらは，別の目的で読者向きに編集して書かれていることや，インタビューによって語られたことと書き手や作者の「語りかた」や「編集作業」を無自覚に融合させており，方法論に無頓着な分だけ，経験科学の要件を備えているとはいえないからである．

ライフには，すでにみたように「生，いのち，人生，生涯，生活，生きかた」など広い意味があるので，人が生きた経験の意味を掬いとる研究，人が生きた経験を広義のナラティヴによって扱う研究は，たとえ短い時間スパンを扱ったり，特定の瞬間だけを扱っても，ライフストーリー研究である．ここで私が広義のナラティヴと呼んでいるのは，語りには，狭義の言語だけではなく，身体や表情による非言語的な語りや，イメージや絵画や音楽や映画など多彩な語りかたが含まれると考えているからである．

ライフストーリー研究では，数量的な一次元尺度など，ひとつの単純なものさしで人間を記述するやりかたに疑問をもち，具体的な語りそのものや意味づけのしかたなどの質的研究が重視される．実際のところ多種多様な研究が行われているので，単純な記述では説明できないが，あえてその特徴をごく簡単にまとめてみよう．

①広義のナラティヴ・アプローチにたつ：広義のナラティヴ・アプローチ，つまり物語モードによる研究は，「それは事実かどうか？」という問いかたとは異なる問いかたによって，「意味の行為」「経験の組織化」に迫ろうとする．論理実証モードよりも，物語モードによって研究をすすめるのである（ブルーナー，1999；やまだ，2000）．

論理実証モードは，自然科学的パラダイムでおなじみのもので，「ある出来事についての陳述が真か偽か？」を問い，真か偽かを明らかにする条件設定をして実証的にどちらかの結論を導くものである．正か，誤か，証拠不足で結論がでないか，単純化すれば答えは３つに集約される．

物語モードでは，意味づけのしかたが問われるから，「悲しいが，うれしい」というような複数の矛盾する回答が同時に存在しうる．人生は正か誤かを判断されるものではない．人生にどのような意味を与えているかによって，生きがいは変わってくる．私たちの人生においても自分自身においても，複数の異なる多様な物語が同時に共存している．ふつうの日常はひとつの一貫した論理で

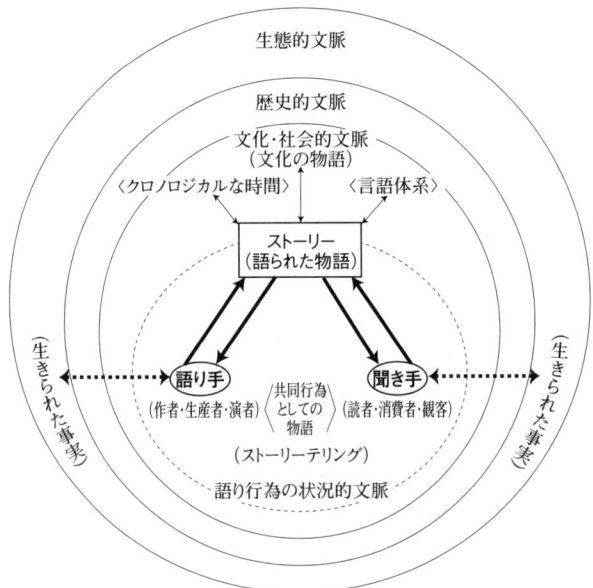

図1　語られた物語（ストーリー）と語りの共同行為（やまだ，2000，p. 24）

貫かれてはいない．人生はなぜ「物語」として研究されねばならないのだろう
か．それは「ふつうの人びとがふつうに日常的にやっていること」を研究した
いからである．

　②**語り手と聞き手の相互行為を重視する**：ナラティヴ・アプローチでは，語りと
いう行為を，一方から一方へ情報伝達モデルのように流れるモデルとしては考
えない．語り手と聞き手の関係性や，聞き手の問いかたによって，語られる内
容も異なってくると考えられる．語る内容があらかじめ記憶の貯蔵庫のなかに
蓄えられていて，それが外に表現されるというわけではない．図1のような，
今ここでの状況，社会・文化・歴史的文脈など，どのような文脈のなかでその
語りがなされたかが重要である．語りが暗黙の権威関係やジェンダーによって
規定されていることなどを明確に自覚し，種々の複雑な文脈のなかで，語り手
と聞き手の相互行為として語りが共同生成されるのである．したがって，語り
手が一方的に語る「抽象的なひとり語り」的記述よりも，どのような状況でど
のような問いに対してどのような語りがなされたのか，という相互行為や対話
的プロセスを重視した記述がなされる．

　研究者も，図1のような文脈に埋めこまれた聞き手のひとりである．論文を書くという点では，語り手のひとりともなる．研究者も，場面の制約や状況のバイアスを受けるので，特権的な立場にはいられないし，抽象的な存在ではなく，ひとりの生身の「私」にすぎない．したがって，研究者の自己省察（reflection）も厳しく問われることになる．

　③**語りによって生成される変化を重視する**：ナラティヴ・アプローチでは，語りを，内に蓄えられていた固定した記憶をそとへ表現するもの（expression）としてではなく，今ここの状況のなかで語り手と聞き手の共同行為によって，共同生成されるものとみなす．この視点からは，必然的に語りによる「変化」を重視することになる．状況や，聞きかた，問いかたによって語られる内容も変わると考えられるからである．例えば自己やパーソナリティを固定したものとみなさず，「物語としての自己」とみなせば，人が自己に物語っている「私というもの」をどのように語り直せば変化させることができるかという視点へと導かれる．ナラティヴを変えれば自己が変わるというほど人間は単純ではないが，自己を「固い事物のようなモノ」とみなすか，「変化しうる物語」とみなすかによって，アプローチは変わってくる．

　他者から自分に向かって語られたことを自分流に語り直していく，あるいは自己の体験を超えるためにもうひとつの自己物語を語り直していく，このように語りの新しいバージョンをつくることによって，自分自身が変わっていくのである．また，語りのすばらしいところは，ことばの力が今ここにある現在の世界を変える力をもつことである．「想像してごらん」という歌詞ではじまるジョン・レノンの「イマジン」を思い浮かべるまでもなく，ことばは未来をイメージする働きをもつ．自分の知らない世界をイメージする想像力によって，時間的にも空間的にも「今」「ここ」を超えていくことができる．

3　ライフストーリー研究の方法──インタビュー法

(1) インタビュー法

　ライフストーリー研究の方法としては，インタビュー法を用いることが多い．インタビュー法は，観察法や調査法と同様に，基礎的研究法として大変重要であるが，いままで学問の方法論として基礎トレーニングがなされてこなかった．

また，インタビューの方法論は急速に大きく変化している.

　人類学などでは伝統的にインタビューによる聞きとりが技法として用いられてきたが，インフォーマント（情報提供者）から情報を聞きだす方法としかみなされてこなかったことに，根本的な反省がなされるようになった（ラングネス＆フランク，1993）．心理学においては，調査対象者は，サブジェクト（被験者）と呼ばれてきたが，同様の問題が露呈している．研究者は誰でも入れ替わりうる抽象的で「ニュートラル」な存在であるかのように，その役割や位置が観察や記述の対象からはずされてきたからである．現在では，両者はインタビュアー（聞き手）とインタビュイー（語り手）と呼ばれるようになった.

　最近では質的研究法やナラティヴ・アプローチへの関心の高まりとともに，インタビュー法の重要性がクローズ・アップされるようになり，海外では多様な方法と技法が提唱され，ハンドブックや専門技法の刊行が相ついでいる（Gubrium & Holstein, 2002 など）.

　例えば，フリック（2002）は，質問と答えかたをあらかじめ決めた構造化インタビューに対して，より自由な半構造化インタビューを質的研究法の基礎的方法のひとつとしている．彼は，つぎのような種類のインタビューをあげている.「焦点インタビュー」(focused interview),「問題中心インタビュー」(problem-centered interview),「専門家インタビュー」(expert interview),「エスノグラフィック・インタビュー」などである．彼は，ライフストーリー研究などに用いられるナラティヴ・インタビューは，半構造化インタビューよりもさらにインタビュイー（語り手）の経験世界に迫り，語り手の主体性を重んじる方法であり，語り手が自由な語りの生成過程を促す方法であると位置づけている.

　Atkinson (1998) のライフストーリー・インタビューでは，時系列にそったいくぶん古典的な技法が紹介されているが，質問の具体例，カバーシートやライフストーリーの具体例をもりこんでいて，実践的入門書としてはわかりやすい．例えば，「教育」に関しては，つぎのような質問が例にあげられている.「学校に通いはじめて最初の想い出はどんなものですか？　はじめのころ，学校が楽しかったですか？」「小学校について多く思いだすことは何でしょうか？　学校時代（小，中，高校）で好きな先生はいましたか？　先生たちはどんな影響をあなたに与えましたか？」「学校時代にもっとも良かった想い出は

何でしょうか？」

　構造化されたインタビューでは，質問紙調査のように，あらかじめ詳細な標準的質問項目をつくる．例えば「小学校のころ，いじめられた体験はありましたか？」と聞き，答える側は受け身で，「はい」「いいえ」とか，「非常にあった」とか「少しあった」と答えるだけでよい．したがって，答える側の労力は少ない．しかし，質問者によってつくられた枠組みのなかで，完全に研究者が統制した問答ですすめられる．また，この種の質問では，一律すべての人に同じことが聞けるかわりに，「あったか」「なかったか」という表面的な回答でとどまる．それがどのような内容の体験だったのか，その体験とその後の体験との関連はどうか，自分がその体験についてどう思っているのかなど，体験の中身やその後の人生との関連性，その体験の意味づけが掬いとられることはない．例えば，「いじめは嫌な体験だったけれど，それによって自分は強くなれた」と思っている場合もあれば，「いじめのせいで自分は人間嫌いになった」と思っている場合もあるだろう．ひとつの出来事は個々バラバラではない．ある出来事は，別の出来事と「むすばれ」，関連づけられて意味づけられる．個々の出来事の有無よりも，それらの出来事間の関連づけのしかた（物語のつくりかた）のほうが，人間の人生にとって大きな影響をもつだろう．

　半構造化インタビューは，自由記述の調査に似ている．例えば，「小学校のころ，いじめられた体験はありましたか？　では，それを語ってください」．それがすむと，「中学校のころ，いじめられた体験はありましたか？　では，今度はそれについて語ってください」というように，質問がすすんでいく．このインタビュー法では，短い時間に効率よく聞きだしたいことが聞けるし，問題の核心に迫ることもできる．しかし，問題なのは，枠組みがやはり研究者のほうにあることである．当事者が自分自身のなかで意味づけている出来事と出来事の「むすび」つけかた，経験の組織化のしかたは，研究者が考える枠組みとはまったく違うかもしれない．一番好きな友人と夏休みに浴衣を着てスイカを食べたという楽しい日常的な話をしていて，それが突然「いじめ」の辛い体験の想い出につながるかもしれないのである．また，研究者にとって「意味ある・重要」（significant）と思うことと，当事者がそう思っていることは違うかもしれない．研究者の枠組みで聞けば，仮説は検証でき，研究者は満足できるかもしれないが，「現実に何が起こっているか，どのように経験されている

のか」を知り，「現 場から学ぶ」行為からは，隔たってしまう．

　ライフストーリー・インタビューでは，相手の経験のしかたを知るために，相手の語りを引きだす質問をするのであって，研究者が知りたい質問をするのとは質問の性質がまったく異なる．質問は，相手の記憶や出来事，語りを引きだす「引きがね」（trigger）にすぎないのである（Kotre, 1984）．主導権は語り手にあるから，聞き手の質問をきっかけに，相手が自由に生きいきと自己の体験を語ってもらえるようにすればよい．したがって，話の内容はどのようにも柔軟に展開できるオープン・クエスチョンが望ましい．

(2) ライフストーリー研究の実際——インタビューの具体例をもとに

　ライフストーリー研究の実際，特にインタビュー法と語りの分析法の指導の体系化は，まだ今後の課題である（やまだ，2003）．ここでは，具体例として，KJ法の創始者である川喜田二郎さんにインタビューした研究（川喜田ほか，2003）を例に，解説してみたい（章末に掲載）．この研究論文は，語りに関する研究のなかでは，もっとも生のインタビュー場面の語りに近いかたちでまとめられているので，インタビューの実際がわかりやすいであろう．

　事例1は，インタビューの一部のテープ録音をおこしたもの（トランスクリプト）である．ここでは，「テクスト1」と呼んでおこう．事例2は，それを論文にまとめたもので，「テクスト2」と呼ぶことにする．まず，2つのテクストをていねいに繰り返し，すみからすみまで何度も読んでみていただきたい．

　テクストという概念は，ライフストーリー研究の鍵概念のひとつである．現実は，テクストによって記述される．テクスト（text）は，もともとは織りの型のことで，テクスチャー（織りかた，触感），テクスタイル（織物）と近縁の言葉である．テクスト（ひとまとまりの言葉）は，コンテクスト（文脈）のなかに埋めこまれているので，文脈という用語も鍵概念である．テクストは唯一の正しい「教科書」のようなものではなく，いくつもの異なるバージョンをもちうる複雑な関係の織りものに似ている．

　ライフストーリー研究は，生の現実のあまりの複雑さと，それを記述する言葉という器のあまりの不十分さ，その挌闘のプロセスである．しかし，それにもかかわらず，綾織りのように展開することばの図柄のおもしろさを発見することができる．まず，インタビューの現場で得られる経験に裏打ちされた「生

のことばの力」に感動させられる．さらに，「テクストとしてのことばの力」
は，牛の反芻のようにじっくり味わうところから新しく生まれてくる．生のデー
タは，すべてプロトコルにおこす．そして何度も何度もていねいに読む．そ
うすると，それまで聞こえていなかった，見えていなかったものが発見される．
研究者が自分の枠組みで世界を見ていたときには気がつかなかった新しい世界
の見かたを，現場のテクストから学ぶことができるのである．そのよろこびは，
「テクストを読む快楽」といってもよいだろう．

　事例にとりあげた語りの部分は，川喜田さんが KJ 法誕生のようすを語って
いるところで，「フィールドノートからカードに変え，その雑多なデータを机
にランダムに並べた」と説明している部分である．これから事例 1 と事例 2 を
参考にしながら，「研究目的と，語り手と聞き手の選定」「インタビューの実際
の方法」「語りデータの分析とまとめかた」という 3 つの具体的なポイントに
ついて解説していこう．

(3) 研究目的と，語り手と聞き手の選定

　長い人生を聞くには，何時間かけても短かすぎる．したがって，人生のすべ
てを聞くことなどできるはずがない．誰に聞くのか，何に焦点をあてて，何を
聞きたいのか，問題意識を鮮明にしておくことが必要であろう．

　まず研究目的を明確にして，その目的にあった語り手を選ぶ必要がある．イ
ンタビューは，質問紙調査などと違って，一度に 100 人のデータを得るという
わけにはいかず，少人数を対象とせざるをえない．そのかわりに，ていねいに
時間をかけてじっくりと相手の話を聞くことができるところに長所がある．イ
ンタビューでは相対的に少人数のデータしか得られないので，目的に照らして
誰に話を聞いたらいいかを十分考えて選ぶ．語り手の選定は，研究の可否を決
めるほど重要である．

　統計調査と質的調査では，サンプリングのしかたが異なる．質的研究では無
作為なランダム・サンプリングではなく，その目的にもっともふさわしい相手
を選ぶ合目的サンプリングや，理論的サンプリング（グレイザー＆ストラウス，
1996）を行う必要がある．誰に聞くか，それを決めることが研究の中身を決定
的に大きく左右する．また時間をかけて聞くといっても限界があるので，語り
手の選択は慎重に行う．

　事例にあげた研究では，研究目的は，フィールド科学とKJ法の核となるア
イディアがどのようにして生まれたのかを知ることである．しかし，いつごろ，
どこで，どのようなかたちでアイディアが生成されたのか，その後それはどの
ように変化発展したのか，その道筋をできるだけていねいに時間を追って知る
という時代考証的な一代記を描きたいのではない．フィールド科学とKJ法の
核となる考えかたと方法の生成過程を知ることに目的がある．語り手である川
喜田さんは，聞き手にとっては，フィールド研究の偉大な先生であり先輩だか
ら，その経験から教わり学びたいのである．ただし，学ぶといっても，KJ法
の詳細な技法を逐一教わったり情報収集したいのではない．聞き手は，知的好
奇心を最大限に働かせて，何の話をどのように聞いてもよいという自由な立場
で，ライフストーリーを聞いている．

　インタビューにおいては，語り手と聞き手の関係性によって，話の内容は大
きく変わる．したがって，研究目的や話題の内容によって，聞き手も慎重に選
択しなければならない．

　事例にあげた研究では，聞き手の2人は古い友人で，互いの人間関係がすで
にできている．聞き手2人は，長年フィールド研究を開拓してきた心理学者で
共通性も大きいが，専門や経験は異なっていて相互補完的である．聞き手は，
語り手とは初対面に近い．しかし，ひとりは大学の山岳部の後輩，ひとりは
KJ法に親しんでおり，共に語り手の経歴や研究について，豊富な知識や周辺
情報や親近感をもっている．何よりも研究者としてもひとりの人間としても，
語り手から話を聞きたいという尊敬の念や動機を強くもっている．一般に聞き
手はあまり多人数でないほうが語り手を萎縮させないし，私的で親密な雰囲気
をつくりやすい．聞き手が複数の場合には相互の関係性が重要である．事例1
では，2人が各自の立場から突っ込んだ質問をしたり，相手の言い足りないと
ころを相互に補完して，インタビューの奥行きを深めている．

(4) インタビューの実際の方法

　インタビューの方法は，研究目的によって異なる．ライフストーリーを聞く
にも半構造化インタビューを用いることもあるが，ふつうは相手の語りが自由
に展開するように，語りの生成を促す方法をとる．調査的面接のように，あら
かじめ聞きたい内容を質問項目にまとめ，それを相手に順番に聞いていく構造

化された面接では，研究者の意図した内容の結果を得ることは容易であるが，語りからボトム・アップ的に学んでいく，語りインタビューの醍醐味を味わうことは難しい．

しかしまた，質問をしないで「何でも自由にお話してください」と相手に主導権をすべてゆだねてしまうと，いきなり白紙をわたされるようなもので語り手の負担が増えすぎる．「何でもどうぞ」といわれれば，何を主題にすべきかをまず考えなければならないので，かえって制約が増えて自由度が減るのである．質問がなければ語りにくいというだけではない．相手が語りに慣れていると，語り手の既存の「お話」を拝聴するだけになりがちである．また限られた時間を，研究とは無関係な雑談で終わってしまうことになりかねない．

相談者の訴えをカウンセラーが傾聴する臨床的面接とは違って，インタビューでは聞き手がかなり自覚的に質問をして語りを引きださねばならない．臨床的面接では，相手が問題や悩みをもって自分の話を聞いてもらいたいと思って自らカウンセリングルームを訪ねてくる．面接室で相手がくるのを待っていて受容的に話を聞く臨床的面接と，こちらから相手の世界へでかけていって相手の世界を聞きとろうとするインタビューとは，「聞く」技術も聞きかたも質問のしかたも大きく異なる．

インタビューのまえに十分な準備をする．録音機器の準備も必要である．新聞記者のインタビューなどでは，取材ノートが使われるが，それでは不十分である．相手の許可を得られなかったり，場面の制約で機器が使えない場合には，やむをえずノートを使う場合もあるが，その場でノートに記していると相手の語りの自由な流れをそこなう．ライフストーリー・インタビューは情報の取材ではなく，「語り」の生成プロセスを追う研究である．あとで詳細にすべてプロトコルをおこして，そのプロトコル・データを基にすることが研究の基本である．

事例にあげたインタビューの場合，記録は，デジタル・ビデオ録画とオーディオ録音の両方でとっている．映像を録画すると，顔の表情や姿勢や身振りなど非言語的コミュニケーションを含めた場の雰囲気全体をとらえられるので，トータルにみるには再現性が高いし，他者にインタビュー場面を伝えるにも容易である．しかし，テープおこしの作業には，オーディオ情報のほうが作業がしやすい．複数の機器を併用することは，両方の長所を相補的に使用でき，途

中でテープの交換が必要になったり，なんらかの故障が起きたときの危機回避にも役立つ．

　研究者は，あらかじめ関連情報の収集もして準備しておく．語り手についての背景情報や個人情報をできるだけ知っておいたほうがよい．名前や連絡先や出身地や年齢など，必要な情報が手に入らない場合には，インタビューのあとで補うようにする．

　研究者は，まえもって何を聞きたいか，焦点化したい内容について，できるだけ準備し，質問を用意してメモしておくことも重要である．問題意識は，きりきりと突きつめてクリアーに鮮明にして準備しておき，しかし，現場ではできるだけやわらかく柔軟に相手にあわせて，語りが生成されるプロセスを共に楽しみながら聞く．ライフストーリー・インタビューでも，質問をあらかじめ用意し準備しておく．しかし，それを一対一対応的に問答形式で聞くのではなく，語りの流れにまかせて臨機応変に相手に問いかけながら聞いていくのである．そして，聞きたい重要な内容が語りのなかで出てこないときには，適当な時期に「ところで，話は変わりますが」というようにして，さりげなく聞きたい内容へ向かうように問いかけていく．図1のような多種の文脈や状況のなかで語り手と聞き手の相互行為としてインタビューが行われることを十分に自覚し，語り手とよいラポールができるような場面の雰囲気や導入のしかたを心がける．

　事例1をもとに，インタビューの実際についてみてみよう．川喜田（以下敬称略，K1）の「図書館のカードを使った」という話に対して，聞き手は，単になるほどなるほどと受け身で聞いているわけではない．松沢（M1）は，「梅棹さんのカードと川喜田さんのカードはどういう関係になるのか」という，ふつうでは聞きにくい突っこんだ質問をしている．この一番最後の質問が聞きたいことであるが，単刀直入にその質問をするのではなく，カードについての自分の体験や当時の時代状況を語ってから，その質問をやんわりもちだしている．

　しかし，ここで「目的」がはっきり意識されているかどうかによって，質問の方向が変わることに注意しておこう．先の質問（M1）は，誰がいつ，カード化をはじめたのか，当時の時代考証をしたり元祖を明確にしたいためではない．もしそれが聞きたいのならば，つづいて，それが正確には何年で，誰と誰がどのような関係だったのか，カードがでてきた詳細な状況やエピソードを聞

くような質問に移っていっただろう．しかし，ここでの目的は，あくまでも「KJ法のエッセンスとしてのカード化の特徴」を知ることのほうにあるので，インタビューはしっかりその方向に焦点化づけられて展開している．

　松沢（M2）は，川喜田のカードの特徴を「他者との共有性と信頼性」とずばりいいあてている．「そのことですね」（M2），「そうなんです」（K3）というやりとりからは，語り手が自分が言いたいことを聞き手に理解してもらえたという，よろこびの感覚が伝わる．インタビューにおいては，相手の語りを聞き手がどれだけ受けとめ，理解できたのかという内容を適宜，語り手に伝えかえしていくことが必要である．そして，その相互理解を前提として，さらにそれを深めていく質問をする必要がある．

　松沢（M2）を受けて，やまだ（Y1）はさらに「一行見出しがオリジナル」であると，KJ法の特徴を補強している．この後は，聞き手どうしの相互補完的やりとりで，さらに「インデックスが（十進法のように）機械的ではない」（Y3）ことに特徴があるということが明確にされる．このやりとりからは，2人の聞き手が協力して，川喜田のカードのもっている特徴を明らかにし，共同で互いに深めていく作業がみられる．

　このように聞き手が，語り手の話を深めたり明確化したり関連づけて返すことは，非常に重要である．語り手は，聞き手が自分の言いたいことをわかってくれていると感じると，さらに語りが深くなったり広くなったり，新たなエピソードが生成されるからである．

　事例では，聞き手2人のやりとりを語り手が受けて，さらにもうひとつの川喜田カードの特徴「インデックスを名詞形ではなく文章にする」という語り（K4）が生成的に引きだされている．

　それをさらに受けて，やまだ（Y5）は，「そこが最初におっしゃった命というか生き物ということなんですね」と川喜田が，まえに語った植物採集の話と関連づけて，「生きた標本をつくる」ことと，一行見出しというインデックスのつくりかたが，コンセプトとして共通点をもつことを指摘している．

　このあたりの一連のやりとりからは，語り手と聞き手の共同生成によってインタビューがなされていくプロセスが，よくわかるであろう．インタビューとは，語り手があらかじめもっていた固定したモノを，聞き手が質問して取りだしていくというものではない．インタビューで質問されることによって，語り

手が語ろうと意図した以上のことが，聞き手とのやりとりのなかで，その場で共同生成されていくのである．お互いがお互いを補いながらその場で何かが生まれてくる．新たな語りが生まれてくる生き生きした共同生成のプロセスが進行すれば，そのインタビューは成功であるし，語り手にとっても聞き手にとっても得難い楽しい体験になる．

(5) 語りデータの分析とまとめかた

　事例2は，テープおこしをした語りの生（なま）データを，編集して論文化したテクストである．この論文は，インタビュー場面をできるだけ忠実に再現してまとめたインタビュー論文である．通常の論文では，語りの一部だけを切りとって考察したり，いくつかの特徴をまとめて図表化してまとめることが多い．このようにインタビューの相互行為プロセスそのものを「論文」にした例は少ない．

　今までは，聞き手の役割や専門性が軽くみられており，インタビューのプロセス自体が論文に書かれることは少なく，語られた内容だけに比重がおかれてきた．また，相互行為そのものに焦点化された会話分析やエスノメソドロジー研究では，ごく部分的な短い会話が切りとられて分析されることが多く，インタビュー全体のストーリーや長い流れは見えにくかった．インタビューは，語り手と聞き手の共同生成によって生まれるので，両者の会話を記録し再現することや，インタビューのしかた自体も重要なアカデミックな仕事であると認識されるようになったのは，比較的最近のことである．

　もう一方で，新聞や雑誌などマスコミでは，対談やインタビュー記事は日常的にみられる．それらは，一見，生きいきした語り場面の再現のようにみえるが，語り手のことばが大胆に書き換えられていたり，言わなかったことが後で追加されていたり，編集者の意図によって相当大きく改変されており，記事としておもしろく読めるように編集されていることが普通である．インタビューによる研究論文では真実に迫ることが目的である．マスコミのインタビュー記事は，それ自体が読者に向けた「語り」メッセージであり，記事を書く書き手の意図が強く反映されるとともに，読み手である読者の関心や興味を意識してまとめられる．インタビュー研究論文では，何よりもデータそのものが語る真実を重視し，ありのままのデータからボトム・アップ的に地道に分析を行って，その語りから新たな学問的知見を見いだそうとするので，ジャーナリズムのイ

ンタビューとは目的も方法も異なっている.

　事例1と事例2をていねいに読み比べていただきたい. 事例1に比べると事例2のほうは, 生きいきした生のことばやニュアンスをできるだけ残し, 時間的シークエンスにそった流れを重視しながらも, 冗長な部分をできるだけ整理していることがわかるであろう. 限られた字数の論文のなかで, 何を拾い, 何を捨てるか, その削りかたが研究者の腕の見せどころである. ここに引用した語りは本題に近い部分であるが, そうでない枝葉の語りの部分では, もっと大胆にそぎ落としたところもある.

　同じインタビューをデータにしても, 研究目的によって, 論文のまとめかたは当然異なってくる. 何に着目し何を重要と見るかによって, 何を削るかは異なる. 事例1の松沢 (M1) の発言は, 事例2 (m1) では, 冗長な部分が相当に整理されて半分以下に縮められ, 話の筋だけにされている. しかし, もし研究の目的が, 人が「聞きにくい質問」をする場合と, 「聞きやすい質問」をする場合では, どのように語りかたや口調が異なるかというテーマであるならば, (M1) の発言の口ごもりかたや自分の体験を含めてまわり道をしながら聞いている語り口は, その冗長さそのものが非常に重要な語り事例とみなされる. そのような目的の場合には, (m1) のようにまとめたらナンセンスになるかもしれない. できるだけ生の語りのままを事例として記述したほうがよい. エスノメソドロジーの記述方法のように, 発話の時間間隔や抑揚や「nnn」などの発声のしかたが重要になる場合もある. しかし, 特殊記号を多用すれば語りの意味を追うには読みにくくなる. すべてを記述することはできないので, 何を重視し何を削除するかは目的によって異なる.

　この事例にみられるように, ライフストーリーを聞くことによって, ある出来事 (この事例では「カード化した」こと) の生成プロセスを, 時間的シークエンスのなかで発生的, 生成的にとらえることができる. ある出来事がどのような順序ですすんだのか, そこで何が契機となって変わったのかなどを発生的に知ることによって, その出来事がよりよく理解できる. また, ライフストーリーを聞くことによって, その人がその出来事をどのように意味づけているのか, その人の出来事の位置づけかた, ほかの出来事の関連づけかたや構成のしかた, そして価値づけかたを知ることができる. 同じ出来事であっても, 人によって意味が異なる. 人は人生で出会う出来事そのもので変化するというより

は，その出来事を自己のなかでどのように意味づけるかによって変化する．このように考えれば，ライフストーリーを聞くことの重要性がわかるだろう．また，過去の出来事そのものは変えられないがストーリーを変えることはできるので，人は異なるバージョンのライフストーリーを語り直すことによって，自分の人生を主体的に変えていくこともできる．また，未来のイメージによって過去の出来事の意味を変えていくことさえできるのである．

●もっと学びたい人のために●

M. M. バフチン（望月哲男・鈴木淳一訳）(1995)『**ドストエフスキーの詩学**』ちくま学芸文庫——バフチンの対話論は，ナラティヴという考え方の源流の一つである．他者，対話，宛名，声，多声性などの基本概念は，解説書よりも彼の本を直接読むとよくわかる．これはその1冊で，ドストエフスキーの小説を題材に，語りが本来的に多声性をもつことを鮮やかに分析した本である．

D. J. Levinson (1978) *The Seasons of a Man's Life*. Knopf.（南　博訳 (1992)『**ライフサイクルの心理学**』(上・下) 講談社学術文庫）——中年男性にインタビューして彼らが人生でどのような経験をするのかを聞きとり，中年期において人々が人生の意味を問うて悩みながら生活構造を変えていく事例を記述しながら，生涯発達というものの見方を具体的に明らかにした本で，この領域の必読書である．

P. リクール（久米　博訳）(1987, 1988, 1990)『**物語と時間**』(I・II・III) 新曜社——題の英語訳は *Time and Narrative*．物語，物語る，物語行為について根本的な考察を加えた本である．物語とは出来事が時間的に筋立てられ，行動が時間的に展開されることであるという物語論は，物語とは何かを語るときに欠かせない古典的位置をしめる本である．

参考文献

Atkinson, R. (1998) *The Life Story Interview*. London : Sage.

ブルーナー，J. S.（岡本夏木・仲渡一美・吉村啓子訳）(1999) 意味の復権——フォークサイコロジーに向けて　ミネルヴァ書房（Bruner, J. S. (1990) *Acts of Meaning*. New York : Harvard University Press.）

フリック，U.（小田博志・山本則子・春日　常・宮地尚子訳）(2002) 質的研究入門——〈人間の科学〉のための方法論　春秋社．(Flick, U. (1995) Qualitative Vorschung. Hamburg : Rowohlt Traschenbuch Verlag.）

フリードマン，L. J.（やまだようこ・西平　直監訳）(2003) エリクソンの人生（上・下）新曜社．(Friedman, L. J. (1999) *Identity's Architect : A Biography of Erik H. Erikson*. New York : Scribner.）

グレイザー，B. G. & ストラウス，A. L.（後藤　隆・大山春江・水野節夫訳）(1996)

データ対話型理論の発見 新曜社 (Glaser, B. G. & Strauss, A. L. (1967) *The Discovery of Grounded Theory : Strategies for Qualitative Research*. New York : Aldinc.)

グッドソン, I. F. (藤井 泰・山田浩之訳)(2001) 教師のライフヒストリー——「実践」から「生活」の研究へ 晃洋書房. (Godson, I. F. (2001) *Life Histories of Teachers*.)

Gubrium, J. F. & Holstein, J. A. (eds.) (2002) *Handbook of Interview Research : Context & Method*. London : Sage.

東山紘久 (2000) プロカウンセラーの聞く技術 創元社.

Josselson, R. & Lieblich, A. (eds.) (1993) *The Narrative Study of Lives*, Vol. 1. London : Sage.

川喜田二郎・松沢哲郎・やまだようこ (2003) KJ法の原点と核心を語る——川喜田二郎さんインタビュー. 質的心理学研究, 2, 6-28.

Kotre, J. (1984) *Outliving the Self*. New York : W. W. Norton.

Mann, S. J. (1992) Telling a life story : Issues for research. *Management Education and Development*, 23 (3), 271-280.

McAdams, D. P. & Aubin, E. de St. (1998) *Generativity and Adult Development*. American Psychological Association.

ラングネス, L. L. & フランク, G. (米山俊直・小林多寿子訳)(1993) ライフヒストリー研究入門——伝記への人類学的アプローチ ミネルヴァ書房. (Langness, L. L. & Frank, G. (1981) *Lives : An Anthropological Approach to Biography*. Chandlerr & Sharp.)

プラマー, K. (桜井 厚・好井裕明・小林多寿子訳)(1998) セクシュアル・ストーリーの時代 新曜社. (Plummer, K. (1995) *Telling Sexual Stories*. London, New York : Routledge.)

プロップ, B. (北岡誠司・福田美智代訳)(1987) 昔話の形態学 水声社.

リクール, P. (久米 博訳)(1987, 1988, 1990) 時間と物語 (I, II, III) 新曜社. (Ricœur, P. (1983) *Temps et récit*, Vol. I, II, III. Paris : Editions du Seuil.)

桜井 厚 (2002) インタビューの社会学——ライフストーリーの聞き方 せりか書房.

ソシュール, F. (小林英夫訳)(1972) 一般言語学講義 岩波書店. (Saussure, F. (1960) *A Course in General Linguistics*.)

トンプソン, P. (酒井順子訳)(2003) 記憶から歴史へ 青木書店. (Thompson, P. (2000) *The Voice of the Past : Oral History*, 3rd ed. Oxford University Press.)

やまだようこ (1986) ことばの前のことば 新曜社.

やまだようこ (編)(2000) 人生を物語る——生成のライフストーリー ミネルヴァ書房.

やまだようこ (2003) フィールドワークと質的心理学研究法の基礎演習——現 場インタビューと語りから学ぶ「京都における伝統の継承と生成」. 京都大学大学院教育学研究科紀要, 49, 22-45.

事例 1　インタビューによる語り 1「生録音を書きおこしたテクスト」
KJ 法の原点と核心を語る——川喜田二郎さんインタビュー（1）

話し手：川喜田二郎．**聞き手**：松沢哲郎，やまだようこ
日　　時：2002 年 2 月 9 日 14 時–18 時．場所：京都大学教育学研究科　やまだ 311
　　　　　研究室
記　　録：DVR，ATR．文責：やまだようこ

　川喜田（**K1***）：だから，それで私はこのフォーム，基本的な書くルールをつく
ったんです．ところが後にね，このころ貧乏でしたからね，図書館でこう，使い古
しのね，使いつぶしのデータカードもらってきて，図書カード，裏を使ってました
よ．そんな情けない状態．そのぶんもっとちょこっと，小さくなっちゃうんですね．
今は，これぐらいの B6 ちゅうのかな．どのサイズか，これくらいの，ありますか
ら，いつでもお見せできます．これいいですよ．大いに宣伝しときますわ．
　松沢（**M1**）：いや，それで，KJ 法やら先生の，あの，著作に親しんでる人は，
そのカードのことも知ってるんだけど．世の中一般でいうと，世の中一般の，この，
僕が知ってる限りの．学生からだから，まあたかだか 30 年ちょっとだけど，の，
時代でいうと KJ 法ていうのがあり，同じ頃に，あの，梅棹さんが，知的生産の技
術という本を書いて評判になり．まあずっといろんなものがあり，最近でいえば，
野口悠紀夫さんの超整理法とか，そういう系譜があるんだけど．あのカード自体は
どちらかというと，梅棹さんの知的生産の技術っていう本で，人々はカードの有効
性ていうか，カード，カード，もうみんながカードに．ちょうど，僕，学生だった
からよく覚えてるんだけど．どちらかというとその，KJ 法の，これ 67 年くらいで
すよね，発想法ってね．1900……，どうかな．あの，たぶん，時代は知的生産の技
術のほうが後なんだけど，カード自体は知的生産の技術で，人々はそのカードって
いう方へいったような気がするんですが．まあ，別にそれはさっきの今西さんとカ
ニトウキチさんの例と同じで，誰が家元やどっちがはじめたんやということじゃな
いんだけど，その梅棹さんのそのカードをあの，川喜田さんのカードっていうのは
どういう関係にありますか．
　川喜田（**K2**）：それはね，もう，ばらばらにやってたの．偶然にね，そのころ私
ら同じジェネレーションだったから，偶然でしょうね．梅棹君は梅棹君で自分でや
ったと思いますよ．で，私は私で考えてやった．なんか他の人は別にこういうの，
考えてたかもわからない．私は大阪市大の地理学教室で教授は村松さんちゅう教授
だったの．私は助教授だった．責任（べん）があるんで学生さんの教育でも何でも．それに
やらなきゃいけない．それで私の便でつくってたのを，こう図書カードの裏をね，
図書カードの新品を買ってきて，それで，みんなでグループでやれるようにしたん
です．並行だったの．あのころ偶然にそういうことをもっとやってた人，いたかも
しれない．そして，このこれが非常にもの言ったんです．
　松沢（**M2**）：そういう意味じゃこの今西さんのフィールドノートもすばらしい，
伊谷さんのフィールドノートもすばらしいんだけど，決定的な違いは，ま，共有で
きるということと，その信頼性ていうか，さっきの，誰がいつ，どこでというその，

情報が明記されていると，そのことですね．

　川喜田（**K3**）：そうなんです．それでね，

　やまだ（**Y1**）：それともう一つはその一行見出しがたぶんあの，非常に川喜田先生のオリジナルだと思う，じゃないでしょうかね．結局エッセンスを一行で出す，だから質を，質は結局ごちゃごちゃするわけじゃないですか．

　松沢（**M3**）：インデックスをつくるという問題……．

　やまだ（**Y2**）：そういうことです．そのインデックスが単なる物的なインデックスじゃなくて，図書館みたいなインデックスじゃなくて，そのエッセンスを……．

　松沢（**M4**）：そう，やっぱりね，そのインデックスをつくるというところが非常にクリエイティブな，重要な仕事になってる．

　やまだ（**Y3**）：そのインデックスが機械的じゃないんです．それはその KJ 法の……．

　松沢（**M5**）：日本十進法．

　やまだ（**Y4**）：ああいうのじゃない．ああいうのじゃない．

　川喜田（**K4**）：そんでね，こういうことになったんです．注を書くことが，非常にもの言ってきた．注というのは，「何でも簡単のためにせん」というんでね，日付でおしまいになったりなんか多いけども，私はそれを後に次第に経験によって直した．何々は何々である式にね，たとえ短くてもね，名詞形ではあかん．そうではなしに一つのことを訴えるというね，文章にしょ，ということなんですな．そこが，訴えるのならダイナミックに訴える．

　やまだ（**Y5**）：そこが最初におっしゃった命というか生き物ということなんですね．

　川喜田（**K5**）：関係する．

　やまだ（**Y6**）：だから植物を採集するときに死んだ標本をつくられるんじゃなくて，生きたものを庭に埋められるのと同じように，生きた，なんていうんですか，生きた言葉というか生きたエッセンス……．

　川喜田（**K6**）：そのとおり．それで，ツゲ（**都解）の村の話に戻ります．都解の村の時，そういうので，実は図書カードサイズでしたな．あれは自分で採集してきたデータ，数十枚，あったでしょうね．

　松沢（**M6**）：数十枚程度？

　川喜田（**K7**）：数十枚，あったんです．そのとき短かかったの，シロイツの調査だったの．で，それを自宅へもってきて大机の上へ広げたんです．それはたとえば，こんな，神経衰弱のカルタとりみたいに置くだけです．順番なんかめちゃめちゃ．それを左へ，左端の行の一番上から一つずつ味わって読んでったんです．

　＊（K1）などの記号〈川喜田 1 回目の語りを表す〉は，説明のために本稿で加えた．
　　事例 1 ではイニシャルを大文字，事例 2 では小文字にして区別した．
　＊＊漢字がわからない人名や地名はカタカナで書いている．あとで「都解の村」と書き
　　起こした地名が「都介野の村」だったことがわかり，編集テクストでは訂正した．

事例 2　インタビューによる語り 2「編集したテクスト」
KJ 法の原点と核心を語る──川喜田二郎さんインタビュー (2)
川喜田・松沢・やまだ (2003) p. 15.

　川喜田 (**k1**)：だから，私はこのフォーム，基本的な書くルールをつくったんです．そのころ貧乏でしたからね，図書館で使い古しのカードもらってきて裏を使ってましたよ．今は，これぐらいの B6 というのかな，そのサイズのカードを使ってます．

　松沢 (**m1**)：KJ 法や先生の著作に親しんでる人は，そのカードのことも知ってるけど．世の中一般でいうと，僕が知ってる限りでは，同じ頃に梅棹忠夫さんが「知的生産の技術」という本を書いて評判になった．最近では野口悠紀夫さんの「超整理法」とか．その系譜のなかで，どちらかというと「知的生産の技術」で人々はカードの方へいった気がするんですが．誰が家元やどっちがはじめたんかと言うことじゃないんだけど，その梅棹さんのそのカードと川喜田さんのカードは，どういう関係にありますか？

　川喜田 (**k2**)：それはね，もう，ばらばらにやってたの．偶然にね．そのころ私ら同じジェネレーションだったから，偶然でしょうね．梅棹君は自分でやったと思いますよ．私は私で考えてやった．並行だったの．あのころ偶然にそういうことやってた人，他にもいたかもしれない．そして，これが非常にもの言ったんです．

　松沢 (**m2**)：そういう意味じゃ，今西さんや伊谷さんのフィールドノートもすばらしいんだけど，決定的な違いは，共有できることと，その信頼性ていうか，誰がいつ，どこでという情報が明記されていること，そのことですね．

　川喜田 (**k3**)：そうなんです．

　やまだ (**y1**)：それともう一つは，一行見出しが川喜田先生のオリジナルじゃないでしょうか．質を質でまとめて，そのエッセンスを一行で出すというところがすごい．質的データは，ごちゃごちゃして，わけがわからなくなりやすいですから．

　松沢 (**m3**)：インデックスをつくるという問題．

　やまだ (**y2**)：しかも，そのインデックスが，図書館の十進法みたいな機械的なインデックスじゃなくて，質のエッセンスになっているところ．

　松沢 (**m4**)：そう，そのインデックスをつくることが非常にクリエイティブな，重要な仕事になっている．

　川喜田 (**k4**)：そんでね，何でも簡単にしてね，日付をインデックスにしておしまいにすることなんか多いけども，それを後に次第に経験によって直していった．何々は何々である式にね，たとえ短くてもね文章にする．名詞形ではあかん．それで一つの見出しが一つのことをダイナミックに訴えるというように．

　やまだ (**y3**)：そこが最初におっしゃった命というか「生き物」とつながるのですね．

　川喜田 (**k5**)：関係する．

　やまだ (**y4**)：植物を採集するときに死んだ標本をつくるのじゃないというのと同じように，生きた言葉，それを生きたエッセンスにする．

　川喜田 (**k6**)：そのとおり！　それで，都介野の村の話に戻ります．都介野の村

で自分で採集してきたデータ，数十枚あったでしょうね．

　松沢（**m5**）：わずか数十枚程度？

　川喜田（**k7**）：数十枚だったんです．それを自宅へもってきてカルタのように大机の上へ広げたんです．順番なんかめちゃめちゃ．それを左端の行の一番上から一つずつ味わって読んでいったんです．

写真2　インタビューを終えて．（左から）やまだようこ・川喜田二郎・松沢哲郎．京都大学やまだの研究室にて．机の前に広げているのは川喜田さんが持参して説明してくださった KJ 法の図解．

7章・ 国際比較研究
比較フィールドワークのすすめ

恒吉僚子

我々が社会構造的な規則性だと思っていることが，単に個別なこと，限定された歴史的，文化的，政治的状況の組みあわせによって生まれたものでないことを確信する方法はほかにないのである……．（国際比較研究について．Kohn, 1996, p. 28）

1　何のための教育の「国」際比較か

　現在，日本で様々な教育の変化が起きている．しかし，実は日本をみているだけでは日本のことさえも十分には理解できない．これは，グローバリゼーションが進み，国境を越えた影響が各国で強くなり，国家間で活発に相互に学び合っているなかではなおさらである．例えば，日本において，小学校で英語活動が開始されたり，大学においても英語による講義が大学の国際化へのひとつの手段として開講されたりしている．しかし，こうした動きとそのメカニズムは，日本だけをみていては理解できない．それは，中国や韓国などの東アジア諸国でも英語教育が早期化している流れ，あるいは，英語が世界の共通語と化しつつあるなかで，世界的に汎用性が低い言語を教授用語・国語としている国の戦略として，英語が教授用語として用いられることとも関係している．比較の視点はこうして，あるテーマに関し異なる社会的文脈において，何が共通し，何が特徴的に異なるのか，また，改革を行うにあたって，何が可能であり，何が可能でないのか，特定の断面では共通しながら，ほかの面では変動することによって何が変わるのかなど，そのテーマを多角的にみる視点につながるのである．

　教育の国際比較は今日，新たな注目を浴びるようになっている．例えば，1980〜90年代，各国がグローバル競争を意識して自国の教育競争力（それはしばしば暗黙のうちに経済競争力とつなげられて考えられていたようにみえる

が）を競いあう時代的風潮のなか，OECD の PISA（Programme for International Student Assessment）や IEA（International Association for the Evaluation of Educational Achievement；国際教育到達度評価学会）の国際テストに代表されるような，大型の量的調査による，算数・数学や理科などの戦略的教科を中心とした各国のランクづけが政策関係者のあいだでも脚光を浴びるようになった．欧米諸国の政府ではもとより，日本の文部科学省においても，こうした国際学力テストは，日本の学力の現状を各国と対比して理解する材料として，度たび文書に引用されている．

　同時に，アウトプットとしてのテストの点数がどのようにして（つまり，プロセスとして）生みだされてくるのかは，それにつながる学校内の営みをブラックボックスにしたままでは理解できない．そこで，ブラックボックスのなかを解明すべく，大型の量的調査においても，学校のなかのプロセスをみる視点の必要性が認識されるようになったり[注1]，学力指標と教室の比較フィールドワークを組みあわせる研究もでている（Broadfoot, 1999a；1999b；Osborn & Planel, 1999）．

　方法論的には，こうした大型量的調査とは対極にしばしば位置づけられてきたのが，個々の社会・集団と密着し，その社会的文脈とプロセス（「どのように？」の問い）を最大限に重視したような，エスノグラフィーなどの方法であろう．そのばあいも，一国のことを主として問題にしているのか，複数の国を比較しているのか，その状況に即した描写・記述（的分析）が目的なのか，分析的に理論などへの貢献を目指しているのかなどによって，かなりの幅がありうる．

　こうして，ひとくちに教育の比較研究といっても，実は，そのありかたは一様ではないことがわかる．もし「国」際比較に限定したばあいにおいても，その目的は，地域研究的な関心によって，その国を知ることに主眼があるのか，あるいは，特定理論の一般化を検証するため国は文脈でしかないのか，「教育達成度」など何かしらの指標に（匿名的に）国の個別性を置き代えて比較するようなものであるのか，従属理論のようにトランスナショナルな研究なのかなど，次元の違いが指摘できよう（Kohn, 1996）．あるいは，別の視点から，教育の国際比較の目的は，学問や理論の前進にあるのか，教育実践にインパクトを与えることにあるのかを問うこともできよう．

　そこで，整理する意味で，教育の比較研究を①比較の単位，②方法論，③理論の3点からまとめてみることにする．まず，教育の比較研究というばあい，比較の単位は，国民教育制度と結びついた「国家」を単位に比較することもできるし，国家を越えた地域や文明圏などを単位とすることもできる．あるいは，一国家よりも小さな文化集団を単位に比べることもできる．例えば，ある社会内の異なる民族集団間の比較や，マイノリティとマジョリティの比較などは，一国家内の単位であるが，トランスカルチュラルな（文化を越えた）性格をもっている．国家を単位としたばあいにおいても，二国間研究から多国間研究までありうる．従来の教育の比較研究は国家間の比較が多かったわけだが，私たちが知っている学校が国民国家を背景にした「国民」教育の制度であるという意味で，いまだ有効性をもっているものと思われると同時に，一方の極では国家に収まらない広い単位，他方では，国家では大きすぎるミクロなレベルでの考察まで，国家を第一の枠組みとしない比較研究も考えられ，それは，調査者が何を知りたいのかにかかっている．

　比較研究が用いる方法も多様である．例えば，本書で触れられているどの方法も，比較研究に用いることができる．多国間の事例をとって比較する多国間事例研究もありうるし，多国間でサーベイ調査を行う量的な調査も比較研究でありうるし，歴史的な比較研究もなしうる．こうしてみると，教育の比較研究は，国や文化などの何かしらの単位のあいだの比較を行うものとして，様々な方法を用いて比較の作業をしうるものだということがわかる．

　あるいはまた，比較研究はほかの方法同様，様々な理論と共存しうるものである．例えば，フェミニズムの視点から比較することもできるし，批判的研究の立場から学校を比較することもできる（Carspecken, 1996）．

　こうした多々ある教育の比較研究へのアプローチのなかで本章が焦点とするのは，比較フィールドワークともよぶべきアプローチである．これは，国家ないし，国のなか，そして国を越えた，文化や地域などを単位とした，フィールドワークを伴う研究である．代表的なものとしては，比較エスノグラフィー（comparative ethnography）が考えられようが，ここではエスノグラフィーの方法に限定せず，比較事例研究や比較アクション・リサーチを志向したものなども含め，比較フィールドワークとよぶ．

教育の国際比較フィールドワークに向けて

ここでは，議論を明確にするため，国際比較フィールドワークに焦点を当てる．

今日，グローバル化した世界にあって，各国が他国との国際比較をとおして自国の生徒の学力の状態を論じるのがトレンドとなっている．国別のランク表がもてはやされているわけだが，実際に "教育" が行われているのは，教室や学校とその周辺の対人関係のなかにおいてである．こうして，大型の国別ランク表が注目されるからこそ，皮肉にも，学校と教室内で何が起きているのかを，国家を越えて比較分析していくことの重要性が再認識されている．しかし国際比較フィールドワークは，ミクロとマクロを結び，教育を社会的文脈・全体性のなかで理解する方法としてその重要性が繰りかえし主張されてきたにもかかわらず，実際には，意外になされてこなかったこともまた，繰りかえし指摘されてきた（Alexander, 2001；リーグル，2000；吉田，1990，p. 61）．

一方国際比較ではなく，一国内の文化集団間に比較の視点を応用した教育の比較フィールドワークは，かなり多くなされてきた．こうした社会内の文化集団間の比較，例えばマジョリティの文化とマイノリティの文化を比較するものなどは，多くの古典がある（Willis, 1977；Lareau, 2000；Thorne, 1993）．

しかし，教育の国際比較フィールドワークに限定して考えると，その必要性が唱えられながらもなされてこなかったのが現状であろう．それは，ひとつにはこうした国際比較フィールドワークが前提とする条件に関係しているように思える．つまり，こうした国際比較フィールドワークは，実施者の資質について，いくつかの前提を想定していると思われる．つまり，調査者が，

①自分の（諸）学問領域，学際領域，また，研究の対象となっている教育テーマに関連した既存文献や理論の知識を獲得している．

②比較フィールドワークに用いる方法の訓練．事例研究なら事例研究，それを比較の手法を用いて応用する条件・訓練がある．

③対象にする地域の教育，文化などの関連知識と必要なスキル（例：言語）を獲得しているか，それをもっている共同研究者・協力者とかなり緊密な関係で調査をしている．

最初の項目は当たりまえのことでありひとまずおいて，②について考えてみる．国際比較フィールドワークは，一国内でのフィールドワークで求められる

ことをふたつ（以上）の国で行う．そのため，通常，フィールドワークを行う
ために乗りこえなくてはいけないハードル（例：時間がかかる，学校や調査対
象者へのアクセスが必要である）を，国を越えて行うことになる．国際比較研
究はまさに「国際」であるがために，広がりをもつと同時に，自分で行くにせ
よ，ビデオ，テレビ会議などを用いて間接的に行うにせよ，時間と費用がかか
りがちである．しかし同時に，厳密にどの程度時間や費用がかかるかは，どの
ようなフィールドワークを行おうとしているかにかかってくる．もし，ある国
の学校をエスノグラフィーで包括的に捉えようとしているのであれば，かなり
長いあいだフィールドにいることが必要であろうし，ピンポイント的に特定の
断面にフォーカスしたり（例：教師のジェンダー感覚），インタビューを主に
した場合にはかなり限られた時間でできる．研究の問いと必要なデータとが，
文化を越えて妥当か，また，比較の視点を正当性をもって生かしているか
（例：比較可能な対象を選んでいるのか，比較する意味を把握しているのか），
調査側の知識と創意工夫が必要となってくるわけである．もうひとつ，相手に
接近する質的方法では，観察やインタビューなどを行う対象へのアクセスとラ
ポールの構築が必要であり，特に継続的に調査するばあいはそうである．これ
は国内において行うばあいにおいても常にハードルとなるが，国際比較のばあ
いは，外国で行うという条件がそこに加わる．異質な相手を知るおもしろさや
そこからもたらされる情報や視点の多角化と相手に跳びこめる条件を整えるこ
との難しさとが一体となっているわけである．

　③の地域の知識については，比較研究自体は，その地域の知識がなくとも，
言語もできなくとも行うことができる．例えば，ユネスコ，OECD などの統
計は，別段その国の知識がなくとも統計操作ができるし，フィールドワークで
も，通訳を使いながらできないこともない．実際，一個人が言語，文化に精通
できる国は限られているわけであり，それ以外の多国間比較を行おうとするば
あいは，おのずから通訳，文化通訳，翻訳者を必要とすることになる．これは，
自分が言語・文化を駆使してその社会に入っていけるばあいに比べるとその面
では弱いが，一方では広がりをもつことができるものであり，多くのばあいは
現実的な選択でもある．

　例えば，アレクサンダー（Alexander, 2000）らの 5 カ国の授業の比較フィー
ルドワークにおいては，インタビュー，観察，ビデオテープ，テープ起こしさ

れ翻訳された教室のやりとり，などが用いられたが，その際，アレクサンダーらは教室でのディスコースを捉えるにあたって，本来，文化的意味に溢れている言葉のやりとりを，翻訳文で表すことの難しさに言及している．しかし，同時に多国間比較を行うことで二国間比較に比べ多角化が可能にもなっている．あるいは，限られたイタリア語の語学力でイタリアの学校を観察しようとしたある研究では，子どもの会話をテープ起こしする際に，英語・イタリア語の両方ができるイタリアの人びととともに，「共同作業」として行い，それ自体が「データ分析の重要な一部であった」とされている（Corsaro & Rizzo, 1988, p. 882）．

　つまり比較フィールドワークにおいて，学校や対象に深く入りこまないと得られないような知見やデータは，個人が行うばあいにおいては，調査者が学校の内部で起きていることを理解できる文化的，言語的スキルをもつばあいに最も容易にその強さを発揮しうる面がある．同時に，個人が機能しうる，また，データとして集めうる量には限度があり，ひとりで何カ国もの国のいくつもの学校にフィールドワークに入ることは，多くのばあい現実的ではない．多国間比較の独特の強さを生かして，通訳や翻訳文をも活用する，あるいは同じようなフィールドワークを行う多国間の研究者たちで研究を調整するという上記のような選択は，例えば，深さと一般化（generalization）を両立させようとしたり，特定の国の間での比較が効果的であったりするなどの戦略的な観点から有効に行われうるものである．重要な点は，その結果どのようなことが可能となり，逆にどのようなデータの限界があるのか，質的方法の強さの何を発揮でき，何を妥協させているのかなどの点について，意識的に対応していることであろう．こうした戦略的意識化の重要性は質的方法に限らないが，フィールドに入りながらデータ収集と分析が同時進行し，また，対人的要素が高いこの種の方法は，常に自分が対象に入ることによって何が起きているのか，何をみているのか，どのようなことをなしえて，逆に何をなしえていないのかなどを意識化し，反省的な観察者・調査者であることがことさら重要だと思われる．

　国際比較フィールドワークを行うにあたり，どの国を比較対象として選ぶかによって，浮かびあがってくる軸が異なることにも注目する必要があろう．例えば，アメリカと比べたばあいには，旧ソビエト連邦ではその集団主義的な教育の特徴が浮き彫りにされたかもしれないが（Bronfenbrenner, 1970），共産主

義思想に立脚するかどうかは別として，集団主義的傾向が強い国民教育をもった
アジアの国とソ連との比較であったならばどうであったのか．こうした選択は
すべて，何を知りたいのかにかかってくる．また比較フィールドワークの研究
プロセスは，あらかじめ決定されていない部分がかなり多く，研究遂行上の
様々な争点（例：サンプリング，当事者視点の把握）を考慮しながら創意工夫
する余地が多い．一例として，日本，アメリカ，中国の保育園の一日をビデオ
撮影し，それを各国の教育関係者にみせてインタビューを行ったJ.トビンら
の研究デザイン（Tobin et al., 1991 ; Tobin, 1999）も，複数の国でのフィールド
ワークにかけられる時間が限られているなかで，当事者の視点を把握しようと
するひとつの試みとしてもみることができるかもしれない．

2　比較フィールドワークの実際

(1) 国際比較とサンプリング

　ランダム・サンプル（無作為抽出）が量的な方法での典型的なサンプリング
の方法だとすると，質的方法においては，問い，目的，理論に対応したサンプ
リングが代表例としてあげられよう．つぎの表1は事例研究を念頭に，目的志
向的にサンプリングで事例を選択したばあいのひとつの類型例である．

　このような目的志向的なサンプリングは，国際比較研究のばあい，一国内で
の対象の選択だけでなく，どの国を比較対象に選ぶかにも応用できる．例えば，
価値教育（例：道徳教育）の国際比較を行うばあいを想定してみる．既存の研
究から，価値教育のありかたに関係するとされてきた要因（例：宗教的伝統の
違い，カリキュラムのなかでの価値教育の位置づけ）を軸に，最も多くのバリ
エーションを含むような国を選択することもできる．そして，一国内の，その
国のコンテクストにおいて，国際比較を行う際に意味のある差異化軸（例：公
立と私立，農村と都市，階層の差）を基準に，比較可能な対象を選びうる．こ
のばあい統計資料も活用できよう．その際には，何が地域や自治体を越えたパ
ターンを作りだすのか（例えば，ナショナル・カリキュラムの有無），そして，
何がバリエーションの軸となるのか，自分が対象としているのは何かを，分析
の俎上にのせる必要がある．

　そのバリエーションのなかで，例えば，目的にあわせ，そのテーマにおける

表1 質的方法におけるサンプリング・ストラテジーの類型

サンプリングの類型	サンプリングの目的
最大限の多様性確保	多様なバリエーションを示し，重要な共通パターンを浮き彫りにする
同質性確保	焦点化，削減，簡略化を可能にし，グループ・インタビューをよりやりやすくする
決定的な事例	論理的一般化や，他のケースにその情報を最大限適用することを可能にする
理論準拠型	理論的構築例を見つけ，それを精緻化し，吟味していく
肯定・否定的事例	初期的分析を吟味し，例外を探し，バリエーションを見いだす
雪玉式・連鎖式	どの事例が情報に富んでいるのかを知っている人を，その人を知る人びとをつうじて興味深い事例を特定してもらう
極端な・逸脱的な事例	焦点となるある事象の極めて稀に生じた表出例から示唆を得る
典型例	何が普通・平均であるかを示す
高密度型	現象を極端なかたちではなく，密度の高いかたちで明らかにする情報に富む事例
政治的に重要な事例	期待されるような注意をひく，あるいは望ましくない注意をひきつけることを回避する
無作為目的志向型	潜在的な目的志向的サンプルが大きすぎるときにサンプルの信憑性を高める
層別目的志向型	下位集団を示すことで，比較をしやすくする
規準準拠型	いくつかの規準を満たす全ての事例を集める．質を保証する上で有効
機会主義的	新しいチャンスがあればそれをいかす，予期されなかったものを利用する
組みあわせ・混合型	トライアンギュレーション，柔軟性．複数の関心や必要性に応じる
都合本位型	時間・金銭・労力の節約になるが，ただし，情報（の質）と信憑性が犠牲になる

Miles & Huberman (1994) p. 28. Reprinted in Cresswell, J. W. (1998), p. 119

先進校の実践を選ぶこともできれば，逸脱的な例を選ぶこともできる．こうした過程は，一国内の質的研究と基本的に共通している．そこに，国際比較によって何が浮き彫りにされうるのかの比較視点をドッキングさせるわけである．

　しかし，実際の比較フィールドワークの作業は，こうした理論上の理想形のようにはしばしばいかない．相手に深く入りこむということは，同時に相手にとって負担になる度あいが大きいことをも意味している．自分が設定した条件にあった学校にアクセスできるかどうか，共同研究において，選定どおりの国でともに組める適切な研究者がいるかどうかなどの様々な現実的要因が，実際の調査には絡んでくる．理想的にいかないばあいにおいても，その対象を選ぶ

ことによって何がみえ，何がみえていないのか，つまり，その対象の限界をもまた分析の俎上にのせていくこと，つまり，これまですでに強調した反省的観察者の姿勢（第Ⅰ部5章）が重要になってくるのである．

(2) 比較フィールドワークにおけるアクセス，インフォーマント

比較フィールドワークにおいても，フィールドへのアクセス，インフォーマント（情報提供者）との関係，観察や様々なかたちのインタビュー（例：構造化の度合），既存資料の活用（例：学校資料，行政文書，写真，子どもの絵），また，必要と思われるデータを自分で作りだしていく作業（例：教師が日記をつけることを依頼する，インタビューするなど）や，対象者にフィードバックしたり，結果を報告したり，被観察者のプライバシーを守り，観察者の倫理水準を守る問題も，基本的に一国を想定したフィールドワークと同じである．それらが，国を越えて展開するために，文化を越えた性格をもつということである．

例えば，多くのばあい，他国の調査にでかける際には，そこに住んでいるときと異なり，時間が極めて限られていることが多い．したがって，例えば教育政策関係者への質問において，公式文書にでているような内容をわざわざ限られたインタビューの時間で聞くのは非効率である．出国前の下調べ，手紙やインターネットを使って行かずに入手できる資料の獲得，そして，現地案内人となるような共同研究者やインフォーマントの存在は，自国でのフィールドワークよりもさらに重要になってくる．

(3) 比較フィールドワークにおける観察者の影響

観察を用いたタイプの質的方法は相手のなかに入りこむだけに，観察者の存在によって対象に影響がでる観察者効果が問題となることがある．しかし，観察者が対象に入りこむことが強さでもあるこうした調査方法では，その効果を積極的に排除することではなく，それを含めた分析を行うことのほうがしばしば有意義だとされてきた．反省的観察者の必要性がここでも重要なのである．

観察者としての自分のバイアスを理解することも重要である．例えば，開発途上国の人びとを対象とした先進国の研究者による研究が，実は西欧先進国のバイアスを無自覚に肯定した自民族・自文化中心主義的な枠組みから理解され

がちであったことはしばしば指摘されてきた. マイノリティ研究もそうである.
今日, マイノリティや開発途上国側のエンパワーメントが意識され, 当事者の
視点からの研究がより必要とされるようになっている. しかし同時に, マジョ
リティ・西欧先進国中心の枠を超えて語ろうとするマイノリティや開発途上国
の研究者自身も, 実はマジョリティのヘゲモニーのなかで作られた言説のなか
で規定され, マジョリティの枠組みを準拠点として, 自らのアイデンティティ
も, そして, 社会的位置づけをもまた意味づけられているという難しさを背負
っている (Stanfield, 1994). 南北の軸でみたばあい, 日本は開発途上国ではな
いが, 日本でも, 西欧の科学理論を学びその言説のなかで語ってきた日本人研
究者が自分たちの声を獲得し, それを国際社会で評価されることの難しさを考
えたばあい, こうしたメカニズムは容易に理解できよう.

　マイノリティ集団を対象とした質的研究の古典が, しばしばその集団の出身
者によるものであり, アウトサイダー化したインサイダーによるものであった
ことは, おそらく単なる偶然ではない (Willis, 1977; Thorne, 1993; Ogbu, 1978).
アウトサイダーがインサイダー化し, インサイダーがアウトサイダー化するな
かで, アウトサイダーとして突き放して対象をみると同時に, インサイダーと
して当時者の視点や状況, 行動やそれらが織りなすプロセスをみることができ
る. こうした観察者の出身文化や対象文化の関係の意識化, つまり内省的反省
は, 意味世界に接近しようとする質的研究には特に必要なことであろう (Spin-
dler & Spindler, 1982). 比較フィールドワークにおいても, 例えば, アジア系
住民がいる国において, その一員として位置づけられているのか, 「日本人」
として位置づけられるのか, そこにジェンダーがどのようにかぶさってくるの
かなど, それ自体が分析対象となるのである.

　近代科学は「わたくし」を落とした世界を追究してきた. しかし, そうした
一見中立的な世界が実は価値世界の存在を隠蔽していることは, しばしば指摘
されてきた. 質的方法, 特に相手のなかに入りこんでいく方法は, こうした
「わたくし」の世界の批判的発見を伴うとともに, 研究者によっては, 自文化
以外の基準で語られてきたり, 声の聞こえない (子どもも含め) 人びとを主体
としてとらえなおす, ひとつの世界観にも通じてきたのである (Denzin & Lin-
coln, 1994).

(4) 比較フィールドノーツ

さて，フィールドワークで得られるデータは，観察，インタビュー，既存の資料分析などが中心となる．また，絵を描いてもらうなど，必要だと思うデータを作りだしてもらう性質のものと，すでに存在する学校の文書などのデータを活用するばあいとがある．後者に関しても，存在するか，存在したとしても使わせてもらえるか，などの問題が絡んでくる．いずれにせよ，どのようなデータが必要かの戦略的判断が必要となる．

観察したことも，聞いたこと（インタビュー，会話）も，それ自体は一過性のものであり，それを言語化したり，記号化したり，保存したものが分析データになる．その代表格がフィールドノーツだが，あとにフィールドノーツが重要なデータになる以上，そこにどのような，そして，どの程度の情報をこめられるかが，分析に用いられるデータをも左右してくる．

フィールドノーツの書きかたも，コーディングのしかたもひとつではない．記述の描写と観察者が考えたことなどをメモした部分をわけることを提唱する人もいれば，それらは一体化していると主張する人もいる．前者の例としては，なるべく描写部分に観察者の読みこみをしない具体的な会話や行動の入っているノーツ（low-inference descriptors）を作成し，観察者の分析や直感，感想などとわける方法もある（Silverman, 2001, Chap. 8）．また，下記の例はノーツの一例を切りとっているが，それぞれのデータが発生した社会的文脈を考慮しながら文書やインタビューなどと照らしあわせたり，コースごとの子どもの一般的特徴をとらえるなど一部数量化したり，ビデオ撮影結果と比較したり，検証していく方法が挙げられよう．

いずれにせよ観察している内容は，一般に，言語化・記号化してはじめて保存でき，見かえせる分析可能なデータとなる．したがって，観察したものをどの程度情報にできるかは，どの程度観察したものをデータとして用いられるかに関係してくる（Geertz, 1973）．

例えば，以下のふたつのフィールドノーツを比べてみよう．子どもを「能力」ないし「習熟度」別に振りわけていくことの意味を考えようとして，習熟度別指導を行っているある日本の都市部の小学校5年生のクラスで，最も進度がゆるやかなクラス＝「ゆったりコース」の子どもたちの様子を観察に入った最初の日だとする．入ってすぐの学校であり，習熟度別のうえのふたつのコー

スをみてからこの教室に入ってきたので，子どもの名前がわからないものとする．

2004 年〇月〇日（水曜日）2 時間目　5 年生　算数　ゆったりコース（高松先生）
ゆったりコースの教室に入ると，12 人の子どもが教室に座り，そのあいだを女性の先生（高松先生）が歩いて個別指導をしていた．全員，計算のプリントをやっている．10 人は 7 分の 1 足す 7 分の 3 から始まる，分母が同じ分数の足し算引き算のプリントを，1 人は，5 分の 13 引く 5 分の 4 から始まる分数の引き算を，1 人は 120÷30 から始まるプリントを解いていた（プリント参照）．集中している子どもは集中していたが，私語をしたり，歩き回る子どももいて，全員が席に座って静かであった他の 2 つのコースに比べて騒がしく感じた．

さて，このノーツでは，ゆったりコースには，12 人の子どもがいて，高松先生が指導し，一定種類の分数のプリントを何人かが解いている，ほかのコースより騒がしいように感じたことしかわからない．では，これよりもう少し詳しくノーツがとれたつぎの例をみてみよう．

2004 年〇月〇日（水曜日）2 時間目　5 年生　算数　ゆったりコース（高松先生）
…… （前略）……
ゆったりコースの教室に入ると，7 人の男子と 5 人の女子が教室に，向かいあわせになって座っていた．この間を，30〜40 代にみえる女性の先生（高松先生）が，歩き回りながら個別指導をしている．ひとりだけ男子 7 が列から大きく外れて座っていた．女子 5 人と男子 1〜5 は 7 分の 1 足す 7 分の 3 から始まる，分母が同じの足し算引き算の分数プリントを，男子 7 は 5 分の 13 引く 5 分の 4 で始まる分数の引き算のプリントを，男子 6 は 120÷30 ではじまる割り算のプリントを解いていた．女子 2，3，5 は，お互いに時どきプリントを見せあい，「これどうするんだっけ？」「速いね」と小さな声でニコニコしながら話しあっては自分のプリントにもどって，速いペースではないが，計算を進めていた……男子 1 は時どき消しゴムで遊んだり，大きな口をあけてあくびをしたり，教室を見まわしたりしながら，1 時間かかってプリントの 3 分の 2 ほどをこなしていた．男子 6 は，時間中に 5 回席をたっては黒板にいったり，窓のほうにいったあとに教室をウロウロし，そのたびに高松先生は「席にもどって」というがきかず，高松先生は直接男子 6 の肩を抱えて押しながら席にもどしていた．男子 6 は，席についてからも，体を左右に揺らしたりしている．計算はほとんど手をつけていない．男子 5 は，男子 6 が歩きまわると，そちらのほうをみていて計算は止まってしまう．男子 7 は，ひとりだけ机が離れ，目だってほかの子どもよりも計算が速く，

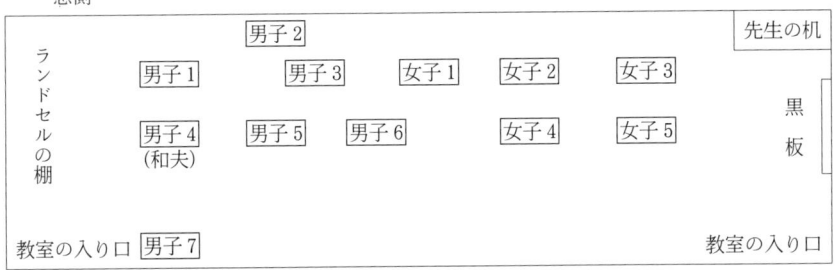

わき目もふらずに計算していた．男子4は，みていると，全く手が動いていない．体格もほかの子どもに比べて大きく，髪の毛が肩にかかる程度に長めに伸ばし，垂れ下がってくる前髪をかきあげる動作が多い．（早熟な感じがした．）

　教師は，子どものうしろを通りながら時計回りに回り，時どき止まっては指導をしていた．時間中に4周したが，女子5人のプリントは，全体を回るなかで覗きこむだけで指示はだしていない．（ある程度静かに進めていたので，大丈夫だと判断したのであろうか．）男子1，2，3には時どき止まっては指示をだしている．男子6にはかなり多くの時間を割いて，何度も指導をしていた．男子5は，［教師が］男子6の指導をしたあいまに覗きこんで，間違いを指摘している．男子4はみていると，全く手が動いていない．高松先生が立ち止まって指示をだそうとすると，1回目は「わかる，わかる」といいながら，右手で高松先生を追い払うようなしぐさをした．しかし，教師が去ると問題をみて，鉛筆で書くようなそぶりはみせるが，実際には書いていない．2，3回目は「和夫くん，わかっている？」「進んでる？」とうしろを通りながら，名前をいいながら高松先生が声をかけ，和夫はそのたびに「わかっている，わかっている」といいながら右手で高松先生に向かって手で振り払う動作をした．（さきにいってほしいというようなそぶりで振り払っているようにみえる．）4回目，授業もあと5分になったとき，高松先生は和夫のところまできて覗きこみ，（やっていないことを確認したのか，）隣にしゃがみこみ，怒った口調で，早口で説明を始め，「わかった？わかった？」と繰りかえしている．和夫は何もいわずにずっと紙をみている．（恥ずかしい表情をしているようにもみえる．）

観察コメント

　ゆったりコースでは，ほかのふたつの習熟度別指導クラスに比べてプリントの進みぐあいが遅いだけでなく，ほかのクラスに比べて歩き回ったり，しゃべったりする子どもがいるので，勉強に集中しにくい環境があるのではないか．学力面での指導と生活指導が必要な子どもが集中している感がある．一番進みの速いクラスは，校長先生によると塾にいっている子どもが多いという（〇月〇日校長先生インタビュー参照）．一番上のコースは，タイムウォッチを使って時間を測らせていたが，タイムウォッチ

の使いかたも慣れた子どもが多く，家庭で同じようなことをしていることをうかがわせる（子どもと教師に確認する）．ゆったりコースの子どもとおそらく家庭での学習状況・環境が異なる．ゆったりコースの子どもは，もしこうしたグループわけが持続するようであるならば，意識的に底あげをし，生活指導も含めて支援できる体制が必要ではないか．

　目立っていた子どものひとり，和夫は，観察していると，わざと反抗して解いていないわけではなく，問題を実際解けないようにみえる．また，自分のレベルよりも高いプリントを自分から選んでいる．しかし，それをほかの子どもや教師に知られたくないのか，プライドが許さないのか，「わかる」といい続けて，解いているふりをしているようにみえる．自己防衛の一種か．教師のほうからみるとサボっているようにみえているのか．最後，彼からみると解けないことを「暴露」されているようなきもちになっているのか……（つづく）．

　もっと詳しく書くこともできる．フィールドノーツは以後も続き，何回も足を運んでいるうちに，名前やルーティンも覚え，最初の直感的な観察は，様々なデータによって修正，補強されていく．追究すべきほかの断面もでてくる．いずれにせよ，後者のノーツのほうが，物理的・身体的状況，登場人物，相互作用，そして，観察を土台にした観察者の初期分析・感想などの情報が豊富であることがわかる．

　では，比較フィールドワークはこのプロセスにどのようなひねりを入れるのか．フィールドノーツはそれぞれの社会的文脈にできるだけ忠実であろうとするものであり，例えば，アメリカの小学校で同じ関心で比較をしようとしたばあい，まず，どのようなしくみで子どもが別々のコースにわけられているのか，どのような子どもがどこにわけられているのかなどの基本的事項の違いと共通性を理解しておく必要がある．そして，アメリカの学校で観察を行う際には，その文脈のなかで意味をもっているもの（例：人種の違い）に敏感になりながら，当事者の視点や経験している日常性をとらえていく必要がある．また，少なくとも会話など，そのまま引用することがのちに必要になるかもしれない性質のもの，鍵となる言葉などは，当事者の言葉そのまま，原語で書き留めておくのが有用である．フィールドノーツの分析プロセスは，基本的には一国のそれと同じだが，一国内のそれが縦の比較を行いながらパターンや筋を浮き彫りにしていくプロセスであるならば，国際比較はそこに横糸が入るのである．

　つぎの例は，上記の小学校とマッチングしたアメリカの小学校を観察したフ

ィールドノーツから部分的に取りだしたものとする．ノーツは日本語でとっているばあいを想定する．

2004 年○月○日．2 時間目，5 年生，国語，Ms. L の教室

国語の授業になると Ms. L のクラスの 3 人が取りだし指導に抜けだしていった．ヒスパニックのふたりの女の子，J と F，そして，先住アメリカ人の男子 M である．この 3 人とアフリカ系アメリカ人の男子 2 名と女子 1 名を除くと，クラスののこり 18 名は全員白人である．J と F はふたりでしゃべりながら，笑顔で教科書をもってでていったが，M は教科書を両手で机から 10 センチほど持ちあげ，キョロキョロと周囲を見まわしてから，さっとでていった．（誰もみていないときをねらって退室しようとしたようにみえる）……3 人が出て行くと，Ms. L は自分の机の上の書類をそろえながら隣に立っている私に "M goes to remedial reading. He is a transient,"（「M は国語の補償教育を受けています．彼は一時滞在の子どもです．」）と transient の語を強調しながら言った．"Do you also have gifted education?"（「ギフテッド教育（才能教育）もありますか」）と私が聞くと，Ms. L は "Yes, but some children have it, some children don't."（「ええ．でも，（才能が）ある子とない子がいるから」）と答えた．……

観察コメント

M は，ほかの子どもにみられないように，クラスメートがみていないことを確かめて教室をでようとしているようにみえる．補償教育を受けていることをみられるのが恥ずかしいのか．M だけでなく，学業不振の子どもを指すときに，"transient" とよぶことは，カウンセラーのインタビューでも（○月○日のカウンセラーインタビュー参照），Ms. P のインタビューでも（○月○日インタビューを確認）行われていた．これらの子どもの家庭が，職業がら引越しが多く，転校が多く学習に不利であるという意味だけでなく，この学校では，この言葉のなかに，《保護者が子どもの学習に熱心でない家庭》を指しているようにみえる……（つづく）

紙面の都合でノーツの一部分を短く抜粋していて読みにくいが，こうした，"He is a transient" "Some children have it, some children don't" などは，当事者視点をあらわすものとして，日本語でなく原語で記録しておくのが特に有効なものであり，あとのコーディングでも用いられる可能性のあるものである．上記の日米のフィールドノーツを，例えば「振り分け」（sorting）として分類したとすると，日米の対象校では，学校内選抜過程にどのような種類があり，どのような論理によって支えられ，どのような共通した，または異なるメ

カニズムを産んでいるのか（例：下位の集団へと振り分けされている子どもに起きていること，教師の意識）などを，一国内の縦糸と，国際比較の横糸で比較することが可能になる．例えば，日本のゆったりコースで和夫に起きていることと，補償教育を受けにクラスから取りだし指導される先住アメリカ人のMに起きていることは，「セルフエスティーム（自尊感情）」「階層」「アイデンティティ」などの似たような要因が絡むメカニズムと関係しているのかもしれない．比較することによって視点を多角化できるのである．

(5) 教室から国際比較へ

最後に，国というマクロレベルでの比較を試みるとき，一国内よりも陥りやすい落とし穴もある．そのひとつが，教室のミクロな世界から，より大きなマクロな国の文脈に結びつけようとするとき，その中間にあるものを経由せずに，直に結びつけてしまう傾向である．国際比較フィールドワーク，そして，子どもの授業や学習が実際に行われるミクロレベルにまで降りて国際比較しようとする作業は，しかしながら，その教室世界がつながっているところの地域や様々な法的・社会的枠組みによってそれがマクロへとつながっていることを視野に入れないと，社会的文脈に根ざしながら教室世界を描けるという，この手法のひとつの強さを失う．学校空間のブラックボックスを開き，そのなかで行われているプロセスに光をあてる必要性を認めつつ，それがそのままマクロ化された国家の特徴とされることには注意を促す必要があろう．

いずれにせよ，教室レベルにまで降りて国際比較をした国際比較フィールドワークのばあい，縦糸に横糸が必要なわけだが，基本的には一国内でのそれと共通している．比較フィールドワークは，質的方法の応用として，具体的に何が起きているのかを，国や文化を越えてその意味世界を含めて包括的に理解していけるおもしろさをもつ．そして，こうした手法は，対象のなかにある自分，意識化と相対化，意味づけの自覚化や自己反省的な側面を不可避的にもっているように思える．

　　(注1)　例えば，International Association for the Evaluation of Educational Achievement（IEA）のビデオ分析．

●もっと学びたい人のために●

J. Tobin, D. Y. H. Wu, & D. H. Davidson（1991）*Preschool in Three Cultures: Japan, China, and the United States*. New Haven : Yale University Press. ——3カ国の保育園場面のビデオ映像を用いてインタビューを行い，新しい角度から比較文化的分析を行った共同研究.

J. Ogbu（1978）*Minority Education and Caste: The American System in Cross-Cultural Perspective*. New York : Academic Press.——マイノリティ・ステイタス，マイノリティと社会の関係を多角的にみるにあたって参考となる古典.

R. Alexander, P. Broadfoot, & D. Phillips（1999）*Learning from Comparing: New Directions in Comparative Educational Research*. Oxford : Symposium Books.——教育における（国際）比較研究，社会的文脈を汲みとる比較研究のありかたなどについて，正面から問うた，イギリスを中心とするヨーロッパの研究者たちによる書.

参考文献

吉田正晴（編）(1990) 比較教育学（教職科学講座第8巻）福村出版.

リーグル, L.（2000）文化と社会化——比較教育学における忘れられた伝統と新しい側面. シュリーバー, J.（編）(馬越徹・今井重孝訳) 比較教育学の理論と方法　東信堂, pp. 229-266.

Alexander, R. J.（2000）*Culture Pedagogy: International Comparisons in Primary Education*. Oxford : Blackwell.

Alexander, R. J.（2001）Border crossing : Towards a comparative pedagogy. *Comparative Education*, 37, 507-523.

Broadfoot, P.（1999a）Comparative research on pupil achievement : In search of validity, reliability and utility. In R. Alexander, P. Broadfoot, & D. Phillips (eds.) *Learning from Comparing: New Directions in Comparative Educational Research*. Oxford : Symposium Books, pp. 237-259.

Broadfoot, P.（1999b）Not so much a context, more a way of life? : Comparative education in the 1990 s. In R. Alexander, P. Broadfoot, & D. Phillips (eds.) *Learning from Comparing: New Directions in Comparative Educational Research*. Oxford : Symposium Books, pp. 21-31.

Bronfenbrenner, U.（1970）*Two Worlds of Childhood : U. S. and U. S. S. R.* New York : Russel Sage Foundation.

Carspecken, P. F.（1996）*Critical Ethnography in Educational Research: A Theoretical and Practical Guide*. New York and London : Routledge.

Corsaro, W. & Rizzo, T.（1988）Discussione and friendship : Socialization processes in the peer culture of Italian nursery school children. *American Sociological Review*, 53, 879-894.

Cresswell, J. W. (1998) *Qualitative Inquiry and Research Design: Choosing Among Five Traditions*. Thousand Oaks, CA: Sage.

Denzin, N. K. & Lincoln, Y. S. (1994) Introduction: Entering the field of qualitative research. In N. K. Denzin & Y. S. Lincoln (eds.) *Handbook of Qualitative Research*. Thousand Oaks, CA: Sage, pp. 1-17.

Geertz, C. (1973) *The Interpretation of Culture*. New York: Basic Books.

Kohn, M. L. (1996) Cross-national research as an analytic strategy: American Sociological Association, 1987 Presidential Address." In A. Inkeles, & M. Sasaki (eds.) *Comparing Nations and Cultures: Readings in Cross-Disciplinary Perspective*. Englewoods, NJ: Prentice Hall, pp. 28–53.

Lareau, A. (2000) *Home Advantage: Social Class and Parental Intervention in Elementary Education*, 2nd ed. New York: Rowman & Littlefield.

Miles, M. B. & Huberman, A. M. (1994) *Qualitative Data Analysis: A Sourcebook of New Methods*, 2nd ed. Thousand Oaks, CA: Sage.

Ogbu, J. (1978) *Minority Education and Caste: The American System in Cross-Cultural Perspective*. New York: Academic Press.

Osborn, M. & Planel, C. (1999) Comparing children's learning, attitude and performance in French and English primary schools. In R. Alexander, P. Broadfoot, & D. Phillips (eds.) *Learning from Comparing: New Directions in Comparative Educational Research*. Oxford: Symposium Books, pp. 261–293.

Silverman, D. (2001) *Interpreting Qualitative Data: Methods for Analyzing Talk, Text and Interaction*, 2nd ed. London & Thousand Oaks, CA: Sage.

Spindler, G. & Spindler, L. (1982) Roger Harker and Schonhausen: From familiar to strange and back again. In G. Spindler (ed.) *Doing the Ethnography of Schooling: Educational Anthropology in Action*. New York: Holt, Rinehart and Winston, pp. 20–46.

Stanfield, J. H., II. (1994) Ethnic modeling in qualitative research. In N. K. Denzin & Y. S. Lincoln (eds.) *Handbook of Qualitative Research*. Thousand Oaks, CA: Sage, pp. 175–178.

Thorne, B. (1993) *Gender Play: Girls and Boys in School*. New Brunswick, NJ: Rutgers University Press.

Tobin, J. J. (1999) Method and meaning in comparative classroom ethnography." In A. Robin, P. Broadfoot, & D. Phillips (eds.) *Learning from Comparing: New Directions in Comparative Educational Research*, Vol. 1, *Contexts, Classrooms and Outcomes*. Oxford: Symposium Books, pp. 113–134.

Tobin, J. J., et al. (1991) *Preschool in Three Cultures: Japan, China, and the United States*. New Haven: Yale University Press.

Willis, P. (1977) *Learning to Labor: How Working Class Kids Get Working Class*

Jobs. New York : Columbia University Press.

コラム──国際比較の視点から学校をみる

恒吉僚子

　下の3枚の写真を見くらべてみよう．ひとつは日本の東京郊外の小学校の給食時の教室，教室のまえで日直が待っている．ひとつはアメリカのワシントンDC付近の学校，女の子がクラスで発表している．今日の発表のテーマは「自分の大切なもの」．そして，もうひとつがマレーシアのクアラルンプール付近の私立の宗教学校の教室である．子どもたちがこれから席につこうとする瞬間である．どの写真も，読者はおそらくみてすぐ「学校」の写真であるとピンとくるであろう．説明もないのになぜ"ピンとくる"のか？　それは，服装も，人種も，壁に貼ってあるものも，見なれないものがあるにもかかわらず，どれもまぎれもなく「学校っぽい」からであろう．では，いったい何が「学校っぽい」のだろうか？　「机」に「椅子」，「黒板」，同じような年齢にみえる多くの子どもたち，まえに立つ教

(左) 日本（東京郊外）の小学生

アメリカ（ワシントンDC）の小学生

マレーシア（クアラルンプール）の小学校

師らしき人……．そうしたものを読者は思いうかべるであろう．同時に，こうしたすぐ目に飛びこんでくる事柄の背景には，子どもたちが学ぶ「カリキュラム」があり，それに沿った「教科書」があり，「実践」があり，それを「評価」するシステムがある……，ということを，われわれは暗に察するのである．

　3枚の写真を貫く「学校」の共通性．しかし，3枚の写真はまた，それぞれの社会的・文化的差異をもわれわれに感じさせる．たとえば，アメリカの教室の写真．教室の前方に翻るアメリカ国旗，それをこのクラスの子どもたちは毎日かかさず掲揚をしている．それは何を意味しているのだろうか？　白人が写っていない教室——それは多くの日本人がもつアメリカの教室のイメージと異なるに違いない．つまり，これは，人種的・民族的マイノリティの子どもが大多数の都市部の学校なのである．その事実はアメリカ社会のなかで，そして，この子どもたちの教育経験にとって，何を意味しているのだろうか？　子どもたちがしていることは「ショウ・アンド・テル」．女の子が，自分の大切な品として，両親の祖国からの人形をかかえている．こうした活動をとおして，子どもたちは何を学んでいるのか？　そして，公立学校にもかかわらず，制服を着ている．こうした制服の着用は，何を意味しているのか？　あるいは，マレーシアの教室では，女の子が髪を覆っている——宗教と関係あることは容易に想像できよう．では，こうした見かけ上すぐわかることの背景にあるもの，たとえば，この子どもたちが児童同士の友情や対人関係のなかで学んでいる価値観とはどのようなものであるのか．それは，学校が教えようとするイスラム教のメッセージとどのような関係にあるのだろうか？　ここに写っているのはマレー系の子どもたちだけであり，ほかの民族の子どもたちは写っていないことに気づく人もいるかもしれない．それは何を意味しているのだろうか？

　こうして次つぎと浮かびあがってくる疑問にここで答える紙面の余裕はない．しかし，目を，文化を越えて行き来させ，比較していくことによって，文化を越えたメカニズムにも，逆に，それぞれの社会のなかでの教育の特徴的なありかたについても，視点を多角化することができることがわかるであろう．

　一例として，多くの人種・民族が目に見えるかたちで共存しているアメリカやマレーシアのような社会にあって，人種的・民族的に分かれた教室はどのような意味をもつのか．それは，たとえば，マイノリティの教育への機会均等や国民的統合の必要性などと絡められて活発に議論されてきた．そこには，教育が与えうる機会を，いかにすればすべての子どもが享受しうるのかという問題が横たわっている．こうした，差異がみえやすく，差異を意識したかたちで学校が存在している社会から，差異がみえにくい日本へと目を転じたとき，私たちはこうした国ぐにとくらべた日本の教室のひとつの特徴に気づくだけでなく，"差異"への視点を得ることで，以前は気づかなかったかもしれない子どもたちのあいだの違いを逆に発見し，新たな目で日本の学校をみることが可能になるのである．他文化と比較することが，自明だったものを相対化し，その意味を問いなおす契機となりうるのである．

　日本の教室のしくみは，各国とくらべるとどのような特徴をもっているのであろうか？　それは子どもたちが経験することにどのような影響を与えているのであろうか？　日本の教育の強さは？　課題は？　教室のなかのミクロな人びとのあいだのやりとりから社会制度や教育政策のマクロな次元まで，こうした視点の転換は，なぜ「自明」と感じるのかも含め，「自明」なるものを打ち砕き，はじめてある地を訪れる旅行者のような新鮮さで見なれた場を見なおさせる面白さを秘めている．

　謝辞・写真を提供してくださった各学校に感謝の意を表したい．

8章 教育実践の歴史的研究

佐藤　学

1　歴史的アプローチ

　教育実践（授業と学び）は歴史的性格を帯びている．教師も子どももそれぞれの歴史を生きており，教科書や教材も歴史性を含んでいる．教室における黒板や机の配置も歴史性をもっているし，カリキュラムの構造や授業と学びの様式も歴史の産物である．たとえば「授業」という言葉は，幕末期には「教師」を意味していた．そもそも今日の教室にみられる授業の様式——ひとりの教師が同一の内容を多数の生徒に教える様式——は，この様式をアメリカから導入した明治5（1872）年以前には存在しなかった．藩校や寺子屋では自学自習の形態が基本であり，「教える」という言葉自体も使用されることは稀であった．教室の風景と教会の室内の風景の同型性に気づかれる読者も少なくないだろう．ちょうど神前結婚の様式が教会の結婚式の模倣によって創作されたように，教室の授業は教会の説教をモデルとする欧米の教室の授業の模倣によって開始されたのである．

　教育実践に対する歴史的アプローチは，このように教育の近代化の過程に生起した個々の教育実践の特質を歴史学の方法で開示する研究である．この領域の研究は，欧米の教育研究においても散見されるが，日本の教育研究においてとりわけ活発に推進されてきた．その要因は多様であるが，日本において教育実践の変遷が歴史的に顕著であったこと，教師の実践研究が活発であり教育の歴史に対する教師の関心が高いこと，戦後の教育学において歴史的アプローチが実証的研究の主流のひとつを形成してきたこと，などがあげられる．教育実践の歴史的研究の蓄積は，現在は停滞期にあるとはいえ，日本の教育学研究の誇るべき成果のひとつといえるだろう．

　教育実践の歴史的アプローチにおいて，教育実践は歴史的なできごと（事

件）である．そのできごとの実相を史料によって再現し，その意味をできごと
の歴史的な連関のなかで開示するのが，教育実践の歴史的アプローチである．
その歴史的連関は，できごとの歴史的な系譜と脈絡において示される．個々の
教育実践の特質は，そのできごとを成立させている系譜において意味づけられ
ると同時に，そのできごとを成立させている社会的文化的文脈において意味づ
けられる．

　とはいえ，教育実践の歴史的アプローチは，いくつもの制約によって規制さ
れている．まず個々の教育実践をできごととして対象化するとしても，どので
きごとを選択し，どう歴史的に位置づけるかが問われなければならない．無数
に存在した教育実践の事実をどう選択し，どう歴史的に構成するのかは，研究
者の歴史的な想像力に委ねられている．その意味で，どう実証に徹しようとも
客観主義的な歴史叙述はありえない．ほかのあらゆる歴史研究と同様，教育実
践の歴史的アプローチは，研究者自身の歴史の教養と教育学の教養を基礎とす
る歴史的想像力にもとづく研究として推進されるのである．

2　史料と方法

　教育実践の歴史的アプローチの研究対象は教育実践に関する史料であり，そ
の研究方法は史料の意味の解読であり歴史的事実の構成である．しかし，そこ
にはいくつもの制約が待ちうけている．まず教育実践の史料といっても，教室
のできごとを詳細に記録した史料が発見されることは稀である．現在の教室の
授業や学びを研究するのであれば，観察や記録によって資料を豊富にすること
が可能であるが，過去のすでに消滅した教室の授業や学びを研究するのは，史
料収集の段階で困難と制約に直面する．教育実践の歴史的アプローチの第一次
資料である実践記録それ自体が，ある歴史的段階のある方法意識の所産なので
ある．この困難と制約を超えて教室のできごとの記録を発見したとしても，そ
の記録史料を解読するにはふたつの作業が必要である．ひとつは史料批判（テ
キスト・クリティーク）であり，その史料がどれほどの代表性と典型性を備え
ているかの吟味が必要であり，その史料の解読のまえにその史料の存在そのも
のの歴史的布置（コンフィギュレーション）を明示する必要がある．もうひと
つは，史料の解読の方法を当時の慣用法（イディオム）と意味体系（コード）

に則して吟味しなければならない．このふたつの吟味を経て，教育実践の記録は歴史的アプローチの史料として活用しうるものへと翻案されることとなる．

過去の教室の授業と学びを歴史的なできごととして対象化し解読する歴史的アプローチにおいて，史料の収集が決定的なことはいうまでもない．しかし，教室の授業と学びの具体的様相を詳細に記録した史料は稀である．したがって，教育実践の歴史的アプローチにおいては，教室の授業と学びの具体的様相を示唆する多様な史料を収集し活用しなければならない．その当時の教科書やカリキュラムや教授理論書，学校に保存されている関連史料，教師の著した手記や伝記や回想記や雑誌論文，その教育実践を直接間接に規定した教育行政の政策文書，その学校や教室の模様を伝える写真や記事など，教室のできごとを再現するための可能なかぎりの史料の収集が必要である．それらすべての史料が何十篇も収集できたとしても，教室のひとつのできごとの再現は困難が伴うことを覚悟しなければならない．

史料を収集し史料批判を行ったあとに，史料の解読と分析と叙述の作業が推進される．歴史的アプローチの「方法」とは，この解読と分析と叙述の方法を意味している．真っ先に行わなければならないのが，先行研究と関連した研究の検討であり，リサーチ・クエスチョンの設定である．この作業は研究全体のなかで最も重要である．なぜなら，研究は新しい知識の産出（あるいは創造）であり，研究の価値は第一義的に産出し創造する知識のオリジナリティ（独自性）にあるからである．先行研究の検討と史料の解読によって導かれるオリジナリティの創出の筋道（概念装置の形成）こそが，研究の「方法（論）」であり，この「方法（論）」こそが，その研究の最大の成果なのである．

3 歴史的経験の分析と叙述

教育実践の歴史的アプローチの具体を，私自身の研究（博士学位請求論文「アメリカにおける教材と学習経験の方法的組織に関する史的研究——単元法の開発と実践の展開過程」（1987 年）圧縮し補筆して『米国カリキュラム改造史研究——単元学習の創造』（東京大学出版会，1990 年）として公刊）を事例として提示しよう（論文や著書には記さなかった研究の楽屋裏を提示することにより，教育実践の歴史的アプローチにおける方法論を考える手がかりを提示し

たい.)

　この研究において私はふたつの目的を設定していた. ひとつは, 学校教育の近代化の過程を複数化し, その対立と葛藤と妥協の過程として教育実践の歴史を叙述することである. もうひとつは, アメリカのカリキュラムの近代化の歴史を実践レベルで叙述することにより, 日米両国の学校教育の比較史的考察の基礎を獲得することである. このふたつの目的に接近するために, 私は研究対象を単元学習の実践に設定した. 単元はカリキュラムの単位であり, その様式は教育実践の多様な近代化の具体を示しているからである.

　この研究において私は, 教育実践を対象化する方法を考案しなければならなかった. 教育実践の事実をどのようにして学術研究の対象として定位するかという問題である. 教育実践の史料をまえにして, どのような分析と叙述が可能だろうか. その方法は多様に設定しうるが, 私が採用した方法は, 構造主義の言語学をモデルとする方法であった.

　あらゆる教育実践は言語によって構造化されている. どんな教育実践も言語なしでは構想もできなければ遂行もできなければ評価もできない. すなわち教育実践は, 徹頭徹尾, 言説的実践なのである. ソシュールの言語学を参照して比喩的にいえば, 教師や子どもの授業と学びの可能性は「ランガージュ」(言語の潜在能力) であり, カリキュラムや授業や学びのシステムは「ラング」(制度化された言語) であり, 教師の授業と子どもの学びの活動は「パロール」(発話行為) である. この構造主義の言語学をモデルとすることによって, 私は多種多様な教育実践の史料を分析し解読する見とおしを獲得したのである.

　研究対象の期間は単元学習の様式がアメリカに導入された 1890 年代から単元学習の多様な様式のほぼすべてがでそろう 1945 年までに設定した. そして単元学習の実践を記録した史料の渉猟に精力を傾注した. カリキュラム改造の拠点となった学校のドキュメントや地方の教育委員会の保存している史料, 教育関係の雑誌や調査研究報告に含まれている実践史料, 各州の制定したコース・オブ・スタディに記録されている実践史料, 教育学者や教育ジャーナリストが記録した実践史料など, 想定しうる実践史料のすべてを対象として史料の収集に努め, その結果, 単元学習に関する約 3,000 事例の実践史料を収集することができた. この時点で, 私は, アメリカにおいても誰も行っていないカリキュラムの実践史を叙述する見とおしを立てることができた.

ニューヨークの急進的な子ども中心の学校，シティ・アンド・カントリー・スクール（1913年創立）で子どもに教える晩年のルーシィ・スプラーグ・ミッチェル（1960年代）．ミッチェルは，1915年に同校の一角に教育実験研究所を設置し，観察研究にもとづく発達研究と教育実践の調査研究を推進した．教室のフィールドワークにもとづく発達と教育の質的研究の出発点である（佐藤（1990）第6章参照．写真は著者所蔵）．

　しかし，収集した約3,000の事例は，実践史料といっても多種多様であり，同列に扱うことは不可能であった．教室の授業と学びの様子を細かく具体的に再現できる史料はわずかであり，その多くは数ページ程度の実践の概要の記録であったり，数日後あるいは数年後の回想の記録であったり，教師の日誌であったり，あるいはプランとして叙述されてはいても実施されたかどうか見きわめにくい史料であった．しかも，それぞれの実践史料は，その記録や叙述のスタイル自体が，その教師や記録者の教育実践のスタイルや哲学を表現しており，そのコードとイディオムに即して解読し分析する必要があった．

　歴史研究において決定的に重要なのが時期区分である．時期区分は，歴史を物語として表現する舞台の設定を意味している．この研究における時期区分は，あらかじめ仮説として定まっていた．単元学習がドイツからアメリカに導入される1890年前後から，その様式が多様化し普及するまでの第1期を第一次世界大戦が終結する1917年までとし，私立の実験諸学校や地方都市の教育委員会において創造的に単元学習の様式が開発される第2期を1918年から大恐慌までの1929年までとし，以後，各州のコース・オブ・スタディ改訂運動によって多様な単元学習が公立学校に広く普及する第3期を大恐慌から第二次世界

大戦の終結までの時期に設定した．この3つの時期区分ごとに収集した約3,000事例を分割し，それぞれの事例の分析作業に入ることとなる．

　実践史料の解読と分析において私が採用した方法は，その史料で使用されている言語と構文による種わけである．さきにも述べたように教育実践を言説的実践として対象化し，その特質を構造主義のモデルで解読する方法である．たとえば，同じ単元の様式であっても，「教育目標」（educational objective）を中心に構成している単元もあれば，「主題」（theme）あるいは「トピック」（topic）を中心に構成している単元もある．その価値を「技能（skill）の形成」に求めている単元もあれば，「経験」（experience）に求めている単元もあれば，「認識」（cognition）に求めている単元もある．その結果を「テスト」で測定している単元もあれば，「リポート」や「学習発表」で評価している単元もある．また，単元の様式を「プラン」で示している史料もあれば「実践記録」として示している史料もある．これらの用語と構文の差異に注目すると，決してランダムに用語や構文が使われているのではなく，使用されている用語と構文はセットをなしており，約3,000の実践史料が大別して4つに分類されることが明らかとなった．この段階で，私はカリキュラムの実践史を4つの系譜の対立と葛藤と妥協の歴史として叙述する構想を立てることができた．

　実践史料の解読と分析によって析出された4つの系譜を，私は「子ども中心主義」「社会的効率主義」「社会改造主義」「社会（生活）適応主義」と表現した．これらの用語はすでにこれまでの教育史研究において使用されていた言葉である．しかし，それらの用語の歴史的性格やその相互関連は明示されていたわけではない．この研究は，これら4つのカリキュラム改造の歴史的系譜を開示し，それぞれの系譜の実践的様式の特徴を解明し，それぞれの系譜の歴史的な関連を示した点に特徴がある．

　その結論を示すと，「子ども中心主義」は，デューイの実験学校以来，今日まで続く伝統を有しているが，その特徴は産業主義を基礎とする「社会的効率主義」（social efficiency）に対抗して実践の革新を推進してきた点にある（その意味で「子ども中心主義」を「教師中心」「教科中心」の対概念として認識する通俗的な理解は間違っている）．「子ども中心主義」の系譜は社会民主主義の思想を基盤としており，科学と経験を統合するカリキュラムを志向し，個性と共同性を相補的に追求する社会を標榜してきた．この系譜の単元は「主題

―経験―表現」の様式で表現される.

　他方，1910年代に登場し今日までのカリキュラムの支配的様式を形成してきたのが「社会的効率主義」(social efficiency) である.「社会的効率主義」は産業主義を基礎としており，生産性と効率性と品質管理を求めて「目標―達成―評価」を単元の単位とするカリキュラムを編成した.実際，私の研究のひとつの成果は，今日の学校教育を支配している「社会的効率主義」の教育様式が，近代的労務管理の原理である「テーラー・システム」によって組織された大工場のアセンブリ・ライン（流れ作業）を雛形として成立したことを文献的に実証したことにある.

　「社会改造主義」(social reformism, social reconstructionism) の系譜は，ソビエト教育の影響のもとで「学校教育による社会改造」を求めた系譜であり，1930年代のコロンビア大学を中心とする教育学者たちによって提唱されたカリキュラム改造の様式である.この系譜の運動においては「社会問題の批判と解決」が単元学習の中核を形成している.この系譜は戦後も継承され，マイケル・アップルら批判哲学を基礎とする「再構築主義」と呼ばれるカリキュラム研究を生みだしている.

　「社会（生活）適応主義」は，ニューディール政策において公立学校に普及したカリキュラム改造の保守的な系譜であり，「教材単元」と「経験単元」を対立させ，「教材単元」を「主知主義」として否定し，「経験単元」による生活適応と人格の統合と道徳的態度の形成を追求した.この系譜の単元は「社会的効率主義」と同様,「目標―達成―評価」の様式を採用している.戦後日本の新教育においてモデルとされたヴァージニア・プログラムは，この「社会（生活）適応主義」のカリキュラムであった.

　これら4つの系譜は，収集した約3,000の単元事例の言説的実践の構造，すなわち単元学習を表現する用語と構文の特徴による分類から抽出された系譜である.この分析作業をとおして，この研究は，カリキュラムの近代化のプロセスを複数化し，その複数化された近代化のレトリックの相互連関を解明することを可能にした.なお，この4つの系譜は，教育実践の4つの系譜として記述されただけでなく，それぞれの系譜に対応する教育学と教育政策の言説とも対応させて叙述された.こうして，一つひとつのマイクロな教育実践の内側の世界の布置をその実践の舞台となったマクロな歴史的社会的構造のなかに位置づ

けることができたのである（詳しくは佐藤（1990）参照）.

4　課題と展望

　私の学位論文における研究は，上記の概要にみるように，教育実践の歴史的
研究としてはプリミティブな方法を採用し，しかも膨大な史料を駆使した愚直
なアプローチを特徴としている．しかし，この事例に見られるような教育実践
を言説的実践として見たて構造主義的な分析を行う方法だけが，教育実践の歴
史的研究なのではない．教育実践の歴史的研究の方法論は，研究者の数だけ多
様である．研究の方法論は，研究の主題や意図に応じて，あるいは実践史料の
性格に応じて，研究ごとに創意的に考案されなければならない．

　その後，私の研究室の院生たちが，私の拙い研究を凌駕する研究において教
育実践の歴史的研究の領域と方法を多様に開拓してきている．博士論文として
完成したものを列挙すると，民俗学の影響を受けた教師たちの教育実践を分析
することにより，学校教育における民俗の発見と国民化の相即性を解明して，
戦前戦後のナショナリズムが教育実践を規制した構造を提示した小国喜弘の研
究（小国，2001），植民地政策による韓国の中等教育カリキュラムの歴史的変遷
を跡付けた孫于正の研究（孫，2000），幼稚園建築の変遷を叙述することにより，
幼稚園の教育実践の空間の変化を歴史的に叙述した永井理恵子の研究（永井，
1999），エマーソンの完成主義（perfectionism）の思想との連続性においてデ
ューイの教育哲学の現代的意味を探った齋藤直子の研究（コロンビア大学で博士
号取得．2000年），中等学校の数学教育の成立と変遷を「普通教育」の追求とそ
の挫折の歴史的構造で提示した佐藤英二の研究（佐藤，2001），「教育の世紀社」
が組織した「児童の村」の運動に参画した教師たちによる教室経験の一人称の
語りと子どもの固有名の語りというナラティヴ（物語）の言説分析によって，
教育実践の語りの成立とその変容を歴史的に描出した浅井幸子の研究（浅井，
2004）など，私の研究室だけでも多様なアプローチが教育実践の歴史的研究に
おいて挑戦されてきた．これらの研究者たちの教育実践の歴史的研究がいずれ
も，私と同様，教育実践のアクション・リサーチと併行して展開されているこ
とも記しておく必要があるだろう．

　教育実践の歴史的研究は，歴史研究一般と同様，現代との対話である．いっ

そう複雑化し多様化している教育実践の現実に対峙するためには，今後，よりいっそう創意的で創造的なアプローチが求められている．若い研究者たちの意欲的な挑戦に期待したい．

●もっと学びたい人のために●

稲垣忠彦（[1966] 1995）『明治教授理論史研究——公教育教授定型の形成』評論社，増補版——教授実践，教授理論の近代公教育における「定型」の歴史的構造を実証的・理論的に解明した名著．30 年前の研究だが，現在も読みつがれるべき労作である．

中野　光（1968，1998）『大正自由教育の研究』黎明書房——大正期の新教育実践の自由主義と民主主義の歴史的遺産を描きだした教育実践史研究の名著である．本書も出版されて以来 30 年近い年月を経ているが，依然として大正自由教育研究の基本テクストとして読まれるべきである．

ディヴィッド・ハミルトン（安川哲夫訳）（1998）『学校教育の理論に向けて』世織書房——学級，カリキュラム，一斉授業の歴史を考察した好著．学校教育様式と制度の近代性を歴史社会学的に解明しており，学校の近代化の過程を理解するのに有益である．

参考文献

浅井幸子（2004）1920 年代の新教育における教師の変容——児童の村の教師の一人称の語りを中心に．博士論文（東京大学）．

永井理恵子（1999）明治・大正・昭和初期における幼稚園建築の史的展開．博士論文（東京大学）．（近代日本幼稚園建築史研究——教育実践を支えた園舎と地域（出版予定）学文社．）

小国喜弘（2001）民俗学運動と学校教育——民俗の発見とその国民化　東京大学出版会．

Saito, N.（齋藤直子）（2000）Democratic education for holistic growth: Dewey's naturalistic philosophy of grouth reconstructed in the light of Emersonian moral Perfectionism（コロンビア大学提出博士論文）．

佐藤英二（2001）近代日本の中等教育における数学教育の史的展開．博士論文（東京大学）．（佐藤英二（刊行予定）近代日本の数学教育．）

佐藤　学（1990）米国カリキュラム改造史研究——単元学習の創造　東京大学出版会．

孫　于正（2000）大韓帝国における中等学校教育課程の形成．博士論文（東京大学）．

コラム——過去の教育実践を読む

浅井幸子

　教師が「私」という一人称で語り，子どもたちが固有名で登場し，教室で生起した出来事が物語の形で描出された教育の記録を実践記録と呼ぼう．日本の教師たちは数多くの実践記録を記してきた．とりわけ 1940 年代から 50 年代には，平野婦美子『女教師の記録』(1940 年)，相川日出雄『新しい地歴教育』(1954 年)，土田茂範『村の一年生』(1955 年)，小西健二郎『学級革命』(1955 年) などの著名な実践記録が出版された．その多くは復刊され現在でも入手可能である．

　教育実践の歴史的な研究にとって，実践記録は過去の教室や学校で生起した出来事を現在に伝えてくれる一次史料である．実際に，実践記録を史料として用いた研究が数多く行われ，過去の教育実践の様相を明らかにしてきた．その蓄積は貴重である．

　しかしここで，描出された教育実践から実践記録そのものへと視線を移してみたい．すると実践記録というものの存在が歴史性を帯びていることに気づく．1937 年に出版された国分一太郎と相沢ときの『教室の記録』は，「はじめての『教育の記録』として読書界でも評判」になったとされる (山田, 1952)．北欧や北米では，19 世紀半ばに教員養成制度が確立してから最近まで，公的な言説における教師の声が沈黙し，教室の物語を語るのは例外的な教師だけという状況が続いたという (Godmundsdóttir, 2001)．実践記録という教師の語りの様式が存在すること，その語りが出版され広く読まれることは，ある特定の歴史的文化的な文脈においてのみ成立する出来事なのだ．

　では日本において，教師の「私」と固有名の子どもが登場する実践記録の様式はいつ成立したのだろうか．そして実践記録の成立はどのような歴史的意味を有しているのだろうか．

　この問いに導かれて，私は 1920 年代の「池袋児童の村小学校」(東京)における教師たちの経験に出会った．池袋児童の村小学校 (1924 年—

1936年）は，第一次大戦後の新教育の潮流のなかで，自由の徹底を掲げて設立されたラディカルな実験学校である．『民間教育史研究事典』の「実践記録」の項目を調べると，実践記録の起源が同校の教師である野村芳兵衛と峰地光重に求められている（民間教育史料研究会，1975）．池袋児童の村小学校の機関誌『教育の世紀』のページを繰ると，確かに1920年代の同校の教師には「私」と固有名の子どもの経験を叙述する実践記録の様式が共有されている．それに対して同じ頃の他の教育雑誌では，物語的な教育の記録は稀にしかみることができない．この事実を受けて，私の博士論文「1920年代の新教育における教師の変容」（浅井，2004）では，教師の「私」という一人称の語りに着目して，1920年代における池袋児童の村とその周辺の教師の変容過程を記述することを試みた．

　教育実践から実践記録へと視線を移すことによって，私は教師の語りを検討の中心に据えた．ただし教育実践の解明を断念したわけではない．教師の語りへの着目は教育実践に迫るための方法である．教室を観察できない歴史研究では，日常的な教育の経験がどこで意味づけられ，どこで構成され，どこで構造化されているかを見定め，問いと対象に即した媒体を見出すことが重要である．教師の一人称の語りというテクストは，法制度，カリキュラム，教材などとともに，そのような媒体のひとつとして機能しているといえよう．

　では，教師の一人称の語りを扱うことで，教育実践のどのような側面に迫ることが可能になるのだろうか．その特徴は，語りの主体である教師が教育実践の主体でもあるということ，語りが教育実践を構成する言語的な媒体であるということに求められる．教師の語りは，その教師自身のあり方や感性，子どもへのまなざしや関わり方，教育と学習の文化的な意味を，直接的かつ動的に表現し構成し規定している．教室の経験の語りには，どのような出来事にどのような意味を見出すかということが賭けられている．またそこには，歴史的文化的に構成された教師の感性や心性が内在している．しかもその語り口は，ジャーナリズムにおける流通や学問との交渉を通して様式化し，個別の教室や学校を超えて，教育の経験のゆるやかな定型化をもたらしうる．

　具体的な記述にあたって私は3つの視点を設定した．ひとつ目は，教師である「私」の編成と再編の過程である．ふたつ目は，「私」と教室の子どもの関係の編成と再編の過程である．そしてみっつ目は，教育の文化的な意味の編成と再編の過程である．教師の語りの動的な変遷をこの3点に即してたどることによって，池袋児童の村小学校において実践記録が成立する過程を，教師における「私」が析出し，「私」として呼びかけるなかから固有名の子どもが立ち現れ，その「私」と子どもの経験に教育的な意味が見出される過程として描いた．

　実際に野村芳兵衛の語りをみてみよう．同校に赴任して3カ月後に記された「私の生活から」(1924年) は，彼が最初に子どもをその名前で表記しつつ教室の出来事を叙述した記録である．固有名の子どもの発見，「私」と子どもの関係の再編が鮮明に表現されている点で興味深い．次の文章はその冒頭部分である．

　　今日は朝から子供たちがうようよしていて勉強にとりかかっても調子がのってきません．二三日どうもおもしろくない．これでいいのか知らん．私は何時ものニガりきった沈黙へ落ちてゆきます．…中略…その中の利光君をじっとながめたまま，私は椅子に腰掛けていました．利光君もそれに気がついたか私の方をながめましたが，「先生は今朝から一度も笑わないや」と言いました．「先生なぜニガイ顔をしているの？」今度はその脇にいた久布白君が尋ねました．「勉強がよくできないから苦になるんだ．」「先生ニコニコしなよ．ニガイ顔すると，よけいに僕たち勉強が出来ないから．」久布白君がそう言いました（野村，1924a）．

　ここに描出された野村と子どもの出会いは，「教師─児童」の制度的な関係とは異なる位相で生起している．「利光君」と「久布白君」のふたりの子どもは，野村を「ながめ」て「なぜニガイ顔をしているの？」と問いかける．一般的な教育の関係である教師が子どもを観察する視線の関係，教師が問い子どもが応える言語の関係が，ここでは逆転している．「先生ニコニコしなよ」と助言を与えるのも子どもの方である．翌月の論考「私のことや子供たちのこと」（野村，1924b）においても，野村は子どもたちに「おまえたちも私を私として理解してほしい」，「欠点を持った私をそのまま自分の先生として愛してくれる日がくるだろうことを私は信じている」と語りかけている．教師が子どもを「理解」し「愛」するのではなく，教師であるはずの「私」が子どもたちの「理解」と「愛」の対象となる．

この「教師―児童」の制度的な関係の転倒にともなって現出しているのが，特異な存在としての「私」と特異な存在としての子どもとの間に成立する「私―あなた」の関係である．

　名前と顔と声を持つ子どもとの出会いは，野村にとって，子どもの言葉を通して「私」に出会う経験でもある．それは「勉強がよくできないから苦になる」という「私」であり，「子供の友だちとなるにはあまりに暗い人間だ」という「私」である．ここで「子供の友だち」という言葉に着目したい．ここには「教師―児童」の制度的な関係に変わる新たな関係の萌芽が既に現れている．実際に野村はこの後，「指導」と表現される教育の関係を拒絶し，教師と子どもの「友情」の関係において成立する教育を，「私」と固有名の子どもの経験を記述するなかで模索していくことになる（浅井，2004）．

　池袋児童の村小学校の教師の経験を探求する過程は，私にとって，問いと対象を往復しながら自らの歴史研究のスタイルを形成していく過程だった．研究の方法は問いや対象に即してその都度模索していくしかないが，史料を収集し読むという基本的な作業は同じである．最後に，史料と向き合うなかで学んだことを自戒も込めて記しておきたい．

　第一に，史料収集は徹底的に行う必要がある．必要な史料の範囲は問いと対象によって決まる．博士論文では，個々の教師の経験をモノグラフとして構成する手法をとったため，それぞれの教師が1910年代から40年代に書いた文章の網羅的な収集を試みた．

　著書や雑誌論文を探すのは現在では比較的容易である．大学図書館，国会図書館等のOPACで著書を検索する．『教育関係雑誌目次集成』（教育ジャーナリズム史研究会，1986-1994）の著者索引を利用して雑誌に発表された論考を集める．目録に掲載されていない雑誌については見当をつけて現物の目次を繰る．さらにその教師がかつて暮らした地域を訪ねるなら，歴史資料館，郷土資料館等で貴重な史料にめぐりあえる可能性がある．

　ガリ版刷りの印刷物や手稿は入手が難しい．私の場合，「児童の村」とその教師について既に数多くの研究が蓄積されていたため，先行研究が手がかりとなった．『児童の村小学校』（中野ほか，1980）と『教育の世紀社

の総合的研究』（民間教育史料研究会, 1984）のふたつの共同研究では, 公刊
された書籍や雑誌論文はむろん, 学校文集や学校日記, 日記や手紙なども
収集され史料として活用されている. 私は研究者の方に手紙を送り, 関係
者の連絡先を伺った. 史料をお借りしたこともある. ただ, 論文完成の直
前まで史料調査を続けたものの, 先行研究の分厚さゆえに, 私が入手でき
た新史料は少ない. それは私の研究の弱点である.

　第二に, 史料は丁寧に読む必要がある. 史料の声に耳を傾けるといえば
いいだろうか. 文章を引用し解釈するに際して, 誰に向けてどのような媒
体, 文脈で語られているかをふまえ, 論文や著書全体の主題を把握すると
ともに, そこに込められたメッセージや感情を感受する必要がある. 自分
の議論にとって都合の良い部分だけを他の部分から切り離して引用したり,
史料の一部を無視しなければ成り立たない物語を構成したりしてはいけな
い. さらに, 過去の教育実践に対して, 良し悪しを判断するという形で評
価を行うのではなく, 文脈に位置づけそこに孕まれた歴史的な意味を記述
するという形で評価を行うことも重要である. いずれも自分の価値観を免
れえないとはいえ, ふたつの評価方法が導く記述は異なってくる.

　教育実践の歴史的な研究において, 今を生きる研究者と過去を生きた教
師が互恵的な関係を築くことは不可能な課題である. どのような記述を行
っても一方的な表象を免れえない. どんなに失礼な記述を行っても死者は
不満を伝えてくれない. しかし歴史研究であっても, 教育の経験を内側か
ら解明する研究を志向するならばなお, 研究対象に向き合う倫理が要請さ
れる.

　実践記録という教育の語り口は, 1930 年代から 40 年代にかけて定着し,
1950 年代になって大々的な普及をみた. その後, 量的に減少した時期も
あるが, 現在でも実践記録は新たに生産され出版されている. 個々の教師
によって語られるなかで, あるいはその時代の教育学と交渉するなかで形
を変えながら, 実践記録の様式は教師の経験を表現し構成し, 同時に規定
し続けている.

　現在の教育実践は過去の教育実践の記憶を織り込んで成立している. 記
憶を構成する物語の解体と再編を通して, 歴史研究は教育実践の変革に寄

与する．現在の教育が抱える問題の構造を解明するため，異なる教育の可能性を探るために，歴史研究の果たすべき役割は大きい．

浅井幸子（2004）1920年代の新教育における教師の変容——児童の村の教師の一人称の語りを中心に．博士論文（東京大学）．

Godmundsdóttir, S. (2001) Narrative Research on School Practice. In V. Richardson (ed.) *Handbook of Research on Teaching*, 4th ed. American Educational Research Association, pp. 226-240.

教育ジャーナリズム史研究会（1986-1994）教育関係雑誌目次集成　日本図書センター．

民間教育史料研究会（1975）民間教育史研究事典　評論社．

民間教育史料研究会，中内敏夫・田嶋一・橋本紀子編（1984）教育の世紀社の総合的研究　一光社．

中野　光・高野源治・川口幸宏（1980）児童の村小学校　黎明書房．

野村芳兵衛（1924a）私の生活から．教育の世紀　2(8), 82-88.

野村芳兵衛（1924b）私のことや子供たちのこと．教育の世紀　2(9), 112-116.

山田とき（1952）路ひとすじ　東洋書館．

付録 ● アメリカ教育学会倫理基準

解　説

秋田喜代美・恒吉僚子

　ここに掲載した翻訳文は，アメリカ教育学会（American Educational Research Association）の倫理基準（2000年版）の全文である．アメリカ教育学会は Phil Jackson 会長によって，ネル・ノディングス（Nel Noddings）スタンフォード大学教授を座長に，Ron Glass, Egon Guba, Valerie Janesick, Betty Sichel, Kenneth Strike, Merlin Wittrock という6人の研究者と，法律コンサルタント Louis Fischer によって構成されるメンバーからなる委員会によって作成され，1992年6月に採択されたものである．その後1996年と2000年の2回改訂が行われてきている．

　ノディングス座長の委員会で議論された点は，倫理基準の実施において，擬似裁判的な機構によって倫理基準を実施していくことは不可能であり，倫理基準の実行において「教育的アプローチ」をとるという方針である．同僚との議論を刺激し，道徳的信条により，倫理基準に自発的に従うようにするための「教育的文書」（educational document）としてこの倫理基準は作成され，学会に採択されている．

　さらに，1994年には当時の会長であった Ann Brown によって新たな委員会が Strike コーネル大学教授を座長に組織され，さらに倫理基準の実行におけるこの教育的な目的を促すために，本の刊行が学会として決定され，具体的には2002年に『アメリカ教育学会倫理基準——事例と解説』（Strike, K. et al., 2002）が刊行されている．この序文によると，倫理基準への教育的アプローチのためには以下の3点が求められると述べている．

　まず第1に，倫理基準の中心的な意図についてコミュニケーションをはかり，明確にしていくことである．これは実際に教育研究の過程において生じる倫理規範や倫理的問題について経験を欠いた若い研究者のために重要なことである．そこで基準のポイントを，事例をだして実用的にどのように適用すればよいかを明らかにしていくことが必要である．

　第2に，いかなる倫理基準であっても，具体的な適用においては，不明確で

あったり問題を含んでいる．またそれだけではなく，ひとつの倫理基準内の条項間でも，葛藤や緊張を生みだすこともある．そこで，倫理基準内での複雑性や曖昧性に関しても探究議論する機会が必要だということである．

　そして第3に最も大きな問題として，基準化することに伴い，倫理的義務や責任が生じる．抽象的，一般的にそれらを記述することはある程度できても，具体的に詳細な知識の記述は不可能である．したがって様々な研究分野の人びとが同意できる最低限の共有可能な基準にならざるをえないという問題があり，倫理基準の役割について議論をしつづけていくことが必要だということである．

　上記の点をふまえ，アメリカ教育学会では，この倫理基準とともに，具体的な教育研究についての事例集を作成し，教育研究者に自らの研究を常に省察し，科学として健全であるだけではなく，教育の営みに対しても貢献することを確認していくことの必要性を説いている．

　日本の教育研究の文化的慣習からみて，この倫理基準はすべてがそのまま適用できるわけではないだろう．しかしその根底にある思想や精神は，教育研究者に共通のものであるといえるのではないだろうか．欧米で近年出版される教育研究方法の本の多くに，研究者倫理に関する言及が含まれてきている．また日本においても，教育や発達に関連する諸学会において，倫理綱領や倫理規程，倫理宣言，倫理ガイドライン等が制定されてきている（「日本教育心理学会倫理綱領」，2000；「日本教育社会学会研究倫理宣言」，2001；日本発達心理学会「心理学・倫理ガイドブック」，2000；「日本教育学会倫理綱領（案）」，2004など）．そのいずれもが，本基準同様，教育的アプローチに依拠したものである．他律的・形式主義による倫理ではなく，自律的に研究協力者への配慮にもとづき研究が実施されることを求めている．まっとうに相手を気づかい研究するという倫理の自覚がその中核にある（秋田，2001）．しかしそれは心情論で終わってはならない．教育研究を行う人も，教育研究の方法について大学などで教育を行う人も，方法論と同時に研究倫理の考えかたや研究実施の各過程での具体的な研究倫理上の配慮や手だてを伝え，ともに考え議論していくことが必要だろう．

参考文献

AERA（2000）Ethical Standards of AERA. http://www.aera.net/
秋田喜代美（2001）心理学研究における倫理の問題．南風原朝和・市川伸一・下山晴

彦（編）心理学研究法入門　東京大学出版会，pp. 244-249.

秋田喜代美（2003）教育心理学研究のための倫理．日本教育心理学会（編）教育心理学ハンドブック　有斐閣，pp. 185-190.

日本発達心理学会（監修），古沢頼夫・斉藤こずゑ（編）(2000)　心理学・倫理ガイドブック　有斐閣．

日本教育学会（2004）日本教育学会倫理綱領（案）．教育学研究，71(2)，113-114.

日本教育社会学会（2001）日本教育社会学会研究倫理宣言．
http://wwwsoc.nii.ac.jp/jses2/secretariat/ethics/ethics_declaration.html

日本教育心理学会（2000）日本教育心理学会倫理綱領　日本教育心理学会会員名簿
2002年版，pp. 411-412.

Strike, K. et al. (eds.) (2002) *Ethical Standards of the American Educational Research Association : Cases and Commentary*. Washington, D. C. : American Educational Research Association.

アメリカ教育学会（AERA）倫理基準

齋藤直子（訳）

編集部注記：この「アメリカ教育学会（AERA）倫理基準」は，アメリカ教育学会（AERA）のウェブサイト（www.aera.net から「About AERA」⇒「Ethical Standards」へ）に 2003 年 10 月現在公表されていた原文を AERA の許諾により日本語に訳出して掲載するものである．

序

教育研究者の学問分野は多様であり，競合する理論的枠組みをもっていたり，多様な研究方法を用いていたりする．アメリカ教育学会（AERA）は，会員がすでに，多様な学問分野の綱領や，倫理審査委員会（IRB: Institutional Review Boards）などの組織にすでに従っていることを認識している．AERA の倫理綱領は，特に教育分野での研究者のしごとに指針を与えるよう考案された，一連の基準を取りいれたものである．教育は，その性質上，個人の生活と社会の改善を目ざすものである．さらに，教育研究は，子どもやその他立場が弱い人びとに向けられることが多い．本綱領の主たる目的は，教育研究者として我々が，こうした人びとを保護するようつとめ，自らの研究や，研究団体，ならびに専門家として関わる人びと全ての尊厳を保つよう努力すべきであることを自覚することにある．我々は，研究を倫理的かつ科学的な適切さの点においてたゆみなく評価し，最高の倫理基準に照らして内的，外的関係を遂行することによって，自分の専門的能力と，その専門分野で指導する人びとの能力を保持し，この目的のために献身すべきである．

以下の基準は，我々が，研究のみならず，教育に関与していることを自覚させるものである．ゆえに，自分たちの研究をたゆみなく省察し，科学的に健全なものであることのみならず，研究が教育の営みに貢献をするものであることを確認してゆくことが必要である．

I　指針基準：分野への責任

A　前　文

　教育研究者は，研究の品格を維持するため，自分たちの理論的，方法論的視点の基準に合致するよう，研究結果を適切に保障すべきである．教育研究者は，自らのパラダイムと，自らの研究に関連するところで競合するパラダイムの双方に精通し，研究が審査される適切性の基準をたゆみなく評価すべきである．

B　基　準

　1　教育研究者は，研究の将来や，その分野の公的位置づけ，当該分野の研究成果に支障をきたさないよう，専門職として行動すべきである．

　2　教育研究者は，著作者，論拠，データ，調査結果，結論を捏造したり偽ったり，不正確に伝えてはならない．

　3　教育研究者は，専門職としての役割を，不正目的のために，故意にも，あるいは，不注意にも使用してはならない．

　4　教育研究者は，一般の人びとや，政府機関，AERA の会員が所有する専門的知識を利用するかもしれない人びとに対して専門的意見を提供するばあい，自分たちの資格と限界を誠実にかつ十分に明らかにすべきである．

　5　教育研究者は，関連する全ての利害関係関与者に調査結果を報告するようつとめ，調査結果を秘密にしたり，選択して伝えるという行為を慎むべきである．

　6　教育研究者は，研究概念，手順，結果，分析を，正確かつ十分詳細に報告し，知識があり訓練を受けた研究者がその報告を理解し解釈できるようにしなければならない．

　7　教育研究者が一般に向けて報告を公刊するときは，有効性や，諸状況，諸問題，諸文脈に対して一般化することの問題性を含め，政策への実践的な意義を伝達するよう，正直に書かねばならない．研究者でない人びとにむけて執筆したり意思疎通を行う際には，教育研究者は自他の研究や研究の実践的，あるいは，その政策的意義を誤って伝えないよう，注意しなければならない．

　8　教育研究者が雇用，留任，昇進に関連する行為に関わるばあい，ジェンダーや性的志向，身体の障害，婚姻の有無，肌の色，社会的階級，宗教，民族的背景，出身地や他の学術・研究上の能力の評価に無関係な特性をもとに差別してはならない．

　9　教育研究者は，偽りのない率直な人事推薦を行い，明らかに不適任な人物は推奨しない責任を負う．

　10　教育研究者は，権益の強い対立が絡むばあい，あるいは十分な時間を守って良心的に審査できないばあい，他者の論文審査依頼を辞退すべきである．審査のために送付される資料は，その資料全てが査読され，注意深く考慮され，明白な理由づけを伴う論評が加えられるべきである．

　11　教育研究者は，あきらかに法的措置の妥当な原因となるような行為や脅迫だけでなく，あらゆる類のハラスメントを避けるべきである．教育研究者は，自分たちの専門

的立場や地位を利用して，学生や研究助手，事務職員，同僚や他のいかなる人びとからも，強制的に個人的利益を得たり性的行為を強要したり，経済的，専門的便宜を得てはならない．

　12　教育研究者は，これらの基準や他の専門的基準の侵害を，誠意をもって報告することで罰せられるべきではない．

II　指針基準——研究協力者集団，教育機関，一般の人びと

A　前　文

　教育研究者は，学校や大学，病院，刑務所など広範囲にわたる状況や機関のなかで研究を行う．教育研究者が，研究協力者の人びとの権利，プライバシー，尊厳，心情および，研究が行われる機関の品格を尊重することは，最重要事項である．教育研究者は，子どもや弱い立場にある人びとに対して研究するに際し，とりわけ注意深くあるべきである．以下の基準は，倫理審査委員会（IRB）や他の専門的組織によって実施されている既存の倫理基準を補強し強化することを意図したものである．研究協力者の権利を保護することを意図した基準は，教師の行う研究，アクション・リサーチ，および実践者が関わる他の研究形式を禁じるものとして解釈されるべきではない．ただし以下の条件が守られなければならない．データが，通常の教授と学習の過程から集められうるものであること，秘密が保持されること，参加者の安全と福祉が保護されること，インフォームド・コンセントが適宜得られること，入手した情報は，主としてその状況において教育を受ける人びとの利益となるよう使用されることである．

B　基　準

　1　研究に参加する協力者あるいはその保護者は，研究に伴い起こりうるリスクや，参加者にもたらされうる帰結について情報を与えられる権利，および研究に参加するまえにインフォームド・コンセントを与える権利をもつ．教育研究者は，情報提供者と参加者（およびその保護者），機関の適切な代表者に，調査の目的を，できるだけ十分に伝えるべきであり，研究プログラムの重大な変化については最新の情報を提供しつづけるべきである．

　2　情報提供者と参加者は，通常秘密保持の権利をもち，情報提供者の明示的な許可なくして情報源が開示されないよう保障される．情報源公開についての合意が明確に成りたっていない時には，この権利が尊重されるべきである．研究者は，参加者とデータの両方の秘密を，法のもとで最大限保護するよう適切に注意を払う責任がある．研究への参加者は，秘密保護の限度範囲を伝えられ，完全な秘密が確保されない状況においても，いかなる保護努力がなされるかについて伝えられるべきである．秘密を保持しようというあらゆる努力にもかかわらず，秘密を守ることができないかもしれないことを情報提供者と参加者には，明らかにすべきである．その情報を二次的に使用する研究者〔文献研究者〕は，一次的研究者によってなされた秘密保持を尊重し，維持するべきで

ある．サーベイ調査など，場合によっては，研究者が参加者の匿名性を保障することが適切である．すなわち，彼らの身元が研究者にすら知らされないようにするということである．たんに秘密保持のみが意図されるばあいは，匿名性を参加者に約束すべきではない．

3　研究者と参加者やその機関の適切な代表責任者のあいだの関係については，誠実さをもって旨とすべきである．協力者を欺くようなことは奨励されない．協力者に意図的に真実でないことを与えることは，科学的研究にとって必要であることが明白なときにのみ使用され，かつそこでも最小限にすべきである．研究終了後，研究者は，参加者と機関代表者に，なぜ意図的に真実を伝えなかったかの理由を説明するべきである．

4　教育研究者は，研究遂行にあたって，個別調査の場ですでに確立されている機関の政策や指針に十分な注意を払うべきである．

5　参加者は，彼らの公式の資格や役割によって，拘束されない限り，いつでも研究から撤退する権利がある．

6　教育研究者は，個人的な利益のために研究参加者集団や研究の制度的環境の搾取が行われることがないよう注意を払うべきである．教育研究者は，自分より地位が下にあるもの，学生や，その他の人びとを，研究に参加させることを強制する目的で，自分たちの影響力を行使すべきではない．

7　研究者は，研究の計画，遂行，報告において，研究参加者集団内部の文化的，宗教的，ジェンダー，その他の重要な差異に意を尽くす責任がある．

8　研究者は，例えば，標準カリキュラムの重要な部分を生徒に履修させないことになるかもしれない実験的介入といった，望ましくない社会的結果をもたらしうる研究技術の使用については，注意深く考慮し，使用を最小限にするべきである．

9　教育研究者は，対象機関の現在進行中の活動に配慮し，研究活動の結果機関の活動に対して支障が生じるかもしれないことについて，適切な機関代表者に注意を促すべきである．

10　教育研究者は，自分たちの調査結果と研究の実践的意義について，関連する研究参加者集団，機関の代表者，他の利害関係関与者それぞれにふさわしい言葉で，明確かつ率直に伝えるべきである．

11　情報提供者と参加者は，匿名である権利をもつ．匿名にしなくともよいという合意が明らかに成立していないかぎり，この権利が尊重されるべきである．研究者は，参加者とデータの秘密を保護するよう，適切な予防措置をする責任がある．研究対象とされる人びとは，研究への参加について充分な情報に基づく判断ができるよう，調査で使用される様々なデータ収集の技術能力について伝えられるべきである．さらに，情報提供者と参加者には，匿名性を保持するあらゆる努力にもかかわらず，匿名性が守られない可能性もあることを明らかにするべきである．その情報を二次的に使用する研究者は，一次的研究者が行った匿名性を尊重し維持すべきである．

III　指針基準——知的所有権

A　前　文

　知的所有権は，主として創造的貢献によるものである．知的所有権は費やされた労力を主とするものではない．

B　基　準

1　著作者は，下記の指針に基づいて決定される．これは，協力を阻害しようとするものではなく，むしろ，研究への多様な貢献に対してしかるべく認められる功績を適切に明示しようとするものである．

　a.　地位に関わりなく，研究成果の生成において，実質的に創造的貢献をした全ての人びとは，その成果の著作者として名を連ねる権利がある．

　b.　第一著作者と著作の順序は，相対的にみて，創造において主導的に担った役割と創造的貢献の結果として決められるべきである．創造的貢献の例としては下記のようなものがあげられる．第一草稿の執筆ないし，かなりの割合での草稿の執筆，論文の重要な修正あるいは実質的な編集作業，研究のもとになるアイディアや基本的な概念枠あるいは分析カテゴリーについての貢献，重要な解釈や判断を必要とするデータの収集，データの解釈．

　c.　研究成果に対して事務的，あるいは機械的な部分で行った貢献は，著作者を決める理由とはならない．そのような技術的貢献の例としては，下記のようなものがあげられる．タイピング，データ収集や分析の定型的操作（ルーティン），定型的操作（ルーティン）としての編集，スタッフ会議への参加．

　d.　著作者と，第一著作者は，研究成果を生成するプロジェクトやプロセスに対する，法的，契約上の責任，ないしは，法的，契約上の権限によって，正当化されることはない．著作者の適切な割りあてを阻むような契約の取りきめをなすことは，不適切である．

　e.　著者としていかなる人の名をあげるばあいも，その人の同意のもとで行われなければならない．

　f.　これらの著作者の要件を満たさないながらも，研究成果の創造に貢献した人びとの労力は，その成果〔著作〕物のなかで適切に記載されるべきである．

　g.　研究成果を発展させていくにあたって，他の研究にかなりを依拠した場合，この研究に対して謝辞を記すことが義務づけられる．しかしながら，盗作したり，不適切に用いていないかぎり，依拠していること自体は著作権や所有権の根拠とはならない．

　h.　権威ある立場を利用して，他者の仕事を専有したり，その功績を主張したりすることは，不適切である．上下関係においては，教育研究者は，自分より下の立場にある人びとが，公正で適切な著作者としての功績を受けられるように注意するべきである．

　i.　学術論文や博士論文は，これらの倫理基準において詳しく述べられる規範によっ

て，著作者を厳密には定められない特別のケースである．学術論文や博士論文をもとにした仕事の出版における著作者は，他のばあいと同様に，創造的な知的貢献によって決定される．

j．著者は，公刊のために提出する論文の出版履歴を開示するべきである．すなわち，もし，現在の論文が，内容，形式において，以前公表されたものに実質的に類似しているばあい，その事実に言及し，公表された場所を明記すべきである．

2 しかるべき状況のもとでは，アイディアや，他の知的成果は，取引き対象物として見なされうるかもしれないが，思想や他の知的成果の生産や流通に関する取りきめは，学問上の自由と，知的成果の研究者，学生，一般の人びとへの適切な入手可能性にそむかないようにしなければならない．さらに，知的成果について，学問上の研究者としての目的と，その成果から生ずる利潤のあいだで対立関係が生ずるばあいは，学問的，研究的な目的に優先権が与えられるべきである．

3 知的成果の所有権は，以下の指針に基づくべきである．

a．各個人は，自分たちが生みだした研究成果の販売や譲渡から生ずる利益を享受する資格がある．ゆえに，彼らは，研究成果の出版や譲渡の契約あるいは他の取りきめを行い，こうした取りきめの結果生ずる財政的な利益を得てもよい．

b．知的成果の出版や譲渡の取りきめは，一般の人びとの適切な入手可能性，および，学問上の自由にそむかないようにすべきである．これらの取りきめでは，公表にあたっても利潤の最大化よりも公表の学問的役割を重視すべきである．

c．知的成果の開発に資金を提供したり，別の方法で研究資金を提供する個人，グループは，こうした成果の販売や譲渡から生ずる印税や他の利潤の公正な割当を主張する権利がある．この主張は議論を生むかもしれないので，資金をだす機関と著者は，研究や開発プロジェクトのはじめにおいて，利潤配分のための方針について合意しておくべきである．

d．著者は，権威ある地位を利用して，著者が利益を得るかたちで他の個人に対して研究成果を購入することを強いるべきではない．この基準は，著者が自分の教科書を教室で用いることを禁止することを意図するものではないが，学生が，教科書を購入することを強制されないように，図書館で本が閲覧可能であるようにすべきである．

Ⅳ 指針基準——編集，審査，研究評価

A 前文

編集委員会と審査者は，幅広く多様な理論的，方法論的視点を認識し，同時に，原稿が，多様な視点から定義される最高水準の基準によって遇されるようにつとめる責任をもつ．

B 基準

1 AERA の学術誌は，下記の原則に従うかたちで，審査つき論文を処理すべきであ

る.

a. 提出された論文は, 真価に基づいてのみ評価される公正な審査過程が要求される. 論文の真価は, 議論遂行の能力と, 達成された結果の意義の両方を含むものとして理解される.

b. AERA の個々の学術誌は, 特定の研究領域や研究を扱うかもしれないが, 一連の学術誌の全体としては, 教育に関わる責任ある学問の伝統を支持するような, 会員に見られる全ての分野と視点に対して開かれるべきである. この基準は, 革新的な仕事を真剣に考慮することと相容れないものではなく, 伝統的学問においてはまだ十分に確立されていないような研究的視座を挫くために用いられるべきではない.

c. 匿名性の権利が明らかに放棄されているばあいを除き, 複数の査読者による, 著者名を伏せた審査が, 毎回行われるべきである. (つぎの第3項を参照)

d. 研究の適切性の判断は, 提出された論文を読む能力のある審査者によってなされるべきである. 編集委員会は, 研究のパラダイムに精通し, 理解がないゆえに研究の真価についての私心なき判断がなされないことがないような審査者を選出するよう努力すべきである.

e. 編集委員は, 賛意を与えない審査でも, 公平無私で建設的な審査であるよう主張すべきである. 著者は, 自分たちの研究が採択されない理由について知る権利がある.

2　AERA の学術誌は, 審査つき論文に関する方針を文書で公表すべきである.

3　AERA の学術誌は, 依頼論文や査読せずに出版が認められるばあいについての方針を, 文書で公表するべきである.

4　AERA の学術誌は, 審査のために提出される論文が満たすべき点につき, 特に期待する点があるばあいには, これを文書で示すべきである.

5　編集委員は, 性差別的表現や, 人種差別表現の使用に反対することを強調することに加え, 個人やグループに対する人身攻撃を含む論文は却下するか, あるいは, そのような表現や攻撃が, 出版前に削除されることを主張すべきである.

6　AERA の学術誌と, 雑誌編集委員を務める会員は, 内容と形式において学術誌に提出された論文とよく類似している論文について全ての公表履歴を開示することを著者に要求すべきである.

V　指針基準——スポンサー, 政策立案者, 研究の他の使用者

A　前　文

研究者, 研究機関, 研究のスポンサーは, 共同で, 研究の倫理的な品格に対する責任を負い, この品格が侵害されることがないようにつとめるべきである. これらの関与者は, 時として, 対立する正当な目的をもつかもしれないが, 研究への責任をもつ全ての人びとは, 研究の基準, 研究団体, 研究の主題, 研究の使用者の信用をおとさぬようにしなければならない. 彼らは, できるかぎり広範な研究結果の普及と公表を支援すべきである. AERA は, できるかぎり念入りに, 研究の品格を保つことにつながる条件を

促進すべきである.

B　基　準

1　データと結果のいずれか，あるいは，両方に関して，特別の契約上の取りきめがなされていないばあい，Ⅱ項B. 4以外において，研究のデータと結果は研究を計画し実施した研究者に属する.（参加者はどの段階で辞退してもよい.）

2　教育研究者は，スポンサー，資金提供機関，参加者，同僚，監督者，管理者を含む，個人や組織の検閲あるいは承認を得なくとも，自分たちの調査結果を自由に解釈，公表できる. この理解は，インフォームド・コンセントを確保する責任の一部として，参加者に伝えられるべきである.

3　スポンサーつきの研究を行う研究者は，自らの名において，調査結果を出版する権利を保持する.

4　教育研究者は，学問の自由と対立する研究を行うことに同意するべきではないし，政府や他の資金提供機関による不当な，あるいは，問題のある影響力に同意するべきではない. そのような不適切な影響行使の例には，研究行為，調査結果の分析，あるいは，解釈の報告に対して干渉しようとすることなどが含まれる. 研究者は，スポンサーや資金提供機関が問題のある影響力行使を行おうとするばあいは，AERAに報告するべきである.

5　教育研究者は，自分たちの研究の目的とスポンサーを十全に開示するべきである. ただし，その開示によって，秘密保持と匿名性についての通常の常識的な信条が侵害されると見込まれるばあいは除かれる. スポンサーあるいは資金提供者は，自分たちがスポンサーであることと，研究の結論に同意することが別のことであることを，研究報告書に書かれるようにする権利をもつ.

6　教育研究者は，結果を歪曲したり，読者を惑わせるような手の入れかたで報告を作成することを要求するスポンサー機関からの資金を，受けるべきではない.

7　教育研究者は，研究資金をだす機関に対する責任を果たすべきである. それら機関は，研究資金使用の会計報告および，資金援助を受けた研究の手順，調査結果，意義について報告に対する権利をもつ.

8　教育研究者は，一般の人びと，政府，あるいは他の機関への 助 言 において，自らが専門的に下した判断の基盤，根拠，その限界を明らかにすべきである. 与えられる判断に対して対照的な専門家の意見があるばあいには，これを明らかにすべきである.

9　教育研究者は，研究により自らが財政的な恩恵を受ける立場にあると考えられる全てのばあい，あるいは，自分たちの提携関係が研究の解釈や専門的判断の偏りにつながるばあいには，これを，適切な関与者に開示しなければならない.

Ⅵ　指示基準——学生と大学院生研究者

A　前　文

　教育研究者は，その分野で指導を受ける人びとを支援し，新参の研究者に適切な援助と専門的助言を与える責任をもつ．

B　基　準

　1　学生と大学院生研究者との関係において，教育研究者は，公平であり，公正であり，搾取することなく，学生の福利と進歩のために関わるべきである．教育研究者は，良心的に，学生と大学院生研究者をその学問的努力において監督，奨励，支援し，研究支援あるいは専門職の雇用を確実にするうえでの適切な援助を行うべきである．

　2　学生と学生研究者は，能力と，分野への貢献可能性のみに基づいて選別されるべきである．教育研究者は，学生と学生研究者を，ジェンダー，性的志向，婚姻の有無，肌の色，社会階級，宗教，民族的背景，国籍，あるいは，他の無関係の要因に基づいて差別すべきではない．

　3　教育研究者は，学生と学生研究者に，研究の倫理的次元に関する情報提供を行い，彼らが倫理基準に基づいて研究を実践することを奨励し，問題のあるプロジェクトを回避する支援を行うべきである．

　4　教育研究者は，学生や大学院生研究者がある研究プロジェクトや学位取得プログラムに参加するにあたり，それが彼らにとってどのような職業キャリアとして貢献するかについて，彼らに現実的に告知すべきである．教育研究者は，研究を補佐することが教育的なものになっていることを保証すべきである．

　5　教育研究者は，研究遂行の評価において公正であり，その評価を十全に，かつ正直に学生と学生研究者に伝達すべきである．研究者は，その評価を必要としている他の専　門　家に対し，助手の能力について正直に報告する義務をもつ．

　6　教育研究者は，同僚に対する個人的な怨恨や理論上の見解の相違によって，学生と大学院生研究者が同僚へ接近するのを妨げたり，同僚との関係を困難にさせるような立場に置くべきではない．

　「アメリカ教育学会倫理基準」は，同僚との議論を喚起し，道徳的信条をもつものであれば自発的に理解できる教育的文書として生みだされ，1992年6月にAERAに採択された．その後この倫理基準は，1996年と2000年に改訂された．ゆえに，基準の遵守を監視したり，綱領の侵害についての申したてを調査することは，本学会の意図するところではない．

執筆者・訳者紹介［五十音順］

秋田喜代美（あきた・きよみ）［編者］東京大学大学院教育学研究科教授．主要著書に『読書の発達心理学』（1998年，国士社），『子どもをはぐくむ授業づくり』（2000年，岩波書店），『心理学研究法入門』（分担執筆，2001年，東京大学出版会），『授業を変える——認知心理学のさらなる挑戦』（監訳，2003年，北大路書房）ほか．

浅井幸子（あさい・さちこ）和光大学人間関係学部人間発達学科専任講師．主要論文に，「野村芳兵衛の一人称の語りとその変容——実践記録の記述を中心に」『教育学研究』66(2)（1999年），「近代日本における女性教師のジェンダー——平田のぶの愛の葛藤」『日米女性ジャーナル』26（1999年），「池田小菊による教室の「家庭化」の構想——大正自由教育における親密圏の形成」『教育学年報』9（2002年）ほか．

市川伸一（いちかわ・しんいち）東京大学大学院教育学研究科教授．主要著書に『学ぶ意欲とスキルを育てる——いま求められる学力向上策』（2004年，小学館），『学力から人間力へ』（編著，2003年，教育出版），『心理学研究法入門』（共編著，2001年，東京大学出版会）ほか．

齋藤直子（さいとう・なおこ）京都大学大学院教育学研究科助教授．主要論文に "Citizenship without Inclusion : Religious Democracy after Dewey, Emerson, and Thoreau," *The Journal of Speculative Philosophy*, 18 (3), 2004, "Education for Global Understanding : Learning from Dewey's Visit to Japan," *Teachers College Record*, 105 (9), December 2003,「デューイのプラグマティズムの再構築——スタンリー・カベルのエマソン的道徳完成主義の視点から」『哲学雑誌』119(791)（2004年）ほか．

佐藤　学（さとう・まなぶ）［編者］東京大学大学院教育学研究科教授．主要著書に『米国カリキュラム改造史研究——単元学習の創造』（1990年，東京大学出版会），『カリキュラムの批評——公共性の再構築へ』（1996年，世織書房），『教師というアポリア——反省的実践へ』（1997年，世織書房）ほか．

志水宏吉（しみず・こうきち）大阪大学大学院人間科学研究科教授．主要著書に『学校文化の比較社会学』（2002年，東京大学出版会），『公立小学校の挑戦』（2003年，岩波書店［岩波ブックレット］），『学力の社会学』（共編著，

2004 年，岩波書店）ほか．

恒吉僚子（つねよし・りょうこ）［編者］東京大学大学院教育学研究科助教授．
　主要著書に『人間形成の日米比較』（1992 年，中央公論社），『育児の国際比
　較』（共編著，1997 年，日本放送出版協会），*The Japanese Model of School-*
　ing（2001, Routledge Falmer）ほか．

村瀬公胤（むらせ・まさつぐ）信州大学教育学部講師．主要論文に「教室にお
　ける科学的認識の構成過程——ドライバーの「文化的道具」を中心に」『教
　育方法学研究』25（2000 年）ほか．

やまだようこ（山田洋子）京都大学大学院教育学研究科教授．主要著書に『こ
　とばの前のことば』（1986 年，新曜社），『私をつつむ母なるもの——イメー
　ジ画にみる日本文化の心理』（1987 年，有斐閣），『人生を物語る——生成の
　ライフストーリー』（編著，2000 年，ミネルヴァ書房）ほか．

索　引

教育研究のメソドロジー

2005 年 3 月 22 日　初　版
2006 年 8 月 8 日　第 2 刷

［検印廃止］

編　者　秋田喜代美・恒吉僚子・佐藤　学

発行所　財団法人　東京大学出版会

代 表 者　岡本和夫

113-8654 東京都文京区本郷 7-3-1 東大構内
電話 03-3811-8814　Fax 03-3812-6958
振替 00160-6-59964

印刷所　株式会社理想社
製本所　有限会社永澤製本所